알고도 몰랐던
독일 사람과 독일 이야기

역 사 에 서 사 랑 까 지

알고도 몰랐던
독일 사람과 독일 이야기

| 이지은 지음 |

이담
Books

'독일' 하면 무엇이 떠오르는가?

벤츠, 아우토반, 맥주, 축구, 로렐라이, 장인 정신, 하이델베르크, 칸트, 베토벤, 괴테, 책임감, 성실, 시간 엄수… 긍정적 연상이 계속되다가도 히틀러, 나치, 독일 병정, 세계대전, 무뚝뚝함, 유대인 학살과 같은 매우 부정적인 모습도 불쑥불쑥 나타난다. 너무 상반되는 요소들이다. 어떤 것이 진정한 독일의 모습인가?

조금만 유심히 살펴보면 독일의 모순성은 곳곳에서 나타난다. 아름다운 도시 뮌헨과 근교의 다하우 강제수용소, 전쟁의 파괴와 경제 기적, 음악과 철학 그리고 히틀러와 나치 독일, 6백 만의 유대인 학살과 가장 모범적으로 역사의 교훈을 실천하는 나라, 가장 잘 살면서도 가장 걱정이 많은 독일인, 두 번이나 세계대전을 일으킨 전범 국가의 분단과 통일, 프랑스와 함께 유럽연합을 이끌어가는 나라, 국제사회의 '양심'으로 인정받는 나라, 유럽의 대다수 국가가 자국의 경제 발전을 의존하고 있는 나라… 도대체 이런 나라가 세계 어디에 또 있는가? 파괴적이든 생산적이든 그것의 원천은 무엇인가? 우리가 독일에 대하여 알고 있는 것은 무엇인가? 우리는 왜 슈퍼파워보다 독일에서 배울 것이 더 많은가?…

　필자는 독어독문학과 역사학을 공부했다. 독일에서 딸 둘을 낳아 초등학교 1학년과 4학년까지 키웠고, 귀국 후 30년 가까이 대학에서 학생들을 가르쳤다. 그동안 필자 스스로가 일상의 생활에서 가졌던 질문들이며, '독일 전문가'로서 자주 받은 질문들이었다. 독일인은 정말 모두 부지런하며 질서를 잘 지키는가? 가장 독일적인 것이 무엇인가? 독일어는 정말 어려운가… 이런 질문들과 이 책에서 다루는 주제들 대부분은 딱히 '학술' 주제로 다루기에는 너무 광범위하거나 뭔가 마땅치 않은 면이 있다. 그러나 우리를 궁금하게 하는 질문들이며, 독일과 독일인을 이해하기 위해선 필요한 질문들이다.

　시중에는 독일을 소개하는 훌륭한 책이 많다. 그러나 많은 책들은 정형화된 구성과 그에 따른 내용으로 채워져 있다. 예컨대 독일의 역사를 연대기별로 나열하고 16개 주를 소개한 후에 독일의 정치, 경제, 문화, 교육 부분을 분야별로 소개하는 그런 형식이다. 모두가 맞는 내용이고 필요한 정보이다. 그러나 많은 내용이 독일을 내면에서부터 소개하고 독일을 그 자체로서 이해할 수 있는 '속 깊은' 이야기는 아니다. 우리나라에 대한 데이터(면적, 정치제도, 사회 교육 등)를 안다고 해서 한국인의 정서를 이해할 수 있으며, 우리를 움직이는 저변의 힘과 심성을 알 수 있겠는가?

이 책에서는 다양한 주제들이 다루어진다. '익숙하다'라고 느껴지는 주제는 새로운 관점에서 조명되고, 흥미롭지만 익숙하지 않은 주제는 문화사적이며 역사적인 관점에서 설명된다. 나는 이 책에서 '독일적인 것이 과연 무엇이며, 무엇이 그들을 움직이고 있는가'를 생각해 보았다. 현상 뒤에 감추어진 내면을 이해하고 겉으로 드러난 독일인들의 행동과 이 행동이 근거하는 그들의 사고방식과 가치관을 설명하는 데 역점을 두었다. 독일을 표면적으로 소개하는 것이 아니라 독일인들을 그들의 역사와 문화로부터 이해할 수 있는 방법과 내용은 무엇일까를 고민하였다. 그리고 방법론적으로는 인문학적이며 문화사적인 관점에서 주제를 설명하려고 노력하였다. 예컨대 독일인들의 '전형적 특징'인 '질서', '의무감' 등을 역사적 배경에서 설명하였으며, '카니발'이나 '나체 문화'를 설명할 때는 문화사적인 관점에서 설명하였다.

우리가 왜 독일을 알아야 하는가?

독일은 유럽연합을 이끌어가는 국가이다. 독일은 정치, 경제, 교육, 문화 및 외교적인 면에서 중요한 국가이다. 해방 직후 우리는 독일의 동요를 우리말로 개작하여 '나비야, 나비야', '깊은 산 속 옹달샘'을 불렀고, 우리나라가 현대화되는 과정에서 학문적으로, 경제적으로 많은 도움을 받은 것도 사실이다. 그러나 중요한 것은 타산지석의 교훈이다. 독일을 아는 것만이 목적이 아니라 이를 통해 우리를 성찰하는 계기로 삼는 것이 이 책의 진정한 목적이다. 독일은 우리처럼 분단의 고통을 겪었지만 통일을 이룩한 나라이다. 역사에서 '실수'를 가장 많이 한 나라이지만 그 '실수'를 통하여 가장 성공적으로 배운 나라이다. 독일인의 '전형적 특징'을 설명하는 부분에서는 우리의 '전형적 특징'과 그의 역사적 배경을 생각해 볼 수 있을 것이며, 독일인들의 관행과 관습을 보며 우리의 일상과 비교해 볼 수 있을 것이다.

이 책을 집필하면서 도움을 받은 책들이 많다. 특히 겔페르트(Gelfert), 프랑소와/슐체(François/Schulze), 바우징어(Bausinger), 도른/바그너(Dorn/Wagner)의 책에서 많은 것을 배웠다. 이외에도 참고문헌에 제시된 저서들의 도움을 많이 받았다. 이들의 지식을 빌려올 때는 인용의 방법을 사용함이 마땅하다. 그러나 이 책은 엄격한 학술서가 아니라 독일에 대한 필자의 개인적 경험과 관련된 문헌을 보면서 얻은 지식을 주관적으로 정리한 글이다. 필요한 부분에서는 출처를 밝혔지만 학술서에서 요구되는 인용처리 규정을 적용하지 않았음을 이해하여 주시길 바란다. 이 책에서 인용된 수치는 독일 통계청의 자료나 위키

피디아의 자료를 참고하였다.

　이 책은 독문학을 공부하는 학생, 독일에 관심이 있는 독자를 위한 일종의 '독일 내부입문서'이다. 또한 인문학의 관점에서 한 나라를 이해하고 우리를 성찰해 볼 수 있는 인문 교양서가 될 수 있기를 희망한다. 독일과 독일인의 외부적 현상을 소개하는 것이 아니라 그 내면의 과정을 역사-문화적으로 설명하기 때문이다.

　이 책에서는 전체 20개의 주제가 다루어지고 있다. 01번, 02번 및 03번의 주제를 제외하고는 모든 주제들이 독립적인 주제들이다. 따라서 독자들은 아무 주제나 관심 있는 분야를 선택적으로 읽어도 내용을 이해하는 데 전혀 문제가 없다.

　많은 부분이 부족한 책이다. 특히 한 나라와 그 나라의 사람들에 대하여 말하는 것이 무척 조심스럽다. 그러나 355년 전에 독일 신부 아담 샬이 "우리(유럽과 한국)는 서로에 대해 아는 것이 없다"라고 한 말은 아직도 많은 부분에서 유효하다고 생각한다. 부족한 책이 서로를 이해하는 데 작은 도움이 된다면 그 이상의 기쁨은 없을 것이다. 잘못된 부분이 있다면 독자 여러분의 질정과 넓은 이해를 바라마지 않으며, 앞으로 보완하고 채워갈 것을 약속드린다.

이 책을 집중적으로 집필하던 때는 코로나가 우리의 일상을 빼앗아 가고, 사랑하는 사람도 마음대로 만나기 어려웠던 시기였다. 할머니와 할아버지 집에 가서 자는 것이 '꿈'이라며, 가끔 할아버지를 방문해 주던 밝고 맑은 선유와 선하에게 그리고 아파트의 옆 동에 살면서 매일 할아버지를 찾아와 해맑은 웃음으로 모든 시름을 한꺼번에 날려버리게 하던 서인이에게 사랑을 전한다. 이들이 이웃과 더불어 살아갈 세상은 좀 더 건강하고, 아름답고 그리고 정의로운 세상이기를 진정으로 바란다.

끝으로 소중한 추억의 사진을 선뜻 내어주며, 표지로 사용하는 데 동의해 주신 홍진호 선생님께 감사의 마음을 전한다.

2020년 겨울에
화곡동에서 이지은

독일 기본자료

위치	유럽중부 9개 국가(덴마크, 폴란드, 체코, 오스트리아, 스위스, 프랑스, 룩셈부르크, 벨기에, 네덜란드)와 국경을 접하고 있음.
면적	357,580㎢
수도	베를린
인구	8,378만 3,942명(2020년 현재)
정치체제	16개 주로 구성된 연방 공화제 1인당 국민총소득(GNI): 4만 8,195.58 달러
국가별 경제 규모	세계 4위
언어	독일어 모국어 인구 1억 5백만. 제2 언어 인구는 8천만 사용 국가: 독일, 오스트리아, 스위스, 리히텐슈타인, 룩셈부르크, 벨기에의 말메디(Malmedy), 이탈리아의 남부 티롤, 프랑스의 알자스-로렌 지역, 루마니아, 남아프리카, 나미비아의 일부 지역

9개국과 국경을 마주한 중부유럽의 독일

차례

2부 독일인의 일상과 문화

3부 독일 속의 한국과 외국인

4부 독일의 교육, 통일, 유럽의 통합으로

1부

독일인과 독일

01 독일인들은 왜 질서를 잘 지키며, 의무감이 뛰어난가?
- '전형적 특징'과 그 역사적 유래

'독일 사람'하면 떠오르는 전형적 이미지는 무엇일까?

질서, 의무감, 근면성, 시간 엄수, 독일 병정, 수많은 철학자와 음악가, 과학자, 규율, 검소, 준비된 근무 자세, 청렴성, 국가에 대한 복종과 희생정신, 충절, 용기, 자기절제, 딱딱함, 부지런함, 신뢰할 수 있음, 청결, 완벽함, 수동성, 불필요한 절차…

우리는 이런 요소들을 '전형적' 특징이라고 부른다. 독일인들은 왜 이런 전형적 특징을 갖고 있을까, 갖고 있(었)다면 그것은 어디에서 유래하는가? 우리가 떠올리는 '전형적 독일인'은 이미 오래전에 유효기간이 지난 우리의 고정관념은 아닌가?

'독일인은 부지런하다'라고 말하지만 독일인 중에는 게으른 사람도 많다. 독일인들은 '책임감이 강하다'라고 하지만 무책임한 사람도 적지 않다. 우리는 독일인들이 무척 합리적이라는 말을 자주 듣는다. 그러나 현지에 가보면 우리가 생각했던 합리성이 깨지는 경험을 자주 하게 된다. 나와 함께 다른 친구 A를 흉보던 친구가 나 없는 사이에 흉을 봤던 친구 A에게 내가 친구 A의 흉을 봤다고 고자질하는 경우를 가끔 경험한다. 뒤통수를 맞은 기분이다.

특정 국가의 사람들을 '게으르다', '부지런하다', '책임감이 강하다'라고 정형화하는 것은 쉽지만 위험할 수 있다. '한국인은 정에 약하다'라고 말하지만 한국인 중에는 매정한 사람도 많지 않은가? 정이 있느냐 없느냐는 개별 사람에 대하여 할 수 있는 말이지 한국인 전체에 대해 말하기에는 문제가 있다. 때문에 특정 나라 국민의 심성과 기질, 전형적 특징에 관하여 말하는 것은 주관적이고 일반화의 위험을 감수할 수밖에 없다. 그러나 이런 일반화의 위험에도 불구하고 한 나라의 국민은 하나의 집단으로서 함께 공유하는 특정한 가치관과 특성이 있다는 것 또한 부인할 수 없다. 왜 그런가? 지리적으로, 언어적으로 그리고 문화-역사적으로 동일한 환경 속에서 오랫동안 함께 동고동락하면서 공유된 의식을 가진 것 또한 사실이기 때문이다. 개별적 인격체를 일반화하고 정형화하는 위험성에도 불구하고 독일인이 가진 어떤 '전형적' 특징이 있음을 부인할 수 없을 것이다.

아래에서는 겔퍼르트(Gelfert) 교수와 바우징어(Bausinger) 교수의 저서를 참고하면서 '전형적인 독일적 특징' 중에 중요한 몇 개를 선별하여 그 기능과 역사적 배경을 살펴보자.

질서

독일에는 '질서가 삶의 절반이다'라는 속담이 있다. 그만큼 질서는 독일인들에게 중요한 가치이다. 독일인들은 자신도 질서를 지키지만 다른 사람에게도 질서준수를 요구한다. 누군가가 질서를 지키지 않으면 손가락을 높이 들고, 격앙된 목소리로 '질서를 지키세요'라고 소리치며 주의를 줄 수도 있다. 우리가 흔히 '홀더'라고 부르는 서류 보관철을 독일인들은 '문서 정돈자' 또는 '문서 질서자'(AktenOrdner)라고 부른다. 모든 것은 일목요연하고 질서 있게 정리되어 있어야 한다.

질서는 개인적인 영역으로 볼 수 있지만 오히려 정치적이며, 공적인 영역에 속한 것이다. 독일인의 관점에서 '질서'에 대하여 생각한다는 건 독일이 현대국가로 형성되어 가는 과정에 대한 질문과도 연결된다. 16세기 및 17세기경까지만하여도 독일인들은 다른 유럽민족들에 비해 무질서한 사람들이었다고 한다. 무절제와 음주벽이 심했고 삶의 쾌락에 대한 욕구는 오히려 강했다고 한다. 그러나 17세기 이후 기독교와 계몽주의자들에 의해 일종의 순화 교육이 시작되었고, 설교, 교훈적 논문, 우화, 시, 속담 등을 통해 무질서, 게으름 등이 어떤 해악을 가져오는지 교육되었다. 기독교적이며 계몽주의적 교육은 경제적 계산과 함께 자본주의적 의식을 갖게 하였다. 그러나 유독 독일에서 질서가 더 강조된 이유는 무엇인가? 막스 베버(M. Weber)에 따르면 질서와 노동 윤리는 청교도적인 요소와 관련이 있다. 특히 독일에서는 개신교와 천주교의 경쟁 관계도 질서를 강조하는데 한몫을 하였다고 한다. 개신교와 천주교 사이에서 일어났던 지속적인 경쟁은 도덕적이며 윤리적 경고와 조치를 통한 목회 경쟁으로 나타나기도 하였다. 독일의 기독교에서 일어난 이런 경쟁적 노력은 신민들에게 질서 있는 사고와 행동을 요구한 프로이센의 국가적 정책과도 무관하지 않았다. 국가 질서에 대한 신민들의 종속성과 관료제도에 대한 신뢰는 독일인들을 다른 유럽국가와 구분하는 기준 중의 하나였다.

독일인들이 질서를 잘 지키며, 한 번 정해진 규정은 엄격하게 준수하는 이유를 안정적인 질서를 제공하는 국가가 수백 년 동안이나 부재했던 데서 찾는 경우도 있다. 안정을 보장하는 국가가 부재한 사회에서는 그래도 '질서'만이 어느 정도의 안정적 삶을 보장하는 것이었기 때문이었다. 특히 이런 질서 개념은 1871년에 독일이 제국으로 통일되고 나라를 부흥시켜 가는데 중요한 이념으로 작용하였다.

나치 독일이 등장하는 시기부터 질서는 전체주의적 성격을 갖게 된다. 특히 인종주의 이데올로기를 추종하는 나치주의자들이 생각하는 공산주의자, 유대인, 슬라브족, 집시 및 '반사회적 인물'들은 '독일적' 공동체에 속하지 않는 '무질서한' 요소들이었다. 이 무질서한 요소들에 대립하여 독일민족의 인종적 순수성이 강조되었다. 국수주의적이며 인종주의적 새 질서를 정당화하고, 반대 세력의 무질서를 강조하기 위해 물리적인 폭력이 동원되기도 하였다.

개인적이고 가정의 영역에서 시작하여 정치적 영역으로 확대된 '질서' 개념은 다수의 독일인들을 나치 이념에 취약하게 만들었다. 강제수용소 정문에 새겨진 "노동은 자유롭게 한다"(Arbeit macht frei)라는 문구도 알고 보면 이 수용소도 '질서'의 한 부분이며, 이 질서에 순종할 때 '자유'를 얻을 수 있다는 잔인한 표현이다. 질서가 얼마나 깊이 독일인들에게 각인되었는지는 2차 대전 중의 후방전선에서도 어김없이 나타났다. 공중폭격으로 파괴되고 혼돈상황이 고조된 도시에서도 침묵과 질서는 지켜졌다. 이런 질서 개념은 나치 독일이 멸망하고 질서 개념이 새롭게 정립되면서 조금씩 바뀌기 시작한다.

동서독 분단 후의 서독에서는 '질서 정치'가 동독과 대비되면서 '경제 질서'로 이해되었다. 서독의 기본법에는 독일은행의 자율권, 독점권의 불가, 노사 간의 임금교섭의 불간

섭 등이 명시되었다. 국가와 사회 간에는 역동적이며 현대
화를 위한 최상의 질서 개념이 개발되었다. 침묵과 질서가
있던 곳에 '모두를 위한 복지'가 자리 잡았다. 이로써 이제
'질서'는 '추상적 차원'(종족, 민족, 계급 등)에 종속되는 개
념이 아니라 개인을 위한 구체적 질서로 전환되었다. 60년
대, 70년대가 도래하면서 독일인들은 '무엇을 위한 어떤 질
서', '어떤 권리로', '누구의 질서', '어떤 희생을 감수해야 하
는가' 등의 질문을 하면서 '질서'의 개념은 맹목적 유효성을
상실하였다.

독일인들에게 질서는 오늘날에도 중요한 가치이다. 그러
나 독일인들은 '침묵과 질서'에 대하여 거리감을 유지할 수
있으며, 침묵을 요구하는 질서에 대하여 대단히 비판적 시
각으로 바라본다. 오늘날의 독일인들은 예전과 비교하여 볼
때 질서를 그리 잘 지키지 않는 것 같다. 이런 현상은 특히
젊은 세대들에게서 두드러지게 나타난다. 그렇다고 해서
'질서 없음'이 곧 '무질서'와 혼돈을 의미하는 것은 아니다.
바로 이 약간의 '혼돈'과 다양성 속에서 비판적 의식을 가진
시민의식과 민주적 덕목으로서의 질서 능력이 나타나기 때
문이다.

의무

'충실한 의무감'은 독일인의 대표적 특징으로 알려져 있다. 영국인, 미국인, 프랑스인들은, 선택할 수 있다면, 의무와 양심 사이에서 고민을 하다 아마도 양심을 따를 것이다. 이때의 양심은 어떤 합리적인 법칙에 따른 의식이 아니라 상황마다 다를 수 있는 옳다고 생각하는 것에 대한 직관적 느낌이다. 그렇다고 독일인들이 양심이 없거나 무시한다는 의미는 아니니 오해 없기 바란다.

의무는 독일의 철학자 칸트 이래로 독일의 교육에서, 공무원과 군인 등에게 요구된 가장 중요한 덕목이었다. 물론 칸트가 이해한 의무는 어떤 특정 목적에 종속된 하위 개념이 아니었다. 독일인들이 추상적인 의무 개념을 내재화한 것은 아마도 철학자 헤겔의 의미에서 국가는 도덕적 법칙의 대변자라는 생각 때문일 것이다. 소위 '프로이센의 의무'라는 말은 오늘날에도 숙어적 표현으로 사용된다. 독일인들도 다른 나라 사람들처럼 의무를 어기거나 수행하지 않을 수도 있다. 그러나 그들이 내재화한 의무는 무언가 객관적인 것이라는 생각을 하고 있다. 이런 의무 개념은 비판하기 쉽지 않으며, 반 계몽적인 성격이 강하기 때문에 정치적으로도 쉽게 도구화될 수 있다.

19세기의 독일교육은 의무를 핵심개념으로 가르쳤고, 부모로부터 받는 의무교육을 강조하였다. 독일의 어린이 동화책을 보면 '의무'를 지키지 않아 큰 벌을 받는 경우가 허다하다. 의무는 아래에서 위로 향하는 것이다. 의무는 자식은 부모에 대하여, 학생은 교사에 대하여, 실습생은 마이스터에 대하여, 노동자는 고용인에 대하여, 시민들은 국가기관에 대하여 지켜야 하는 윤리적 개념과 같은 것이었다.

20세기 초에 독일인들이 가장 선호한 직업은 공무원이었다. 금전적으로 우대를 받았을 뿐만 아니라 사회적으로도 높은 위상을 가진 직업이기 때문이었다. 이들이 가진 가치는 성실성, 의무감, 이타적 부지런함, 공동체 의식, 철저한 법 개념 그리고 충절 등이었다. 공직자들은 종복으로서 국가와 국가의 수장에게 충절을 지키고 복종해야 하며, 국가에 대하여 의무 서약을 해야 했다. 이를 어겼을 때는 관련법에 따라 처벌되었다. 관료조직은 물론이고 일반 회사의 조직 내에서도 엄격한 계급체계가 있으며, 지시는 대부분의 경우 상명하달식으로 전달되었다. 이런 '의무'는 각자의 역할이 명확하고, 정확하게 정해진 규정과 권한을 따르기 때문에 장점이 있지만 이 범위를 벗어나는 일은 하지 않으려는 문제도 있다. '의무'에 대한 지나친 책임감과 부담감 때문이다.

독일인들은 국가에 대한 의무가 우선이며, 이후에 권리가 있다고 생각했다. 이런 생각은 제1차 세계대전의 패전과 함께 군주제도가 폐지되고 민주적 이념에 따라 선포된 바이마르 공화국에 와서야 비로소 변화하기 시작하였다. 바이마르 공화국의 헌법에는 의무 전에 기본 권리를 명시하였다. 의무와 권리에 대한 생각은 1946년 이후, 특히 지난 세기의 60년대 이후부터 변하기 시작했다. 이런 경향은 소비사회 및 복지사회를 거치면서 청소년 문화의 개인주의적 태도에서 두드러지게 나타났다. 특히 독일 사회 전체에 일대 변혁을 가져온 '68 학생운동' 이후에 뚜렷하게 나타났다. 독일인들이 금과옥조처럼 생각했던 경직된 의무 개념은 점점 빛을 잃어가고 있다. 1982년에 당시 수상 후보자였던 오스카 라폰테인(Oskar Lafontaine)은 의무 개념을 공개적으로 비판하기도 하였다. 오늘날의 독일인들에게도 의무감은 여전히 중요해 보인다. 그러나 자신들에게 주어진 권리와 자율성을 해치지 않는 범위 내에서라는 전제가 있다.

체계적 시스템

'독일' 하면 축구가 떠오르고, 독일 축구팀을 말할 때 흔히 '전차 군단'이라고 한다. 좀 공격적이고 군사적인 표현이지만 우리나라에서는 자주 쓰는 표현이다. 왜 이런 표현을 쓸까? 첫째는 제2차 세계대전 때 '사막의 여우'라는 별명으로 유명했던 롬멜 장군이 이끌었던 독일의 전차부대에서 유래한 것이며, 둘째는 체격이 좋고 힘이 센 독일 축구선수들의 위압적인 모습 때문일 것이며, 마지막으로는 뭐니 뭐니 해도 전차의 톱니바퀴 돌아가듯이 딱딱 들어맞는 체계적인 조직력 때문일 것이다. 그만큼 독일인들은 체계적인 시스템을 갖추고 있으며, 개인의 생활도 계획적이다. 독일인들이 즐겨 쓰는 표현 중의 하나는 '신뢰는 좋은 것이다. 그러나 확인은 더 좋은 것이다.'(Vertrauen ist gut, Kontrolle ist besser!)라는 말이다. 굳이 우리말로 하면 '돌다리도 두들겨 보고 건너라'와 비슷한 표현이다. 일방적으로 믿는 것보다 확인을 하고 믿는 것이 더 좋다는 뜻의 이 표현은 러시아 혁명가 레닌이 한 말이다. 그러나 그걸 알고 사용하는 사람이 얼마나 될지는 모르겠다. 그냥 이 표현이 독일인들의 기질에 잘 어울리는 말일 것이다. 믿고 방치하는 것이 아니라 확인하려면 누군가 확인하는 사람이 있어야 한다. 물론 확인은 구체적 개인 누군가가 하겠지만 이때의 확인자는 자연인 개인 누구라기보다는 체계적인 시스템이 확인을 한다고 생각하면 될 것이다. 독일의 사회 시스템에서는 개인의 역할이 중요하다. 하지만 그들의 역할은 분명히 나누어져 있고 본인의 역할에 대해서는 본인이 책임을 진다. 그러나 전체는 시스템에 의해 확인되는 구조이다. 이런 구조는 작은 회사에서부터 시작하여 대기업이나 대학, 군대나 정부의 조직에까지 뿌리내려 있다. 사회의 모든 영역이 체계적으로 조직되어 있다고 볼 수 있다. 그렇다고 해서 이 표현을 마치 '빅 브라더' 같은 개념으로 오해하지는 말아야 한다. 감시하는 것이 아니라 효과적인 도움을 주는 체계이기 때문이다.

몇 가지 예를 들어보자. 독일의 주요정당 중의 하나인 사민당(SPD)은 1863년에 창립하여 1890년에 오늘날의 당명을 채택한 이후 지금까지 활동하고 있다. 다른 정당들도 비슷한 상황이다. 기민당(CDU), 자민당(FDP)도 2차 대전 후 창당하여 지금까지 주요정당으로 활동하고 있다. 기민당은 현재의 수상 메르켈이 속한 정당이며, 사민당은 브란트 수상이 속했던 정당이다. 내각제인 독일에서는 정당들이 바꾸어가며 연방정부를 구성하지만 대부분의 경우 전임 정부가 결정한 중요한 일들은 중단 없이 추진된다. 정책의 연속성이 보장되고 한 번 결정한 일은 변함없이 추진되기 때문에 그만큼 국가의 신뢰도는 높아진다.

'체계적 시스템'이 가장 두드러지고 즉각적으로 나타나는 부분은 아마도 군사 영역이다. 오늘날 다양한 이름으로 거행되는 '군사 훈련'의 원조는 프로이센과 독일제국이었다. 1824년 당시 프로이센의 군 수뇌부에 있던 귀족 출신의 라이스비츠(Georg Leopold von Reiswitz)는 18세기부터 전래해 오던 프로이센의 군사전략을 전환하여 '모의 전쟁게임'(Kriegsspiel)으로 개발하였다. '아군'과 '적군'으로 나누어진 군 수뇌부들이 분리된 각자의 방에서 모의 전쟁을 한 후에 결과를 가지고 평가를 하며 전략적 사고를 연습하였다. 체계적이며 전략적 사고를 연습하기 위해 19세기의 프로이센 및 독일제국의 군부에서 유행하던 모의 전쟁게임이었다. 군사력으로 열세에 있던 프로이센이 1871년의 보불전쟁에서 승리할 수 있었던 것도 바로 이런 체계적 훈련 때문이었다고 한다. 프로이센의 강력한 군사력은 이런 체계적 훈련에서 나온다는 평판에 따라 외국에서 앞다투어 도입한 훈련이다. 미국은 '남북전쟁'(1861-65) 후에 이 '전쟁게임'을 도입하였고, 일본이 1905년의 러일전쟁에서 승리할 수 있었던 것도 바로 이 '모의 전쟁게임'을 연습한 덕분이었다고 한다. 독일은 제1차 및 제2차 세계대전 때 이 '모의 전쟁'에 따라 수립된 전쟁계획을 실행했다고 한다.

독일인 한 사람, 한 사람을 개별적으로 볼 때는 답답할 정도로 느리고, 때에 따라서는 능력이 떨어지는 것 같은 느낌이 들 때가 있다. 그러나 이들에게는 우리와 다른 점이 있다. 그것은 바로 체계적 시스템이다. 느리고 굼떠 보이는 한 사람, 한 사람이 천천히 체계적으로 하는 일이 '빨리빨리'하는 사람들보다 결과에 가서는 앞선다. 그 이유는 간단하다. 느리고 굼뜬 사람은 천천히 체계적으로 차곡차곡 쌓아가지만 '빨리빨리'하는 사람은 앞 사람이 한 일을 다음 사람이 깡그리 치워버리고 매번 다시 시작하기 때문이다. 이런 상황이 10년이 지나고, 100년이 지난다고 생각해 보자. 그 결과는 엄청날 것이다.

독일인들의 체계적 시스템은 모든 분야에 스며들어 있다. 대학의 도서관을 가보라. 중세 시대부터 현대까지의 도서가 주제별로 일목요연하게 정리되어 있다. 작은 마을의 도서관은 인근의 대학도서관과 연결되어 있고, 대학의 도서관은 동일 주 내의 다른 대학도서관들과 연결되어 있으며, 이 주의 도서관은 전국에 있는 다른 주의 도서관들과 체계적으로 연결된다! 21세기에 공부하는 젊은 독일 대학생도 수백 년 동안 축적된 체계적 학문의 바탕 위에서 공부를 시작한다. 매번 새롭게 시작하는 나라의 대학생보다 출발점이 다르다. 누가 더 체계적이고 효과적으로 공부하고 연구할 수 있을까? 대답은 자명할 것이다. 독일인 개인이 뛰어나서가 아니라 체계적 시스템이 있기 때문에 독일이 앞서가는 것이다. 좀 다른 버전의 '거북이와 토끼의 경주'라고 할 수 있다.

'체계적 시스템'은 인성적 특징이기보다는 일종의 사회적 인프라로 생각할 수도 있다. 그러나 독일인들에게 체계성과 계획성은 사회적 구조를 넘어 개개인의 사고에 내재화되어 있다는 생각이 든다. 우리가 이 책에서 살펴보는 '전형적 특징' 중에서 많은 주제들(숲, 클럽, 계획성, 충절, 준법주의, 국가 등)도 이 '체계적 시스템'과 관련되어 있다.

진지함

영화 <두 교황>에서 독일계 교황이 아르헨티나 출신의 교황에게 건네는 말이다: "독일 유머는 웃을 필요가 없어요." 독일은 유머조차도 웃지 못하거나 웃을 필요가 없을 정도로 진지하거나 '썰렁'하다. 독일인들은 미국인이나 영국인들과는 진지한 이야기를 할 수 없다고 투덜대기도 한다. 영국인이나 미국인들의 대화는 대부분 잡담이나 한담이라는 것이다.

이런 지나친 진지함의 원인은 무엇인가? 미국인, 영국인 그리고 프랑스인들이 하는 일반적인 대화는 원칙적으로 논의(discussion)와는 다르다. 독일인들의 끈질긴 대화 태도는 진지함이나 엄숙함만으로 설명되기는 어렵다. 이들의 태도는 단순하게 볼 땐 결핍된 대화 문화와 사교 대화(smalltalk)의 부재에 있을 것이다. 독일에서는 일상의 삶 속에서 나타날 수 있는 불쾌함과 어려움을 유쾌한 아이러니로 해소하는 방법이 그리 발달하지 못했다. 독일 문화에서 많이 부족한 것은 대도시적 세련됨과 유연함이라고 볼 수 있다. 300개 이상의 군소 공국으로 구성된 '신성로마제국'에서는 영국의 런던이나 프랑스의 파리와 같은 대도시가 형성될 수 없었다. 카롤링거 제국의 수도였던 아헨(Aachen)에서 시작하여 오늘날의 베를린까지 독일은 그동안 11 번이나 수도를 옮겼다. 도시 문화의 세련됨은 사교적 대화 문화와 사회적 아이러니의 존재 여부에서 알 수 있다고 한다. 특히 상류 궁정 귀족문화가 발달한 파리와 같은 대도시에서는 다양한 처세 방법(일상적 의례, 예절, 언어 구사, 대화 중시, 감정의 절제 등)들이 개발되어 있었다. 그러나 독일은 궁정의 귀족들조차도 여러 소집단으로 분열되어 '중앙 사교계'를 갖지 못했다.

많은 사람들이 밀집하여 사는 대도시의 사람들은 서로에 대하여 아이러니한 거리감을 유지함으로써 논쟁을 피해갈 수 있다. 영국과 프랑스에선 아이러니가 문화의 기본요소이며, 이는 문학 작품에서도 잘 나타난다. 대도시적 유연함과 세련이 결여된 19세기의 독일 문학은 영국인이나 프랑스인들이 향유하기 어려운 것이었다. 너무나도 진지한 주제만을 다루는 독일소설을 당시의 런던이나 파리에서 읽거나 희곡으로 연출한다는 것은 쉽지 않은 일이었다. 1920년대에 베를린에서 처음으로 도시적 유연함과 세련됨이 나타났지만 나치 독일이 나타나면서 이마저도 말살되었다.

독일인들에게 웃음은 수많은 전쟁과 이 전쟁 사이의 가난한 삶 속에서 사라졌고, 가벼움과 여유로움의 부재는 일상이 되었다. 엄숙함 그리고 높은 가치를 지닌 무게 있는 대화를 선호하는 독일적 진지함은 현실의 불예측성과 다의성에 대하여 유희적이며 여유로움이 개발되지 못한 데서 기인한 것이다. 정치적 불안정, 권위주의적 위계 사회, 전쟁과 전쟁 후의 인플레이션의 경험 등이 사람들을 진지하게 만든 이유일 것이다. 독일인들이 보여주는 오늘날의 끈질긴 대화 태도와 의지는 300여 개의 국가와 함께 살며 협치를 해야 했던 신성로마제국에서부터 유래한다는 말이 있다. 독일의 유머 한 편을 소개한다.

"독일인이 전구를 교환할 때 세 사람이 필요하다고 한다. 한 사람은 전구 교환에 따른 지침을 읽고, 다른 한 사람은 전구를 교환하고, 마지막 사람은 확인을 한다."

정말 웃을 필요가 없거나 웃을 수 없는 유머 아닌 유머이다. 독일의 유머에서는 인간적 또는 자신들의 취약점이 캐리커처 형식으로 풍자되고, 다른 한편으론 체념적 유머로 넘어간다. 독일인들은 이런 유머 상황을 받아들인다. 독일의 유머는 '웃픈' 유머이다.

시간 엄수

독일인들이 어떤 일을 기획할 때는 세심한 계획을 세운다. 그리고 이에 따라 시간을 지키는 것을 중요하게 생각한다. 개인 약속에서 30분 정도 늦는 걸 대수롭지 않게 느끼는 스페인 사람이라면 독일에서 생활하기 고달플 것이다. 독일인들이 시간을 엄수하는 습관은 어디에서 유래하는가? 이들에게 시간은 삶의 질서와 함께 경제적 요소와 관련되어 있는 거 같다. 질서를 중요하게 생각하는 독일인들은 질서가 있을 때 시간을 절약할 수 있으며, 이로써 삶의 시간도 낭비하지 않는다고 생각한다. 이런 관점에서 시간 엄수는 단순히 시간을 절약하는 것이 아니다. 경제적인 사회에선 시간 엄수는 전문지식 못지않게 중요한 것이기 때문이다. 독일은 천연지하자원이 부족하며, 땅이 그리 비옥하지 못하다. 뒤늦게 공업국으로 입문한 독일은 자신들의 어려움을 효과적인 방법으로 극복해야 했다. 효과적으로 일하기 위하여 가장 좋은 수단은 양심적으로 일하며, 기꺼이 일하는 자세 그리고 객관적으로 검증 가능한 시간 엄수일 것이다.

250년 전에 벤저민 프랭클린이 '시간은 돈이다'를 주장한 것을 고려한다면 독일인들이 시간을 엄수하는 것을 독일적인 전형적 요소로 볼 것인지 아니면 자본주의와 경쟁 사회의 결과로 볼 것인지는 또 다른 문제일 수 있다. 미아헬 엔데의 <모모>에서 시간을 도둑질해 가는 회색의 신사들을 떠올리게 하는 부분이다.

오늘날도 독일인들은 공적인 약속은 물론이고 개인적인 약속도 철저하게 지키려고 한다. 시간 엄수는 그들 문화의 일부가 된 지 오래인 거 같다. 그러나 최근에 독일을 다녀온 사람들은 독일인들의 시간 엄수는 옛이야기라고 불평을 한다. 일례로 독일에서는 기차 시각이 너무 안 지켜진다는 경험을 이야기한다. 심지어는 비행기 출발시간을 놓칠 정도로 연착이 심하다고 한다.

청결성

독일인들은 청결에 대해 결벽증을 갖고 있다고 할 정도로 위생과 청결을 중요하게 생각한다. 물론 이런 청결성이 다른 나라와 비교하여 객관적으로 검증된 적은 없다. 오늘날은 더욱 그렇다. 네덜란드나 스위스와 비교해 볼 때 오늘의 독일이 더 깨끗하지는 않으며, 독일인들의 일상적인 위생 생활도 그들이 말하는 것만큼 그리 위생적이지 않다. 이런 현실과는 다르게 독일인들이 청결을 매우 중요한 요소로 생각하는 건 맞는 거 같다. 청결은 주로 물질적 영역과 생활환경을 의미하지만 때로는 도덕적, 성적 또는 종교적 청결, 즉 순수성으로 확대되어 정신적 영역까지 포함한다. 오늘날 맥주의 대명사가 된 독일 맥주도 그 시작에는 '맥주 순수령'에서 시작되어 오늘날까지 이어지고 있다.

독일인들이 독일적 '순수'를 높게 평가하는 이유는 이것을 통해 공동체가 내부적으로 안정된다고 믿었기 때문이었다. 의료체계가 취약했던 옛 환경에서 여러 차례의 전쟁을 겪으면서 '청결과 위생'이 강조되었던 것은 이해가 된다. 그러나 '청결성'이 부정적인 방향으로 강조될 때는 매우 위험하다. 이런 경향은 나치 독일에서는 무서운 '인종법'의 광기로 나타났다. 나치 독일은 1935년에 독일 혈통의 순수성을 지킨다며 유대인과의 결혼을 금지하는 '인종법'을 통과시켰다.

2020년에 '코로나 19'가 세계적으로 창궐했을 때 유럽 대륙에서의 확진자와 사망자는 안타깝게도 매우 높았지만 독일은 비교적 낮은 사망률을 보였다. 이웃 국가와 비교하여 치사율이 낮은 이유는 독일의 잘 갖추어진 기반 의료시설, 신속한 검사와 함께 높은 위생 및 청결 개념도 일조를 하였을 것이다.

절약

필자는 어릴 때 '독일인들은 세 사람이 모여야 성냥불을 켠다'라는 말을 듣고 자랐다. 독일인들의 절약 정신을 강조하는 말이다. 독일을 빌미로 우리의 절약 정신을 고취하던 때였다. 독일인들의 절약 정신은 어디서 오는가? 독일인들은 여러 번의 전쟁을 겪었다. 이로 인해 생긴 엄청난 고통과 함께 화폐 가치의 하락을 경험했다. 미국인들이 '과시형 소비'(conspicuous consumption)라고 말하는 불필요한 소비를 최대한 억제하는 독일인들의 소비심리는 이런 경험과 관계가 있을 것이다. 절약하는 독일의 국민성은 수출이 호황일 때도 내수시장이 불경기를 맞는 현상으로 나타나기도 한다. 그러나 독일인들은 인색하다는 소리는 듣진 않는다. 독일인들은 국제 기부문화에서 가장 많은 기부금을 내는 사람들이다. 대부분 루터교회의 영향을 받은 독일인들에게는 이익을 극대화하는 자본주의적 의식은 덜 각인되어 있다. 기부문화는 개인적 차원에만 국한되지 않는다. 교회, 노동 단체, 정치 및 정당 단체의 기부문화도 매우 활발하다. 독일에선 로또 등의 사행성 사업을 부정적으로 보는 경향이 있다. 그러나 로또를 추첨하는 주말이 다가오면 많은 사람들이 로또를 사려고 가게 앞에 줄을 서 있는 풍경을 볼 수 있다. 주로 저소득층이 많다고 한다. 로또를 통해 인생을 바꾸어 보고 싶은 절실함일까?

필자가 학업을 마치고 귀국할 때 동학으로 친하게 지냈던 동료 여학생이 우리 딸에게 선물을 준 적이 있다. 포장을 열어보니 그 안에는 좀 오래되고 유행도 한참 지난 어린이 가죽점퍼가 들어있었다. 독일 친구는 "이 옷은 내가 어릴 때 입던 옷으로서 가장 아끼는 것이고, 지난 20년 가까이 보관하고 있었다. 이제 당신 딸에게 주고 싶다"라고 말하면서 선물하였다. 자기가 어릴 때 입었던 옷을 20년 가까이 보관하고 있었다니! 그리고 상태도 아주 좋았다. 이런 걸 볼 때 남녀노소를 불문하고 물건을 아끼는 독일인들의 절약 정신을 느낄 수 있었다.

노력과 능력

독일어 형용사 튀히틱(tüchtig) 또는 명사 '튀히틱히카이트'(Tüchtigkeit)는 다른 외국어로 번역하기 어렵다. 우리말로는 유능한, 효율적인, 능숙한, 부지런한, 자격이 있는, 영리한, 숙련된, 경력이 풍부한, 훌륭한 등으로 번역될 수 있다. '튀히틱'은 한 개인이 가진 객관적 능력과 그 능력을 발휘하기 위해 수고하는 성실한 노력까지 의미한다. '튀히틱'한 사람은 능력이 있으며, 무엇보다도 땀 흘려 노력하는 자신을 남이 보는 것을 두려워하지 않는다. 오히려 보여주려고 한다.

영국인들에게도 18세기 이전에는 스파르타식의 능력윤리가 있었지만 18세기 이후 젠틀맨-이상으로 대체되었다. 영국의 젠틀맨은 자신의 능력을 별 어려움 없이 발휘하는 것처럼 보이는 것을 선호한다. 이런 태도는 한때는 경제적으로 세계의 첨단을 달렸고, 세계 최대의 식민지 지배국이었던 나라와 그 사회의 일원에게 요구되었던 행동윤리였다. 이런 사회에선 개인이 가진 능력을 또 다른 능력의 첨가를 통해 과시하기보다는 자신이 경쟁의 첨단에 있는 것이 매우 자연스럽고 그리고 그 일이 얼마나 힘든 일인가를 다른 사람들이 느끼지 못하게 하는 것이 미덕이었다. 이것이 젠틀맨-이상의 핵심으로서 영국의 중산층이 자신들과 결속된 하위 귀족으로서의 젠트리(Gentry)로부터 넘겨받은, 따라서 귀족적 특징을 가진 것이다.

독일은 전혀 다른 모습을 보인다. 19세기 초의 독일은 많은 부분에서 영국이나 프랑스보다 뒤떨어져 있었다. 따라서 독일은 상층부로 진입하여 성공하려는 능력과 이를 위해 필요한 노력을 의미 있는 가치와 덕목으로 만들어야 했다. 이런 배경에서 생겨난 독일의 윤리가 바로 능력과 성실함이 통합된 윤리로서 '튀히틱히카이트'이다.

미국인들은 자신의 노력을 통해 성공을 거둔 사람만을 인정하는 성공윤리가 강하지만 독일인들에겐 열심히 노력하여도 자신의 생활비 정도 밖에 벌지 못하는 사람도 튀히틱한 사람이다. 그리고 스스로 자부심을 가질 수 있는 '성공한' 사람이다. 이 능력윤리의 또 다른 장점은 독일인들이 지닌 경쟁 기피 현상을 설명할 수 있다는 것이다. 충분히 노력했고 어느 정도의 성공을 거둔 사람이 비슷한 노력을 하고 더 많은 성공을 거둔 사람을 통해 평가절하되는 경향이 있다. 독일인들은 타인이나 자신의 월급에 대하여 말하는 것을 거의 '국가 비밀'로 다루는 것에서도 이런 걸 느낄 수 있다. 미국인들이 자신의 높은 연봉을 자랑할 때 독일인들은 이것을 사적인 영역으로 간주한다. 이런 이유는 한편으론 타인의 시기심을 유발하지 않으려는 것이며, 다른 한편으론 스스로가 시기심을 가지는 상황을 원치 않기 때문이다.

독일인들의 이런 윤리는 오늘날 딜레마적인 상황을 초래한다. 모든 사람들은 성실한 능력에 따른 사회적 신분 상승을 원한다. 그러나 우직한 소시민적 겸손함은 지나친 신분 상승 욕구를 부정적으로 보는 경향이 있기 때문이다. 이것은 독일의 엘리트 개념에서도 드러난다. 영국, 프랑스, 미국에서는 엘리트 대학에 대하여 긍정적으로 생각하는 반면에 독일에서는 '엘리트' 개념이 많은 저항에 부딪친다. 독일의 대학은 대부분이 국립대학으로서 대학의 서열이 없다. 그러나 국제적인 경쟁 속에서 한편으론 소수의 '엘리트' 대학을 요구하며, 다른 한편으론 이런 요구에 대한 사회적 비판이 높다.

근면

우리는 독일인들이 매우 부지런하다고 알고 있다. 실제로도 그렇다. 부지런함은 독일인들의 노동윤리이다. 미국인들의 노동윤리는 성공윤리이다. 왜냐하면 경건주의에 따라 세상의 성공은 하나님으로부터 선택된 사람에 대한 표식으로 간주되기 때문이다. 그러나 독일인들의 성공윤리와 부지런함의 역사적 배경은 좀 다르다. 그 배경은 우리가 위에서 살펴본 성실한 능력, 즉 '튀히틱히카이트'와 관련이 있다. 독일인들은 바로 이 성실한 능력의 윤리를 내재화했기 때문에 열심히 일하며, 이 윤리에 따라 땀 흘리는 것을 자랑스럽게 생각한다. 그래서 스스럼없이 스트레스에 관하여 불평할 수 있으며, 땀 흘리는 자신의 모습을 기꺼이 보여준다. 독일인들에겐 성공도 중요하지만 노력도 중요하다. 독일에서 생활하다 보면 독일인들이 자신이 일을 얼마나 많이 하거나 또는 얼마나 열심히 한다는 걸 좀 과장되게 표현하는 경우를 자주 볼 수 있다. 독일인들은 그 동안에 <불평과 비탄의 마이스터>라는 별명을 얻은 것은 이런 배경에서 이해될 수 있다.

독일인들은 전후의 폐허 더미 위에서 그들 특유의 근면성을 마음껏 펼칠 수 있었다. 그러나 통일 후에는 상황이 좀 달라진 것 같다. 통계에 따르면 오늘날의 독일인들은 선진국 중에서 가장 적게 일하는 나라이다. 대부분의 독일 노동자들은 1년에 6주간의 휴가를 받는다. 2014년의 통계에 따르면 일본 1,729, 미국 1,789, 독일인들은 연간 1,371시간 일한다. 독일인들은 주당 평균 37.5시간 일하며, 출근은 보통 7시 30분 정도에 하여 오후 3시나 4시 사이에 퇴근하는 편이다. 영국인들은 연평균 약 200시간 정도 일을 더 한다. 미국인들은 영국인들보다 일을 더 많이 한다고 한다. 그러나 그들은 열심히 노력하는 모습은 보일 수 있지만 스트레스를 받는다고 투덜거릴 수는 없다. 왜냐하면 그 경우 그들은 문제를 해결할 능력이 없으며, 이로써 '루저'(loser)로 낙인찍힐 수 있기 때문이다. 독일인들과는 좀 다른 노동의식을 갖고 있다. 독일인들은 프로이센의 노동윤리에서 시작한 이후 두 번의 세계대전을 겪었다. 전쟁의 폐허 위에서 오늘의 독일을 건설한 독일인들의 부지런함이 앞으로 어떤 노동윤리로 발전할지 지켜볼 일이다.

철저함

독일의 문헌학자 야콥 그림(Grimm, 1785-1863)은 '우리는 사소한 일에 지나치게 매달려 큰 이익을 놓치는 경우가 많다'라고 했다. 소위 말하는 '소탐대실'이다. 그러나 독일인들의 특징인 철저함과 꼼꼼함이 이룩한 일이 많은 것도 사실이다. 오늘날 독일이 자랑하는 자연과학, 금속공학과 기계공학도 철저함의 산물이다. 철저함이 학문적으로 구현될 때 화학, 물리 등의 자연과학에서 눈부신 업적을 이룰 수 있었다. 오랜 세월 동안 도제 제도의 힘든 과정을 거쳐 기능공을 양성하고, 정밀제품을 생산한 독일의 기계공학은 독일의 경제를 이끄는 원동력이었다. 금세공, 뻐꾸기시계, 광학기계의 발달, 독일의 자동차 산업도 이런 철저함이 공학적으로 구현된 것이다. 이 철저함은 독일의 사상사에서도 나타난다. 19세기에는 독일의 작가와 사상가들이 사물을 관찰할 때 가장 본래적이고 궁극적인 문제까지 보려고 하였다. 물론 영국인, 미국인, 프랑스인들도 철저하려고 하지만 이들은 작고 구체적인 일에서부터 시작한다. 그러나 독일인들은 처음부터 본질적인 문제를 사고하려고 하며, 이러다가 정작 행동으로 옮기지 못하는 경우도 많다. 독일인들은 문제 전체가 사고 되었을 때 비로소 행동하려는 경향이 있기 때문이다. 독일인들이 즐겨 사용하는 말로써 '끝까지 사고하라'라는 표현이 있다. 어떤 현상을 볼 때 그 현상만을 보는 것이 아니라 그 현상 뒤에 숨은 본질과 그 본질의 본질이 파악될 때까지 생각을 멈추지 말라는 표현이다. 독일인들이 자조적으로 사용하는 유머 하나를 소개해 보자. '원숭이가 무엇인가?'라는 숙제를 내자 영국인은 원숭이를 찾으러 아프리카로 가는데 독일인들은 원숭이가 무언가를 이해하기 위하여 국립중앙도서관으로 갔다고 한다. 처음부터 철저하게, 그러나 관념적으로 접근하는 독일인의 경향을 나타내는 유머이다.

독일에서는 결정을 하기 전에 세부사항에 이르기까지 세밀하게 살핀 후 결정을 내린다. 또한 이들은 절차를 매우 중요하게 생각하며, 규칙을 따르고 대부분의 규칙을 문서화하기를 원한다. 그러나 가끔은 그럴 필요가 없는 부분에서조차도 철저함으로 일관할 때 문제가 된다. 이런 완벽주의는 가끔 끔찍한 결과로 나타나기도 한다. 가장 끔찍한 예로는 반유대주의가 유대인 학살로 이어질 수 있었던 것은 독일인들이 그럴 필요가 전혀 없는 부분에서 독일적 철저함으로 처리했기 때문이라는 주장도 있다.

충절

'독일적 충절'이라는 말이 있을 정도로 충절은 독일적이다. 충절의 절정은 중세 독일 문학의 최고작품으로 알려진

<니벨룽겐의 노래>이다. 충성심, 정절, 신의, 복수와 같은 기사도 정신과 게르만 민족의 특성이 잘 드러나는 중세 최고의 대서사시이다.

나치 독일 때 히틀러에게 반대했던 군인들이 '지도자'에게 맹세한 충성서약 때문에 항거를 하지 못했다고 한다. 히틀러는 의무, 의무완수, 지도자에 대한 복종과 충절은 그 자체가 목적이 아니라 더 높은 목적에 부응하는 것으로 강조하였다. 그는 자신을 충절과 복종의 책임자, 수호자로 인식하였다. 유대인 대학살의 실무적 책임을 맡고 있던 나치의 장교 아이히만(Adolf Eichmann)은[1] 전범 재판과정에서 '본인은 유대인 학살이 불법이라고 생각했지만 총통에게 서약한 충절과 복종을 지켜야 한다'라고 대답했다. 악명 높은 아우슈비츠 강제수용소 소장이었던 회쓰(Rudolf Höß)는 자신의 상관이었던 힘믈러(Heinrich Himmler)로부터 아우슈비츠 수용소를 대량학살 수용소로 확장하라는 명령을 받았고 자신은 그 명령을 수행해야 하는 의무를 지녔다고 말했다. 상급자의 지시를 따랐다는 생각은 무조건적인 복종과 함께 자신이 수행한 행위로부터 자신의 책임을 면제하는 기능이 있다. 이런 생각은 특히 갈등 상황에서 결정을 해야 할 때 도

---

1) 아이히만(1906-1962)은 나치 독일의 장교로서 유대인을 조직적으로, 대규모로 학살하는 유대인 '최종해결책'을 지휘한 실무 책임자였다. 그는 종전 후 신분을 숨긴 채 아르헨티나로 피신하여 살던 중 이스라엘 비밀요원들에 의해 납치되어 이스라엘로 압송되었다. 이후 전범 재판에서 사형을 선고 받고 교수형에 처해졌다.

움을 준다. 충절에 대한 절대적 생각은 나치 군부 지도층의 대부분이 히틀러에게 했던 충절맹세를 파기하지 못했고, 범죄자였던 히틀러에게 저항하지 못했던 주원인이기도 하다.

독일어의 충절(Treu)은 어원적으로 인도·게르만어의 '나무'라는 의미가 있으며(여기서 영어의 tree 개념이 파생한다), 이런 점에서 독일인들이 왜 독일참나무(Eiche)를 독일의 국수(國樹)로 결정했는지 이해가 된다. 참나무는 수명이 길기 때문에 '영원'을 상징한다.

충절은 모든 나라와 사회에서 인정되는 긍정적 개념이다. 오늘날의 독일인들은 이런 긍정성에도 불구하고 무엇에 대한 충절인가가 더 중요함을 알 수 있게 되었다. 왜냐하면 방향이 잘못된 충절은 파국을 가져올 수 있기 때문이다. 독일인들이 이것을 깨닫는 데는 오랜 시간이 걸렸다. 나치 시대에 '고백교회'를 결성하고 독일 장교 슈타우펜베르크(Stauffenberg) 대령과 함께 히틀러 암살 계획에 가담했던 본회퍼(Bonhöffer) 목사는 '승객을 가득 실은 버스 기사가 미쳤을 때는 승객을 보호하기 위해 그 기사를 끌어내려야 한다'라고 주장했다. 독일인들이 듣기 싫어하는 말 중의 하나는 '거짓말쟁이'(Lügner)이다. 독일인들은 이런 말을 들으면 인격 모독으로 생각할 것이다. 정직은 유치원에서부터 가르치는 교육이며, 독일의 동화도 거짓말을 하면 반드시 끔찍한 결과가 온다는 것을 가르치고 있다.

오늘날의 독일인은 충절과 정직을 중요하게 생각하지만 동시에 비판적 정신과 함께 민주적 절차를 더 중요하게 생각한다. 독일인들은 누군가를 위하여 또는 조국을 위하여 생명을 바칠 것을 강요하는 그런 '죽음'에 대하여 경멸과 함께 이별을 했다는 것이다. 독일인들은 이것을 깨닫게 되기까지 너무나도 값비싼 대가를 지불해야 했다.

준법정신

우리의 관점으로 볼 때 독일 사회는 잘 이해되지 않는 부분이 많다. 그중에 하나는 독일에서는 법전이 베스트셀러 목록에 올라 있다는 것이다. 물론 두꺼운 법전이 아니라 일반 공급용으로 만들어진 페이퍼백이다. 2016년에 독일 아마존이 집계한 베스트셀러 중에는 <해리포터>가 1위, 민법전이 6위, 노동법과 상법이 각각 6위와 8위에 올랐다고 한다. 고시 공부를 하는 독일인들이 이렇게 많은가 하고 반문할 수 있겠지만 그런 건 아니다. 독일인들에게는 법이 곧 생활이요, 생활이 곧 법일 정도로 법은 언제 어디서나 필요한 것이기 때문이다.

독일인들의 법체계는 관습법과 성문화되지 않은 상식과 제의에 따라 보완되는 영국법과는 다르게 구성되어 있다고 한다. 미국인들은 그들의 법을 영국법에 따라 발전시켰다. 미국인들은 확인과 균형(입법, 사법, 행정부 사이의 check and balance)의 원칙을 철저히 따른다. 그러나 독일에서는 계몽의 영향 아래 로마법을 따르는 법체계가 관철되었으며, 이 체계는 프로이센과 독일제국 시대의 법을 거쳐 오늘에 이르게 되었다. 독일의 법은 체계적 권위에 의해 구성되었다. 이런 체계성은 일반법은 헌법에 해당하는 기본법으로부터 파생되며, 이로써 법체계는 하나의 피라미드를 이룬다. 독일국민에게 아주 높은 안정감을 전달하는 기본법 중에서 국민의 기본 권리를 담고 있는 첫 20개 조항은 개정이 아예 불가능하며, 나머지 기본법도 의회의 2/3 이상의 동의가 있어야만 개정이 가능하다.

독일인들은 '법은 우리 모두의 권리와 자유를 지켜주는 것이며, 법을 위반하는 건 공익을, 결과적으로는 나의 이익을 헤치는 것이다'라는 생각을 하는 거 같다. 속도제한, 주정차 금지, 장애인 주차 공간 지키기와 같은 기초질서에서부터 상위법에 이르기까지 독일인들의 법 준수는 철저하다. 독일인들이 법 준수를 잘하는 이유는 무엇인가? 독일인들에게 법은 있으나 마나 한 것이 아니라 법 집행이 엄격하게 지켜지는 '처벌의 확실성' 때문이라고 한다. 이와 함께 독일인들은 그들의 역사에서 자신을 지켜주고 보호해주는 국가의 부재를 많이 경험했기 때문이며, 그러기에 더욱 법을 지키며, 자신을 국가와 법과 동일시하는 경향이 있다고 한다.

독일에서의 생활은 법과 규정으로 시작하여 법과 규정으

로 끝난다고 해도 과언이 아닐 정도이다. 그 이유는 독일인들은 모든 것이, 언제나 정확하게 규정되어 있어야 한다고 생각하기 때문이다. 일반적으로 상상하기 어려운 상황까지 상정하여 법과 규정을 만들어 놓은 몇 가지 예들을 살펴보자: 나체로 본인의 자동차를 운전하는 건 법에 저촉되지 않지만 나체 상태로 차에서 내릴 경우에는 벌금형, 독일의 형법 제307조에 따르면 독일에서 원자폭탄이나 핵폭탄을 터트릴 경우에는 5년의 징역형이나 벌금형, 다리 위를 지나갈 때 여러 사람이 동일한 행보로 움직이면 벌금형을 받을 수 있는데 그 이유는 여러 명이 동시에 내는 진동과 무게 때문에 다리가 무너질 위험이 있기 때문이라는 것 등이다. 독일에서 다리 위를 지나갈 때는 어쩌면 조심해야 할 거 같다.

오늘날의 독일인들도 법을 준수하며, 법질서 개념이 분명하다. 칠흑같이 어두운, 아무도 없는 들판 길에서도 빨강 신호등이 켜지면 대부분의 차들은 정차를 하고 출발신호를 기다린다. 그러나 최근에는 범죄 발생률이 큰 폭으로 증가했다고 한다. 이런 범법은 사람의 신체에 관한 강력범죄이기보다는 돈과 관련된 범죄들이 대부분이라고 한다. 그동안 독일인이 지키던 주요 가치들의 변화와 함께 찾아온 새로운 현상인가, 유럽 내에서의 인구이동이 활발해지면서 범죄자들이 '먹잇감'을 찾아 독일로 오는 것일까, 아니면 또 다른 이유가 있는가?

오만과 공격성

독일인들은 대체로 친절한 편이다. 길을 물어보면 자세히 설명해 주거나 심지어는 본인이 가던 길을 멈추고 따라오면서까지 설명해 주는 경우도 종종 있다. 이처럼 친절한 사람들이 있는 반면에 무뚝뚝한 사람도 많다. 가끔은 오만하거나 공격적인 모습을 보이는 사람도 적지 않다. 독일인들의 공격성과 오만함은 어디에서 유래하는가? 무엇인가로부터 위협을 받고 있다는 느낌과 자신을 방어해야 한다는 공격성은 독일 문화를 관통하는 감성적 복합요소처럼 느껴진다. 무뚝뚝하고 오만한 태도가 때에 따라서는 불안감, 전문성의 부족, 압박감을 감추려는 방법이나 책임감을 회피하는 수단이 될 수 있다. 책임감을 무겁게 생각하는 독일에서는 이것이 오히려 부작용으로 나타날 수도 있기 때문이다. 독일인들은 신뢰감을 주려고 한다. 그리고 책임감이 무서운 걸 알기에 책임을 지지 않으려거나 다른 사람에게 책임을 떠넘기려는 경향이 있기 때문이다. 이런 성향 때문에 스스로 실수를 저지르거나 자신의 실수를 인정하는 것을 몹시 싫어하는 좀 이중적인 모습도 볼 수 있다.

오만함과 공격성의 이유를 독일인들의 마음에 내재한 깊은 불안감에서 찾는 사람도 있다. 불안감의 쓴 열매가 오만함으로 표출되는 것이다. '30년 전쟁'이 일어났던 중세에서부터 현대에 이르기까지 독일의 역사는 충격적 불확실성과 국가 성쇠의 극적인 반전의 연속이라고 볼 수 있다. 특히 2차 대전 중에 저지른 죄악에 대한 죄의식이 깊게 내재해 있는 독일인들이다. 이런 역사로 인해 독일인들은 불안과 함께 안전을 갈망한다. 오만해 보이는 독일인의 태도는 많은 경우 불안정한 상황에 대처하기 위한 과잉반응이라고 볼 수 있고, 상황을 통제하려는 시도일 수 있다. 이것은 어쩌면 자신들의 약점을 감추기 위한 표현일 수 있을 것이다. 이런 공격적이고 오만하게 느껴지는 사람도 조금만 신뢰 관계가 형성되면 친절하고 믿음직한 사람으로 변한다.

02 독일인의 '기본 감정', 두려움과 그리움이 많은 독일인

감정은 개인이나 사회집단이 느끼는 심리적 또는 정서적 상태와 작동방식을 의미한다. 기쁨, 슬픔, 분노, 공포, 놀람, 혐오, 사랑, 증오, 경멸, 호기심, 부끄러움, 죄, 욕망, 그리움, 동정, 괴로움, 고통, 절망, 자부심, 걱정, 조심, 비겁, 무기력, 불신, 위험 … 등등이 구체적 감정들이다. 이런 감정들 중에는 모든 문화권에 나타나는 보편적 감정이 있는가 하면 개인이나 문화권마다 다르거나 경중의 강도가 다른 감정들도 있다. 개인이나 사회의 구성원들은 자신들이 속한 공동체 그리고 이 공동체와 관련된 역사와 환경 속에서 영향을 주고받는 사회화의 과정을 거치고, 이 과정에서 특정한 감정이나 심성적 기질을 형성한다. 이렇게 형성된 감정들은 생각과 사고방식 그리고 구체적 행동과 다양한 삶의 형태로 발현된다. 물론 감정의 형성과 발현은 개인마다 다를 수 있다. 동일한 환경과 역사를 경험했음에도 다른 감정과 정서를 가질 수 있기 때문이다. 개인감정의 형성과 발현의 문제를 이 책에서 다루기에는 필자의 능력이 턱없이 부족하다. 이 책의 목적도 아니다. 따라서 이 문제를 여기서 더 이상 논의하지 않음을 독자 재현께서 이해해 주시리라 믿는다.

‘기본 감정’(Grundgefühl/Basic feeling)은 개별적인 감정들을 포괄하는 좀 더 근본적인 감정을 말한다. 예컨대 걱정, 조심, 비겁, 무기력, 불신, 위험 등이 개별 감정이라면 이 감정들은 ‘두려움’이라는 감정으로 수렴될 수 있다. 이때 수렴하는 감정, 즉 ‘두려움’을 기본 감정으로 부를 수 있다. 위에서 언급한 다양한 감정들 중에서 어떤 감정이 기본 감정이 되느냐는 개인과 집단, 문화권과 나라에 따라 다를 수 있다.

감정도 역사와 환경 속에서 사회화의 과정을 거친다는 의미에서는 일종의 ‘전형적 특징’으로 볼 수 있다. 그러나 이 책에서는 개념상 혼동을 피하고자 행위적이며, 실천적인 요소는 위의 제1장에서 설명한 ‘전형적 특징’으로, 내면적이며 심성적 기질은 아래에서 설명할 ‘기본 감정’으로 구분하여 사용한다. 이외에도 ‘전형적 특징’과 ‘기본 감정’ 사이에는 질적인 차이가 있다. ‘전형적 특징’은 외부적으로 발현된 구체적 삶의 행태이며, 실천적이고 실용적인 행동이다. 반면에 기본 감정은 보다 내면적이고 심리적인 것이다. 따라서 기본 감정은 그의 존재나 영향을 밝히는 것이 쉽지 않다. 우리 민족의 멘탈리티를 논의할 때 '한'(恨)이라는 기본 감정을 사용하기도 한다. 그러나 그 '한'이 외부적으로 나타나는 행태는 볼 수 있지만 그 정서적 감정을 개념적으로 규명하기가 어려운 것과 비슷하다. 이런 개념적 어려움 외에도 기본 감정에 대한 주장은 다른 비판을 받기도 한다. 비판의 핵심은 심성주의적 관점이 환경적이고 역사적 중요성을 간과하며, 개별적 존재를 집단화하고 상대화할 가능성이 높다는 것이다. 그러나 이런 비판에도 불구하고 사회적 집단이나 특정 민족은 그들만이 가지고 있는 고유한 심성적 기질이나 기본 감정을 공유하고 있다는 것 또한 부정할 수 없다. 이 책에서는 '기본 감정'을 주장할 때 나타날 수 있는 문제점을 인식하고 이를 보완하기 위해 역사적 관점과 맥락을 고려할 것이다.

영문학자인 겔페르트 교수에 따르면 독일인들은 '두려움'(Angst)과 '그리움'(Sehnsucht)이라는 두 가지 기본 감정을 갖고 있다 (Gelfert, 184 쪽). 아래에서는 겔페르트 교수의 논지를 참고하여 독일인의 '기본 감정'을 살펴보자. 이때 개별 요소들을 두 개의 큰 범주, 즉 '그리움'과 '두려움'으로 구분한 후 세부적으로 살펴보려고 한다.

1) 두려움

먼저 '두려움'(Angst)의 기본 감정에 대하여 살펴보자. '독일적 두려움'(German Angst)이라는 고정개념이 존재할 정도로 두려움은 독일적 요소가 되었다. 독일인들만큼 미래, 연금, 직장, 환경, 의료체계 등이 안정적으로 보장된 나라가 없다. 그러나 독일인들만큼 이런 문제에 대하여 걱정을 많이하는 사람도 없을 것이다. 경기가 조금만 나빠지거나, 환경이 조금만 나빠지거나, 외국인이 조금만 많아져도 심하다싶을 정도로 걱정을 하며 대책을 세운다며 열띤 토론을 한다. 좀 과장하면, 마치 하늘이 무너질 듯이 걱정을 한다. 핵폭탄의 죽음을 두려워하며, 숲의 죽음을 걱정하고, 기후 재앙을 염려한다. 실직을 걱정하며 술을 마시고 생산력을 저하한다.

역사를 좀 거시적으로 봐도 이런 면은 곳곳에서 나타난다. 독일인들은 근대에서부터 시작하여 민족적 위기가 올때면 진보를 향한 용기 있는 발걸음을 내딛기보다는 한층더 경직되고 보수적 자세로 후퇴하였다. 현상을 유지하며 안전을 선택하는 반응을 보였다. 17세기에 있었던 '30년 전쟁' 후에 영국인들은 '명예혁명'을 이루었지만 독일인들은 수많은 소공국으로 분리되었고 절대주의로 퇴보했다. 나폴레옹의 점령 이후에도 지엽적 개혁만 있었고 복고주의로 돌아섰다. 1848년의 3월 혁명은 실패하였다. 1차 대전 후에 독일인들은 마침내 공화국을 맞이하였지만 이 공화국은 '공화주의자 없는 공화국'이었다. 국민은 의회보다는 대통령에게 절대적 권력을 부여함으로써 종국에는 히틀러가 독재의 길로 들어서는 문을 열어 주었다. 나치 독일은 역사를 퇴보시킨 가장 극단적인 사건일 것이다. 2차 대전 이후에는 독재를 경계하기 위해 상하원 제도를 두었지만 상하원에서 차지하는 과반수의 의석이 정부와 야당이 각각 다른 경우에는 내각책임제인 정부가 거의 기능을 하지 못할 정도이다. 1990년에 통일을 맞이하면서 사회와 국가가 새로워질 가능성을 놓쳤다는 지적이 많다.

사회학자 슈테크만/판제(Stegmann/Panse) 교수의 연구에 따르면 독일인들이 두려움 때문에 지출하는 사회적 비용은 연간 무려 1천억 유로로 이른다고 한다. 다가올 위험이나 미래에 대하여 준비를 하는 게 나쁠 것이 없다. 오히려 권장하고 본받을 일이다. 그리고 두려움이 행사하는 긍정적인 면이 있다. 그러나 독일인들에게는 걱정하고, 불안해하고 두려워하는 현상이 지나치다는 것이며, 이런 현상이 다른 서유럽 국가의 국민보다 월등하게 높다는 것이다.

작은 일에도 미래에 대한 걱정이 많은 독일인들의 '두려움'은 어디서 유래하는가? 아래에서 살펴볼 개별 주제들(고향, 아늑함, 숲, 클럽 등)은 독일인들이 '두려움'으로부터 도피하는 보호의 영역으로 이해될 수 있을 것이다. 기본 감정인 '두려움'에서 나타난 개별적 현상과 그의 역사적 배경을 살펴보자.

숲

스위스인들에겐 산, 스코틀랜드인들에겐 하이랜드, 영국인에겐 정원이 있다. 독일인들에겐 이와 비교될 만한 게 무엇일까? 그건 바로 숲(Wald)이다. 독일인들은 오늘날도 숲을 사랑하고 가꾼다. 남자 대학생들이 선호하는 직업 1위가 산림감독관이기도 하였다. 독일은 원래 지금보다 삼림이 더 많은 나라였다. 그러나 15~16세기 이후 삼림·습지 등의 개척이 추진되어 오늘날과 같은 경지화가 이루어졌으며, 현재의 삼림면적은 국토면적의 약 1/4에 해당한다. 평야나 구릉지에는 너도밤나무·졸참나무 등 활엽수림이 서식한다. 1,000m 이상의 고지에는 은송(銀松)·젓나무 등 침엽수림이 무성하다. 그밖에 보리수나 독일참나무는 독일의 국민수(國民樹)로 마을의 광장이나 소위 '성스러운' 장소 등에 많이 심겨 있다. 또 삼림 주변이나 삼림 안에 저습지가 있어서 초원이 산재하는 것도 독일 식생의 한 특색이다.

독일의 낭만주의자들은 숲을 신에 의해 창조된 신성한 총체성으로서 이해하였고 독일적 감성의 대표 상징으로 만들었다. 이 시대의 시인인 아이헨도르프만큼 이 느낌을 잘 표현한 사람은 없다. 그는 '숲의 시인'이라 불릴 만큼 숲을 신성시하는 주옥같은 시를 남겼다. 숲이 이런 의미로 쓰이게 된 이유는 숲은 수많은 개체로 구성되었지만 동시에 전체를 나타내는 자연적이고 유기적인 곳이기 때문이었다. 독일인들이 '30년 전쟁' 이후부터 꿈꾸어온 것, 즉 보호됨을 느끼고 전체의 한 부분이 되려고 하는 것이 독일인들이 숲을 좋아하는 이유라고 한다. 숲은 숭고한 권위를 나타낸다. 왜냐하면 숲은 외부의 적으로부터 나를 보호해주며, 내부적으로는 보호된다는 느낌을 전달하기 때문이다. 아버지적인 권위와 어머니적인 따뜻한 품을 결합한 느낌을 주는 곳이 숲이기 때문이다. 독일인들이 가장 원하는 두 가지 감정이다. 숲에 대한 이런 아우라는 오늘날까지도 이어지고 있다.

오늘날의 독일인들은 숲이나 산보다는 바다를 더 좋아하는 거 같다. 바다는 자유, 멀리 봄, 모험과 도전 그리고 밝음을 의미한다. 오늘날의 독일인들은 고요한 밤에 시냇물 흐르는 소리를 듣거나 꾀꼬리 소리를 듣는 것보다 해변에 누워 파도 소릴 듣기를 즐겨한다. 그리고 눈이 쌓인 산 정상을 보며 경외심을 느끼기보다는 정상을 오르거나 그곳에서 스키를 타길 좋아한다. 그러나 대다수의 독일인들은 아직도 여전히 숲을 사랑하며, 언제라도 숲으로 돌아갈 수 있을 것이다.

고향

'고향'(Heimat)은 유년기, 청소년기를 보낸 장소에 대한 감성적 소속감을 느끼는 곳이다. 영국인, 프랑스인, 미국인들은 우선 국가에 속한 국민으로, 그다음에 특정 지역에 소속된 주민으로 자신을 이해한다. 텍사스에 사는 미국인은 자신을 일차적으로는 텍사스인으로 생각할 것이고, 그다음에 본인이 사는 지역의 주민으로 느낄 것이다. 그에게는 텍사스가 하나의 국가이다. 이것은 독일인들이 생각하는 고향과는 다른 개념이다. 고향은 독일인들에게 많은 향수를 불러오며, 소중한 가치를 지닌 말이다. 독일인들에게 고향은 시민권이나 정치적 소속과는 다르다. 아직도 많은 독일인들은 자신을 일차적으로는 바이에른 주의 어느 마을에 사는 사람이라고 이해하며, 그다음에 자신을 독일인이라고 이해한다. 물론 다른 주에 속하는 독일인은 자신이 속한 그 주의 지역에 속하는 사람이라고 말할 것이다. 독일인들에게 고향은 청소년기에 시간을 보낸 삶의 장소, 친숙한 교회, 부모님의 집 뒤에 흐르는 시냇물, 마을 선술집 앞에 서 있는 보리수 등이다. 고향은 지리적 사실만이 아니라 보호받고 있다는 안정감의 상징이며, 훼손되지 않은 유년기의 아름다운 기억들로 채색된 공간이다. 독일인들에게 고향은 훼손되지 않은, 평화스럽고 조화로운 자연과 도피처로 연상된다.

공업선진국인 독일인들이 아직도 이런 고향을 그리고 있다. 그 이유는 무엇인가? 독일인들의 정치적 상황은 수백 년 동안이나 매우 불안정하였다. 자신이 사는 직접적인 삶의 공간만이 안정적인 정체성을 보장하는 유일한 공간이었다. 정치적으로 중요한 사건에 대하여 공동으로 결정할 수 있는 기회도 없었다. 1871년에 독일제국의 통일이 이루어지기 전까지 수백 년에 걸친 소공국의 국가에선 교회, 동업자 조합, 동호회와 같은 클럽이 고향이었다. 이들이 피난과 보호처를 제공하고 이 속에서 독일인들은 자신들의 정체성을 찾을 수 있었기 때문이었다.

　독일의 산업화는 이웃 나라보다 늦게 시작되었다. 많은 독일인들이 새로운 일자리를 찾기 위해 이별의 아픔을 안고 고향을 떠났다. 독일의 민요에서 고향의 모티브가 자주 등장하는 것도 이런 이유 때문이다. 우리나라에서 '노래는 즐겁다'로 불리는 동요는 원래 독일민요로서 그들의 고향에 대한 생각이 잘 나타나는 노래이다. 독일 텔레비전에서도 '고향'을 주제로 하는 드라마가 유독 많음을 볼 수 있다. 독일인들의 언어에는 정치적, 종교적, 이념적, 학문적 고향이라는 어휘가 자주 사용된다. 유럽의 다른 나라들과 비교해 볼 때 독일인들은 외국인에 대하여 더 많은 낯섦과 거리감을 가진다. 이런 경향도 어쩌면 독일인들이 느끼는 '고향'에 대한 정서와 연결되어 있을 수도 있다.

그러나 오늘날의 독일은 매우 적극적이고 포용적인 모습을 보인다. 2017년에 1백만이 넘는 난민들을 수용한 것이 하나의 예가 될 수 있다. 유럽연합에 속한 다른 나라들은 겨우 몇 만 명을 수용하면서 온갖 불평을 늘어놓고 있을 때였다. 독일에서 외국인 친화 운동을 하는 단체들이 내건 슬로건이 있다. "모든 인간은 외국인이다. 거의 모든 곳에서"(Alle Menschen sind Ausländer. Fast überall.)라는 내용이다. 나치 독일을 겪으면서 새롭게 태어난 독일과 독일인의 모습이다. 그들은 어쩌면 '독일적 고향'의 개념과 이별을 하고 더 넓은 의미의 '고향'을 찾고 있는지도 모른다. 물론 아직은 소수이긴 하지만 말이다.

아늑함

'아늑함'(Gemütlichkeit)은 익숙하고 안정된 공간 속에서 긴장이 해소될 때 느끼는 행복한 감정이다. 독일인들의 삶에서의 아늑함은 공공의 삶에서 벗어나 개인적 삶으로 회귀하는 것이다. 노래 부르기 좋아하는 독일인들이 <옥토버 페스트>와 같은 축제에서 '건배, 건배, 아늑함을 위하여'(Ein Prosit, ein Prosit der Gemütlichkeit)라고 외치며 노래 부른다. 46개국에서 온 850명의 외국인 학생들이 올해(2019)의 가장 아름다운 독일어로 선정한 단어가 아늑함(Gemütlichkeit)이기도 하다

1871년 독일제국의 건국 후 많은 국가적 공휴일과 축제가 제정되었지만 적지 않은 전통적 축제들은 개인과 가정의 영역으로 이관되어 생활화되었다. 독일인들이 가장 중요하게 생각하는 가정축제는 부활절과 성탄절 축제이다. 우리와 비교하면 추석이나 설날과 같은 명절일 것이다. 친숙한 공간에서 개인적 아늑함을 가장 잘 느낄 수 있는 공간과 사람들의 모임이기 때문이다.

 아늑함의 이상은 가정에만 국한된 것이 아니고 언어의 호칭에서도 나타난다. 독일에서의 생활은 공적인 영역과 사적인 영역으로 나뉜다. 영어에서는 상대방을 호칭할 때 모두 You로 통일하지만 독일어에서 Sie와 Du로 구분한다. Sie는 '당신', '귀하' 등으로 번역할 수 있는 2인칭 존칭으로서 의례적으로 사용되며, Du는 '너', '그대' 등처럼 개인적인 친밀성을 나타내는 표현이다. 공적인 형식성과 사적인 친밀성으로 나누어지는 말이다. 독일인들은 가족 모임이나 개인 파티를 할 때는 '아늑한' 분위기를 만들기 위해 전등을 끄고 촛불을 켜며, 향료막대를 피우는 등 큰 덩치에 어울리지 않는 부산한 모습을 보인다. 밝음에 익숙한 우리는 어둡고 답답함을 느끼지만 독일인들은 아늑함을 느낀다고 한다.

 아늑함은 19세기 초에 산업화와 함께 시작되었다고 한다. 아늑함을 추구하는 독일인들의 성향은 공적인 책임과 의무에서 벗어나려는 생각과도 연관이 있을 것이다. 프로이센적인 책임감과 전쟁을 경험한 독일인들에게 책임감은 무겁게 다가왔을 것이다. 책임의 중압감에서 벗어나 개인적이고 익숙한 영역으로 회귀하려는 욕구는 그만큼 더 강했을 것이다. 또한 아늑함은 약간의 '게으름'과 '용기 없음'을 연상시킨다. '근면'과 '용기'를 덕목으로 생각하는 독일인들에게 반대의 느낌을 가져오는 '아늑함'은 개인적인 영역에서는 더욱 필요했을 것이다.

보호받음

독일어 '게보르겐하이트'(Geborgenheit)는 우리말로 번역하기가 쉽지 않다. 이 말은 보호받음, 안전함, 친밀, 따뜻함, 고요, 평화, 만족감, 인정, 사랑 등의 의미를 내포하기 때문이다. 영어와 불어에도 상응하는 단어가 없다. 2004년에 괴테문화원이 주최한 국제대회에서 두 번째 아름다운 독일어로 선정되기도 하였다.

독일인들이 추구하는 게보르겐하이트는 한 마디로 표현하면 어머니의 품에 있을 때 느끼는 편안함, 안전함과 보호받음의 느낌이다. 독일인들이 사용하는 보호받음의 최상급 표현은 "아브라함의 품처럼 안전하다"(So sicher wie in Abrahams Schoss)이다. 우리가 아래 '독일적 장소'에서 살펴보게 될 로텐부르크(Rothenburg ob der Taube)의 작은 중세의 목골가옥은 '비좁음', '보호받음', 안락함을 건축학적으로 구현한 건물이다.

독일인들의 이런 경향은 종교개혁 이후부터 특히 강해졌다고 한다. 왜냐하면 이때부터 그들은 교회로부터 받던 보호와 안전함을 잃었기 때문이다. 또한 독일인들은 '신성로마제국'의 분권과 분열로 인하여 유럽의 다른 중앙집권 국가들이 제공하던 국가로부터의 보호도 제공받지 못했기 때문이다. 이 경우 자신을 지킬 가능성은 자신을 지키려는 방어의식과 함께 자신을 보호할 수 있는 능력을 갖추는 것이다. 아니면 다른 대체 가능성을 찾는 것이다. 나치 독일 당시 수많은 독일인들이 왜 히틀러에게 달려갔는가를 물었을 때 사람들은 그에게서 '안전함과 보호받음'을 느꼈다고 했다. 보호받는 느낌을 추구하는 독일인들의 경향은 자신들의 보호와 안전을 책임지는 중앙집권 국가의 부재에서 오는가?

오늘날의 독일인들에게서, 자식이 부모의 보호를 기대하는 것과 같은 보호를 국가로부터 기대하는 현상은 많이 사라진 거 같다. 그만큼 독일인들의 비판적 시민의식과 자긍심이 강해진 것으로 이해할 수 있을 것이다.

클럽

'독일인들은 세 명만 모이면 클럽(Verein)을 만든다'(Drei Deutsche, ein Verein)라는 말이 있다. '클럽 가족'이란 개념도 있다. 이런 표현에서 알 수 있듯이 독일인들은 클럽이나 동호회를 만들고 그곳에 소속되기를 좋아한다. 자신의 취미 활동을 적극적으로 할 가능성이 이런 클럽을 통해서 가능하기 때문이다. 축구 클럽, 체조클럽에서부터 '토끼 키우는 동호회' 등까지 수많은 동호회가 있다. 독일 최초의 클럽은 '30년 전쟁'이 발발하기 1년 전인 1617년에 결성된 언어클럽이라고 한다. 오늘날에는 공식적으로 등록된 클럽만 30만 개가 넘으며, 비공식적인 클럽까지 합하면 60만 개가 넘는다고 한다. 독일 스포츠연합에는 2천3백만의 회원이 가입되어 있으며, 독일 합창연합(Sängerbund)에는 2백만의 회원, 독일 알프스연합과 지방의 산악회는 수백만의 회원이 가입되어 있다. 독일 성인 중약 60퍼센트는 클럽의 회원이라고 한다. 물론 적극적 회원보다 수동적 회원이 더 많을 수는 있을 것이다. 독일 노래연합(Gesangverein)과 체조클럽(Turnverein)은 자유적이며 민족적 성격이 강한 중요한 단체였다. 독일제국이 건설되기 10년 전에, 1860년에는 최초로 독일 체조연합의 축제가 열렸고, 1861년에는 독일 최초로 독일 노래연합의 행사가 열렸다. 제1차 세계대전이 일어나는 시기까지 많은 클럽들이 만들어졌다.

클럽은 회장, 부회장, 총무, 회계와 많은 수의 회원으로 구성된 조직이다. 오늘날에도 클럽은 정서적 소속감과 공동의 정체성을 제공하는 역할을 한다. 독일에서의 장례식은 주로 성직자가 주도하지만 동시에 클럽의 회장이 차지하는 비중

이 매우 높은 데서 클럽의 사회적 기능을 실감할 수 있다.

독일인들은 왜 이처럼 클럽을 만들고, 소속되는 것을 좋아할까? 그렇다고 독일인들이 아주 사교적이라고 볼 수도 없으며, 오히려 개인주의적인 면이 강한 데 말이다. 이 질문에 대한 답변은 사회적으로 설명되어야 할 것이다. 독일에서 클럽이 가지는 중요한 의미는 19세기 독일 시민계층의 산물이라 볼 수 있다. 19세기 중반까지만 하여도 독일 영역에서는 국가적 울타리나 정치적 의미에서 결속된 민족이 없었다. 이런 가운데 독일 노래연합과 체조클럽은 사회적 일체감을 만들어 내는 데 크게 일조한 선구자들이었다. 클럽은 사적인 공간과 공적인 공간을 연결하는 매개체 역할을 하는 곳이다. 독일인들은 정치적 영역의 부재로 인하여 공적인 삶에 참여할 기회가 많지 않았기 때문에 클럽을 통하여 사회 활동을 할 가능성을 찾았을 것이다.

정치적으로 각성한 독일인들이 오늘날에도 클럽활동을 중요하게 생각하는 것은 무엇 때문인가? 그들에게 클럽활동은 하나의 문화가 되었고, 개인주의화 되는 삶 속에서 공공의 영역으로 나아가는 가능성의 공간이기 때문이다.

2) 그리움

독일인들의 또 다른 기본 감정은 '그리움'(Sehnsucht)이다. 그리움은 끝이 없으며, 끝을 모른다. 왜냐하면 동경할 뿐이고 결코 다다르지 못하기 때문이다. 그리움은 상태도 아니고, 지속적인 갈구도 아니며 그 어느 곳에도 정착하지 못하는 몸부림이기 때문이다. 그리움을 의미하는 독일어는 '젠주흐트'(Sehnsucht)이다. '보다'의 Sehen과 '중독'의 의미를 가진 Sucht가 합성되어 만들어진 명사이다. 독일어의 그리움은 '보고 싶음에 중독되었다'라는 뜻을 가지고 있음을 알 수 있다. 일종의 마음의 '병'이다. 지구상에 있는 8,000미터 이상의 정상 14개를 모두 정복한 독일 산악인 라인홀드 메스너(Reinhold Messner)는 "나는 외부를 향한 그리움에 사로잡혀 있다. 그리고 이것은 일종의 정신분열증이다. 아내의 곁에 있을 때는 북극으로 가려고 하며, 북극에서는 아내를 생각한다"라고 고백한 바 있다. 이런 극단적인 상태를 향한 그리움은 모든 것을 포함하는 세고(世苦)로 나타날 수 있다. 이런 경향은 철학, 문학, 음악, 회화 등 대부분의 문화영역에서 나타나며, 시기적으로도 독일관념론이나 낭만주의에서 특히 강하게 나타났다. 독일 낭만주의 시대의 대표적인 화가인 카스파르 다비드 프리드리히(Caspar David Friedrich, 1774-1840)의 그림은 그 시대가 낭만주의 시대라는 점을 고려하더라도 온통 미지의 세계에 대한 그리움으로 가득 차 있다. 아래에서 살펴볼 개별 내용(세고, 정신, 깊이, 숭고함, 국가 등)도 결국은 미지의 세계에 대한 그리움의 표현일 것이다. '그리움'을 추구하는 경향은 지고한 것, 가장 깊은 것, 우주,

민족, 숲 또는 본질 속에서 승화되려는 요구로 이해할 수 있다.

세고(世苦)

암울하고 부침이 심한 역사 때문인지 독일인들은 우울한 경향이 있다. 이 경향은 감상적인 염세주의, 세고(世苦, Weltschmerz), 먼 곳이나 내면의 세계에 대한 그리움으로 나타난다. 독일이 자랑하는 화가 뒤러의 <멜랑콜리아>는 이런 멘탈리티를 잘 표현하고 있다. 독일인들의 '보고 싶음에 대한 중독'이 잘 드러나는 영역은 특히 철학에서이다. 니체, 쇼펜하우어에서 '세고'는 극대화된다. 괴테의 <빌헬름 마이스터의 수업 시대>에 등장하는 미뇽은 '그리움을 아는 사람만이 내가 어떤 고통을 당하고 있는 걸 알 것이다'라고 말한다. 낭만주의 시인인 아이헨도르프(Eichendorf)는 그의 시 <달밤>에서 '천상과 지상이 입맞춤하며, 시적 자아의 영혼은 영원한 고향으로 날아간다'라고 고백한다. 독일의 회화에서도 그리움을 주제로 한 작품들이 넘친다. 그리움은 많은 경우 '먼 곳', 자유, 세계의 무한함 등에 대한 막연한 동경이다. 이런 내향성의 문화가 어려운 사회적 현실을 어떻게 외면했는지는 19세기의 사실주의적 소설이 독일 문학에서는 거의 힘을 발휘하지 못한 데서 알 수 있다. 독일 사실주의 문학을 대표하는 작가는 테오드 폰타네(Th. Fontane,

1819-1898)이다. 그는 59살이 되어서야 첫 소설을 발표했다. 스탕달, 발자크, 플로베르, 디킨스, 새커리 (Thackeray, 1811-1863), 톨스토이, 투르게네프 등은 그들의 대표작을 이미 오래전에 발표한 때였다.

숨이 막힐 정도로 폐쇄적인 신분 사회는 재능이 있는 시민계급의 젊은이들에게 자신을 구현할 수 있는 일말의 가능성도 주지 않았다. 시민계급의 사람들이 자신의 능력을 사회적으로 발현할 가능성은 애초부터 주어지지 않았다. 이런 환경에서 뛰어난 시민계급의 인물들이 도피할 수 있는 공간은 문학과 철학 분야였다. 이들이 다루는 주제도 밝고 진취적이기보다는 어둡고 '먼 곳'을 그리워하는 낭만적이거나 몽상적 주제였다. 괴테가 시민계급의 출신이 아니고 귀족 출신이었다면 <젊은 베르테르의 고뇌>의 '고뇌'는 없었을 것이고 어쩌면 작품은 써지지 않았을 수도 있었을 것이다.

오늘날의 독일인들은 세상 근심을 홀로 지고 있거나 '먼 곳에 대한 그리움' 같은 몽상적 감정을 필요로 하지 않는 것 같다.

정신

우리는 일반적으로 영국인에게는 상식(Commonsense)을, 프랑스인에게는 정신과 유머로부터 샘솟는 활기찬 기지를 의미하는 에스프리(Esprit)를, 러시아인들에게는 '러시아적 영혼'을 인정하는 경향이 있다. 상식은 일상생활 속에서의 상식으로서 좀 진부한 면이 있으며, 에스프리는 살롱이나 문예란 등에서 인정되지만 좀 표피적이다. 러시아적 영혼은 공감하는 요소가 있지만 좀 무기력하며, 자기연민적인 면이 강하다. 그러나 독일인들은 상식, 에스프리 대신에 가이스트(Geist), 즉 '정신'을 선호한다. 독일인들은 자신들이 문화적으로 열등하다고 느낀 서유럽적인 요소에 대해선 우직함, 자연적 소박함, 솔직함 등과 함께 '정신'을 독일적 덕목으로 내세웠다. 라틴족에 대해선 영혼의 깊이를 내세웠고, 자신들보다 더 감성적인 슬라브족들에 대해선 정신적 우위를 강조했다.

프랑스인 마담 드 스탈(de stael)은 '독일은 시인과 사상가의 나라'라고 말한 바 있다. 이 말에서 사상가, 즉 철학자의 존재와 정신이 강조되는 독일적 분위기를 느낄 수 있다. 독일 철학을 대표하는 칸트는 인간사고의 한계를 알아보는 것을 목표로 삼았으며, 헤겔은 세계정신을 주장하였다. 니체는 권력에의 의지와 '초인'을 주장하였고, 하이데거는 현존재를 성찰하였다. 특히 '가이스트' 개념은 칸트 때까지만 하여도 유럽의 계몽주의에 속한 것이었지만 독일이 나폴레옹과 벌인 전쟁 이후 독일적 요소로 자리 잡았다. 칸트, 피히테(J. G. Fichte), 셸링(F. W. Schelling), 헤겔(G. W. Hegel)로 이어지는 '독일관념론'에서 '가이스트'는 핵심개념이다. 헤겔의 철학에서 세상은 정신, 그것도 세계정신(Weltgeist)이 발현되는 곳이다. 이 정신은 자신의 부정을 통하여 궁극적으로는 자신으로, 변증법적 총체로 다시 돌아오는 것이다. 헤겔의 영향으로 정신, 가이스트는 다시 세계정신, 시대정신(Zeitgeist) 등으로 독일 철학의 주요개념이 되었으며, 국제적으로 사용되는 개념이 되었다.

이 모든 철학의 바탕에는 세상을 움직이는 궁극적 원인(Urgrund)과 본질에 대한 그리움이 있다. 괴테의 <파우스트> 주인공은 "아, 내 가슴에는 두 개의 영혼이 고동친다"라며 고통을 호소한다. 이성과 감성 사이에서 갈등하던 파우스트는 세상을 그 근원에서 움직이는 힘을 알기 위해서 자신의 영혼을 담보로 악마 메피스토와 계약을 한다. 안타까운 것은 위대한 정신도 비판적 역사 인식이 결여될 때는 파국으로 치달을 수 있음을 우리는 독일의 '정신'에서 볼 수 있다. 대표적인 예로서는 흔히 '실존의 철학자'라고 불리는 하이데거(M. Heidegger)이다. 그는 나치 이데올로기에 찬동하여 나치 정당에 가입하였으며, 나치 시절에는 유서 깊은 독일 프라이부르크 대학의 총장을 역임하기도 하였다. 독일이 이런 불안정한 위치에서 벗어나 서유럽적인 가치를 받아들인 것은 2차 대전 이후부터이다. 오늘날의 독일인들은 추상적이고 관념적인 정신보다는 실용적이며 비판적 정신을 추구하는 것 같다.

깊이

깊이(Tiefe)와 원천에 대한 독일의 경향은 뿌리가 깊다. 독일인들은 위대한 정신을 표현할 때 '깊이'와 연결하는 걸 선호한다. 뭔가 어둡고 잘 이해되지 않는 것에 대하여 독일인들은 '설명하기 어려운 깊이'를 상상한다. 깊이에 대한 이런 경향은 독일적 이상주의와 관념주의, 셸링, 헤겔, 하이데거 등의 철학자에게서 잘 나타나며, 수평적 사회보다는 수직적 사회관을 갖는 독일 지식인들에게서 나타나는 현상이기도 하다.

깊이와 근원에 관한 독일적 요구는 낭만주의 때부터 나타난다. 낭만주의 작가 아이헨도르프(Eichendorf)는 사물을 그의 깊이에서 보려는 경향은 게르만 민족의 본래 소명이라고 말한다. 독일인들은 이것을 귀족적 표현으로 보는 반면에 다른 유럽인들은 '독일적 괴벽'으로 보는 경향도 있다. 독일의 현대 작가 쥐스킨트(Süßkind)는 그의 단편 <깊이에의 강요>에서 '깊이'를 강조하는 독일식 사고와 관념주의를 패러디하였다. 예술적 재능이 뛰어난 여류화가는 자신의 작품에 깊이가 없다는 어느 비평가의 말을 듣고 '깊이'를 찾으려고 노력한다. 그러나 깊이를 찾으려고 하면 할수록 깊이는 모호해진다. 그녀는 더 좌절하고 점점 더 인간적으로 피폐해지면서 결국에는 자살을 하는 줄거리로 구성된 작품이다.

독일인들이 깊이와 원천을 강조하는 이유는 뭘까? 모든 사물의 기저에 있는 본질적 요소를 알고자 하는 지적 호기심도 있을 것이다. 그러나 어쩌면 궁극의, 위협받지 않는, 형이상학적으로 설명되는 보호받음에 대한 감성적 욕구가 있기 때문일 것이다. 의식 이전의 상태로의 귀환, 형이상학적인 어머니의 품, 또는 낙원으로의 귀환에 대한 꿈이다. 이와 함께 근원에 대한 욕망은 독일인들의 역사와도 무관하지 않을 것이다. 국경이 잘 구분된 조국이 없었고, 민족의 여명기를 떠올리게 하는 민족적 신화도 없었기 때문에 더욱 강하게 근원과 깊이에 대한 욕구가 발생할 수도 있었을 것이다. '깊이'와 '정신'을 강조하는 독일적인 특성도 '근원'과 무관하지 않을 것이다. 19세기에 민족적 국수주의가 맹위를 떨칠 때 깊이와 근원에 대한 과장된 욕구는 나치 독일에 와서는 독일인들의 정신을 혼미하게 만든 하나의 원인으로 작용했다. 나치가 내건 '피와 영토'(Blut und Boden)는 '아리안족'의 근원에 대한 인종주의 이데올로기였다.

숭고함

'숭고함'(Erhabenheit)이란 무언가 위대하고 성스러운 것이 우리의 감성과 사고에서 세속적이고 유한적인 것을 극복하게 하는 느낌이다. 그리고 경외심과 함께 두려움을 느끼게 하는 미학적, 종교적 그리고 윤리적 개념이다. 숭고함에 대하여 최초로 논문을 쓴 영국인 버크(Edmund Burke, 1729-1797)는 아름다움에선 종족보존 욕구로 향하는 성적인 흡인력을, 숭고함에선 자기보존 욕구에 대한 두려움을 느낀다고 말한다. 독일에서는 많은 사상가(칸트, 실러, 횔덜린, 셸링 등)와 바그너와 같은 음악가를 통해 다른 나라와는 비교가 안 될 정도로 숭고함에 대한 열정이 강하게 표현되었다. 독일인들이 숭고함을 선호하는 이유는 무엇인가?

영국인, 프랑스인, 미국인들은 전래된 가치를 비판적으로 보게 하는 교육을 받았던 반면에 독일인들은 20세기 중엽까지만 해도 예술, 정신, 국가의 가치에 대하여 경외심을 갖는 권위주의적 교육을 받았다. 프랑스 사람은 정원을, 영국인은 자연공원을 사랑한다. 독일인들은 숲을 선호하는 데서도 숭고함이나 경외심의 일단의 모습을 볼 수 있다고 한다(위의 '숲' 부분의 내용 참조). 자유에 대한 개인적 욕구와 중앙집권적 국가 질서가 균형을 이루는 사회에선 '아름다움'을 선호한다고 한다. 그러나 개인의 자유를 국가적 총체성 속에서 성취하는 것을 감수할 정도로 국가에 대한 그리움이 강한 사회에서는 숭고함을 선호한다고 한다.

오늘날의 독일인들에게서 숭고함, 외경심, 비장함을 추구하는 경향은 거의 느낄 수 없다. 오히려 숭고함에 대한 비판적 의식이 강하다. 바그너를 기념하여 매년 개최되는 바이로이트 음악 페스티벌에서도 그의 음악이 가진 숭고함에 대하여 논쟁이 있을 정도이다.

비극

독일에는 세계적으로 뛰어난 문학 작품이 많다. 그런데도 셰익스피어의 <햄릿>이나 소포클레스의 <오이디푸스 왕>의 비극에 비견될 수 있는 비극(Tragik)을 찾기는 쉽지 않다. 계몽주의 작가 레씽(Lessing)의 시민비극 <에밀리아 갈로티>나 괴테의 <파우스트>도 '하나의 비극'이기는 하지만 <햄릿>이나 <오이디푸스 왕>과 같은 극적인 비극성과는 다른 면이 강조된다. 영국에서 비극은 셰익스피어 이후 사라졌으며, 프랑스에서도 라신(J. B. Racine) 이후에는 비극이 써지지 않았다.

비극적이기 위해선 우선 자신의 과실이 있어야 하며, 동시에 외부적 요인도 있어야 한다. 그리고 비극적 주인공은 종말적 파국에 대하여 저항해야 한다. 비극을 느끼고, 비극이 탄생하기 위해선 사회는 '아직' 상하위계적이며 귀족적인 원칙을 고수하는 면이 있어야 하며, 동시에 사회의 구성원들에게는 평등의식이 있어야 한다. 바로 그리스의 페리클

레스(Perikles, BC 495~BC 492로 추정)의 시절이 그랬으며, 엘리자베스 여왕 시절의 영국이 그리하였다.

독일은 수백 년에 걸친 대·중·소 영주국들의 난립 끝에 1871년에 통일을 이루었지만 그 제국은 위로부터 세워진 권위적 국가였다. 1차 대전 후인 1918년에야 독일은 공화국으로 변신하였다. 특히 이때를 전후하여 비극에 관한 논쟁이 많이 진행되었던 것은 우연이 아닐 것이다. 사회는 아직 권위주의적이었지만 사회의 구성원들은 이미 탈권위주의를 지향하고 있던 시대였다.

15년 단명의 바이마르 공화국을 압살하고 정권을 장악한 것은 히틀러였다. 그와 그의 추종자들은 개인의 희생을 국가와 민족이 부활하는 전제로 삼았다. 이것은 개인의 희생과 그에 따른 비극적 파국을 실패가 아니라 더 위대한 것에 대한 계시로 선동하였고 독일국민은 그의 선동에 빠져들었다. 독일의 전통 속에는 개인이 어떤 이념을 위하여 희생하거나 많은 사람이 희생될 때 특정 이념이 더욱 고상해진다는 생각들이 전래되는 것 같다. 특히 나치 시대에 비극에 대한 저서와 논문이 많이 써진 것에서 선동과 세뇌의 경향을 읽을 수 있다. 나치는 독일인들의 비극적 기질을 가장 효과적으로 그리고 악의적으로 이용한 것이다.

오늘날의 독일인들에게 비극은 낯선 것이 되었다. 누군가가 비극적 요소를 강조한다면 그들은 어쩌면 차분하고 이성적으로 대응할 것이다.

국가

독일인들에게 국가(Staat)는 한편으론 형이상학적 존재이며, 다른 한편으론 살아있는 유기체와 같은 조직이다. 이 두 경우 모두 시민은 종속적 개체로서 전체에 대한 하나의 부분적 요소로 간주되었다. 독일인들에게 '아버지 국가'(Vaterland)라는 표현이 있다. 물론 영어에도 '조국'(fatherland)이라는 어휘가 있지만 독어의 뜻과는 뉘앙스가 사뭇 다르다. 영국인이나 미국인들은 국가를 아버지와 비교하려는 생각은 아예 하지 않을 것이다. 이들에게 국가는 내외부의 적으로부터 자신을 보호하는 필요악이다. 영국인들은 처칠이나 대처 총리에게 더 많은 권력이나 장기집권을 허락하지 않았다. 미국인들은 대통령이 자신들의 이해관계를 대변하는 범위 내에서 그를 선택하며, 프랑스인들은 국가에 대하여 그리 부정적인 자세를 갖지 않지만 국가가 국민을 실망시킬 땐 적극적으로 저항하는 모습을 보인다.

독일인들은 국가에 대하여 높은 기대감을 품고 있다. 국가가 국민을 실망시키면 자의식을 가진 국민으로서 국가에 저항하기보다는 부모로부터 정당한 대우를 받지 못한 아이처럼 행동한다. 독일인들은 주변국들로부터 자신을 보호하

기 위해서 강한 국가를 필요로 했다. 시민의식이 늦게 깨어
났고, 국가는 아래로부터가 아니라 위로부터 세워졌다. 헤겔
의 철학에서도 국가는 세계정신이 구현되는 곳이며, 세계사
가 완성되는 곳이다.

　나치 독일을 경험한 오늘날의 독일인들은 국가에 대하여
비판적 자세를 가지고 있다. 그러나 이웃 나라들과 비교해
볼 때, 여전히 국가로부터 기대하는 것이 더 크며, 국가가
이를 실망시킬 땐 더 크게 실망하는 경향을 보인다. 2016년
에 경제협력개발기구(OECD)가 조사한 자국민의 정부 신뢰
도에서 독일은 5위를 차지하였다. 1~4위는 스위스, 룩셈부
르크 등의 군소국이었다. 2차 대전 후 새롭게 태어나 독일은
그만큼 국민에게 신뢰를 주는 국가로 재탄생한 것인지도 모
른다.

03 '전형적 특징'과 '기본 감정'은 어떻게 연관되어 있는가?

   우리는 앞의 제1장과 제2장에서 독일인의 '전형적 특징'과 '기본 감정'을 살펴보았다. 이런 요소들은 어디에서 유래하며, 서로 어떤 관계에 있는가?

   독일인들의 '전형적 특징'과 '기본 감정'을 유전적으로 설명할 수는 없을 것이다. 모든 사람은 독립적 개인으로서 고유하며, 어떤 민족도 생물학적으로 고유한 '전형적 유전자'와 같은 것을 가지고 있지 않기 때문이다. 역사를 탈역사화하는 국수주의나 인종주의 사고는 매우 위험한 이데올로기이다. 따라서 특정 집단이나 민족이 형성한 특징과 기질은 내외부적 환경과 그 민족이 살아온 역사에 의해 설명되어야 할 것이다. 환경과 역사에 의해 형성된 것이 우리이기 때문이다. 우리의 정체성은 우리의 역사를 이해할 때 설명될 수 있을 것이다. 우리가 과거의 역사를 현재화하고 그 역사에 대하여 열린 마음과 비판적 자세를 가질 때 우리가 왜 현재의 모습으로 있는지에 대한 이유를 이해할 수 있을 것이다.

영국 총리였던 대처(Thatcher, 1925-2013)는 '독일인은 공격성과 자기 부정 사이에서 예측하기 어려운 방법으로 진자운동을 한다. 독일은 유럽의 안정을 불안하게 한다'라고 말하며, 독일의 통일이 논의되던 초기에는 통일에 대하여 부정적 견해를 밝힌 바 있다. 이런 특징 때문에 독일은 유럽의 균형을 깨고 안정을 해칠 수 있다고 생각했기 때문이다. 대처 총리의 진단이 맞는가? 그녀가 주장한 '공격성과 자기 부정'은 무엇인가? 또 다른 주장도 있다. 독일인들은 자신들이 매우 합리적이라고 생각한다. 분명 그런 면이 있다. 이들은 경험에 근거하여 상황을 판단하고 무언가 결정을 하기 전에 모을 수 있는 정보는 다 모으려고 한다. 이런 '합리적' 신념이 가져온 결과는 즉흥주의와 감상주의에 대한 경멸이다. 그러나 독일인들은 합리적이며 동시에 비합리적인 모순을 보인다.

영국인들은 희망에 대한 실망을 회의(skepsis)와 조소적 유머를 통하여, 미국인들은 낙관주의를 통하여, 프랑스인들은 삶의 기쁨과 조소의 결합을 통하여 완충한다고 한다. 그러나 독일인들은 비탄과 자기연민에 빠져 한탄하는 면이 있다. 그리고 이 비탄과 자기 연민의 기저에는 두려움과 그리움에 대한 기본 감정이 있다. 이처럼 독일의 문학, 음악, 회화 등에서 그리움에 대한 주제는 끝없이 계속된다. 어떤 민족이 광기 어린 선동가인 히틀러가 '대독일'과 '아리안 족'에 대한 환상을 부추길 때 이에 선동된다면 이런 경향은 개인의 일상생활과 성향 속에 어느 정도 내재해 있다고 볼 수 있을 것이다.

독일인들은 대처 총리의 표현처럼 '공격성과 자기 부정' 사이에서 진자 운동을 하는 것이 아니라 '두려움'과 '그리움' 사이에서 진자 운동을 한다. 대처 총리가 주장한 '공격성과 자기 부정'을 굳이 이해해 본다면 그것은 일차적인 것이 아니라 '그리움과 두려움'이 외부적으로 나타난 이차적 현상일 것이다. 위의 2장에서 살펴본 기본 감정의 다양한 요소들도 '그리움'과 '두려움' 둘 중 하나로 수렴될 수 있다.

위에서 설명한 것처럼 독일인들이 '두려움과 그리움' 사이에서, 상반되는 감정 사이에서 갈등적인 진자운동만 한다면 이는 파괴적이거나 염세주의적 요소로 작용했을 것이다. 그리고 분열의 폐해와 전쟁의 잿더미에서 부활한 독일은 아마도 없을 것이다. 그러나 현실은 정반대이다. 독일은 '30년 전쟁'을 통해 폐허가 되었고 나폴레옹 군대의 점령을 받았지만 독일제국으로 통일을 하였고, 두 번에 걸쳐 세계대전을 일으켰지만 매번 잿더미 속에서 불사조처럼 회생하여 다시 유럽연합을 견인하는 경제 대국이 되었다. 독일인들이 이룩한 이런 '성공'은 어떻게 가능했으며, 어떻게 설명될 수 있을까?

이 질문에 대한 설명을 찾을 수 있는 부분이 바로 우리가 위에서 살펴본 '전형적 특징'들이다. '두려움'과 '그리움'은 근본적으로 서로 대립하는 모순적인 관계에 있다. 모순적인 두 가지 감정의 대립으로 내면에는 역동적인 긴장감이 생기며, 이것은 어떤 방법으로든지 출구를 찾아 해소되거나 극복되어야 할 것이다. 그렇지 않을 경우 대립적인 내면의 긴장은 한쪽으로 경도되거나 자기 파괴적으로 분출될 위험이 있기 때문이다. 독일인들은 이 내적 긴장감을 어떻게 해결했을까? 독일인들이 두려움과 그리움의 대립적 모순과 역사의 부침에도 불구하고 자신을 성공적으로 지탱하게 한 요소는 바로 '전형적 특징'들이다. 독일인들은 이 '전형적 특징'으로 이 둘 사이의 긴장과 딜레마를 극복하는 거 같다.

원래의 독일인들은 게으르고 16세기 및 17세기경까지만 하여도 무질서하며, 음주를 좋아하는 민족이었다. 로마의 역사학자 타키투스가 <게르마니아>에서 묘사한 게르만족의 무절제한 음주벽은 차치하고라도 18세기경까지만 하여도 200호 정도의 작은 마을에도 3-40개의 술집이 있는 것이 태반이었다고 하지 않는가! 프리드리히 대제의 아버지인 프리드리히 빌헬름 I세는 몽둥이를 들고 다니며 게으른 신민들을 일터로 내쫓았다고 하며, 독일인들 스스로가 의인화한 자화상 "독일의 미헬"(Deutscher Michel)은 수면용 고깔모자를 쓰고 만사에 의욕이 없는, 무기력하고 잠에 취한 듯한 모습으로 그려지고 있다. 이런 모습들이 바뀌기 시작한 것은 17세기 이후 기독교와 계몽주의자들에 의한 순화 교육이 시작되면서부터라고 한다. 우리가 일반적으로 독일적 특성이라고 알고 있는 전형적 요소들은 특히 프로이센을 중심으로 주로 18세기와 19세기에 만들어졌다. 독일제국의 전신인 프로이센의 정신은 의무감, 엄격함, 자기절제 등이다. 독일의 독특한 관료주의도 이때 생성되었다. '관료는 민주시민이기 이전에 국가의 충복'이었으며, 그들에게는 국가에 대한 무조건적인 복종이 요구되었다. 프로이센을 유럽의 강국으로 발전시킨 3대 국왕인 프리드리히 대왕은 자신은 '국가에 봉사하는 제1의 충복'(der erste Diener dem Staat)이라고 표현했다.

우리가 오늘날 독일의 '전형적 요소'라고 부르는 가치들은 본래 그리스의 스토아 철학과 경건주의에서 유래한 것이다. 유럽에 전해진 이런 가치들은 독일에서만 있었던 것이 아니고 영국이나 네덜란드에서도 있었다. 그러나 프로이센에서 특별한 요소로 부각된 것은 이런 스파르타적인 덕목들이 한층 강화된 형태로 국가와 관련되어 집중적으로 훈육되고 내면적으로 체화되었기 때문이다. 거기에는 그럴 만한 이유가 있었다. '독일민족의 신성로마제국'이라는 허울 좋은 이름 아래 많을 때는 약 300개의 대·중·소 나라들이 난립하던 시기는 거의 1,000년이나 지속하였다. 이 과정에서 '그리움'과 '두려움'의 기본 감정은 다양한 형태로 분화되고 더욱 심화하였을 것이다.

1871년에 독일 역사상 처음으로 독일을 통일한 프로이센은 호엔촐레른 가문의 선제후의 의지와 그들의 조직력에 의해 생겨난 국가이다. 프로이센은 독일 중부의 영역을 포함하여 나중에는 독일어권이 미치는 최동북쪽까지의 영역을 포함하였으며, 신성로마제국의 영역 밖에도 영토가 있었다. 또한 분명하게 정리된 국경선을 갖고 있지 않았다. 그런데도 프로이센은 군비를 잘 정비하여, 멀리 떨어진 국경에서의 전쟁도 성공적으로 수행하였다. 프로이센은 천연자원이 없는 가난한 나라였으며, 인구도 많지 않았다. 당시 유럽의 다른 나라와 비교해 볼 때 프로이센의 영토는 열 번째, 인구는 열세 번째였으나 군사력만은 3-4위였다. 1871년에 프랑스와의 전쟁에서 승리한 프로이센은 그 여세를 몰아 독일의 통일을 이루었다. 통일 이후 독일제국은 빠른 시간 내에 약소농업국에서 빌헬름 시대의 군사강대국으로 발전한다. 통일된 독일제국은 군사력의 강조, 강한 군대를 위한 규율, 삶의 모든 영역을 결집하는 국가적 조직화, 노력과 질서의 강조, 안락한 삶의 즐거움에 대한 포기 등을 강조하며 개인의 능력과 에너지를 국가적 차원으로 동원하였다. 정치·군사·

사회·문화·경제·가치관으로 이루어진 일종의 거대담론이 형성되었다. 이 담론의 형성에는 독일의 시민계급도 한몫을 하였다. 영국이나 프랑스의 시민계급과는 다르게 독자적인 의식(비정치적 성향, 문화, 교양 등)을 개발했던 독일 시민계급이 아주 늦게나마 시대의 지배계층으로 부상하면서 특히 '독일적'이라고 강조하는 요소도 함께 나타났다고 독일의 사회철학자 엘리아스는 진단한다. 독일 시민계급이 처한 사회-역사적 상황에 의해 형성된 중산층 특유의 사회적 성향이 민족적 특성으로 격상되었다는 것이다. 예컨대 '정직'과 '개방성'은 독일적 특성으로서 속내를 드러내지 않는 프랑스적인 '예절'에 대비되는 것이다(엘리아스, 143쪽). 이런 관점에서 볼 때 우리가 위에서 살펴본 독일인의 '전형적 특징' 중에서 많은 부분이 독일의 시민계급이 자신들의 덕목으로 개발했던 요소들과 일치하는 것이다.

독일은 1860년에는 벨기에를, 1870년에는 프랑스를, 1903년에는 영국을 그리고 1차 대전 직전에는 미국을 철물원자재 생산에서 앞지르게 된다. 독일의 수출은 영국을 앞지르지 못했다. 그러나 함부르크 항구의 화물 운송량이 런던항을 앞선다는 소식을 들은 독일국민들은 환호하였다. 이런 점에서 독일의 정체성은 내부로부터가 아니라 많은 경우 학문적이며 경제적 성공으로부터 출발하였음을 알 수 있다.

독일제국의 황제였던 빌헬름 2세는 독일제국은 '무역, 학문, 기술 등 모든 분야에서 일어나는 놀랄 만한 발전을 통하여 세계 민족 가운데 우뚝 서게 되었으며, 이는 하나님의 가호가 함께하기 때문'이라고 말했다. 이 모든 프로이센적인 요소는 나중에는 다른 유럽국가와 구분되는 독일적인 요소로 바뀐다.

프로이센에서 강조된 독일의 '전형적 특징'은 히틀러가 독재하는 나치 독일에서는 국수주의적 요소로 변질되며 한층 강화되었다. '전형적 특징'에 나치 독일의 이데올로기인 '피와 영토' 개념과 독재적인 요소가 강화되면서 '전형적 특징'은 가장 극단적인 모습으로 변질되었다. 예컨대 전형적인 특징 중의 하나인 '청결성'은 위생개념을 넘어 정신적이며 인종적 순수성까지 요구하게 되며, 이런 요구는 나치 독일에 의해 만들어진 "인종법"의 광기로까지 확대되었으며, 일을 할 때 가져야 할 '철저함'이 사람을 죽이는 데 철저해질 때 '강제수용소'나 '강제학살소'와 같은 가장 극단적인 모습으로 나타났다.

나치 독일이 멸망한 후 독일은 폐허의 잿더미 위에서 새로운 나라를 건설해야 했다. 가장 기본적인 인간의 삶을 보존하기 위해서 나치 독일의 역사는 애써 외면되거나 그 역사를 청산할 정신적 여유는 없었다. 2차 대전 후의 '페허 부인'이나 전쟁 재건 세대들에게 유일한 가치는 하루의 고단한 삶을 그날그날 견디어내는 것이며, 경제적 성공을 통해 정치 및 역사의 극복을 대체하는 것이었다.

이런 역사적 상황에서 다시 소환되고 강조된 요소들이 바로 오늘날 우리가 알고 있는 독일인의 '전형적 요소'이다. 독일 병정, 근면 성실, 시간 엄수, 질서와 의무감, 자기절제, 딱딱함, 부지런함, 신뢰성, 청결, 완벽함, 수동성, 불필요한 절차… 등이다. 이런 '전형적 특징'은 독일인들이 자신의 삶을 보존하고 자신들의 간난하고 절박한 처지를 극복하는 데 매우 중요한 역할을 하였다. '전형적 특징'은 기본 감정인 '두려움'과 '그리움' 사이에서 진자운동을 하며 이를 긍정적이며 실용적으로 극복한 실천적 가치이며 행동이다. 독일이 자랑하는 '라인강의 기적'이라는 경제 재건을 진두지휘한 사람은 에르하르트(Ludwig Erhard)이다. 그는 아데나워 수상의 내각에서 무려 15년 동안 경제 장관(1949-1963)을 지냈고, 서독 제2대 수상을 지낸 인물이다. 전후 서독의 경제성장과 '사회적 시장경제'의 상징으로 여겨지는 그는 '잿더미에서 날아오른 불사조'로 불렸다. 이 표현 속에는 이제 전쟁의 잿더미에서 다시 성장하는 독일인들의 자부심과 자신감이 들어있다.

그러나 프로이센적 요소를 간직한 이 '전형적 특징'은 밝음과 동시에 어둠을 갖고 있다. 역사의 부침 속에서 '불사조'처럼 다시 날아오르기도 하지만 나치 독일에서 볼 수 있듯이 모든 것을 재로 만들 수 있을 정도로 파괴적 모습을 갖고 있다. 1947년 2월 25일에 제2차 대전의 전승국 대표들은 "프로이센 주와 그의 정부 기관을 폐지"한다는 결정을 함으로써 프로이센을 지도에서 영원히 지워버렸다. 그때까지만 하여도 프로이센은 독일 내의 하나의 주로 존속하고 있었다. 처칠 수상이 1943년 9월 21일의 의회연설에서 "독일의 핵심 문제는 프로이센이다"라고 말했듯이 전승국들은 독일적 악(惡)의 요소를 프로이센에서 보았으며, 따라서 독일에서 모든 프로이센적인 요소를 제거하고자 하였다.

우리는 일반적으로 삶의 덕목을 일차 덕목(fundamental virtues/Primärtugend)과 이차 덕목(secondary virtues/Sekundärtugend)으로 구분한다. 일차덕목은 도덕적이며 윤리적 개념으로서 그 자체로서 가치를 가진 개념들이다. 예컨대 믿음, 사랑, 희망, 지혜, 정의, 용기, 절제 등의 덕목들이다. 이런 덕목들은 특정한 상황에 따라 변하지 않는, 그 자체로서 지향해야 할 본질적인 가치들이다. 이차덕목은 무엇인가? 그건 일상의 삶에서 나타나는 문제를 실천적으로 극복하며, 구성원이 속한 사회가 원활하게 작동하기 위해 필요하거나 이런 목적에 기여하는 실용적 요소들이다. 우리가 위에서 살펴본 전형적 특징은 '이차덕목'에 해당하는 것이다. 근본적인 것은 일차덕목이다. 왜냐하면 이차덕목은 시간과 장소, 환경에 따라, 특히 그 방향과 내용에 따라 변질될 수 있기 때문이다. 그러나 일차덕목은 우리가 인간으로서 지향해야 하는 근본적 가치이다.

독일인들은 역사의 부침과 이 속에서 형성된 '기본 감정'에도 불구하고 실천적 덕목, 즉 '전형적 특징'을 통하여 불사조처럼 다시 날아올랐다. 그러나 1945년 이후의 독일, '68 학생운동'을 겪은 70년대와 80년대 이후의 독일의 가치관은 변하고 있다. 2차 대전의 전승국들에 의한 옛 프로이센적인 요소의 해체, 동서독 분단, 나치 독일에 대한 반성 및 역사 청산, 20세기 후반부에 일어난 다양한 사회운동(특히 68 학생운동), 통일된 독일, 독일의 유럽화 및 지구촌의 글로벌화를 통하여 프로이센에서 시작된 독일의 '전형적 덕목'은 이제 안팎에서 도전을 받고 있다.

두려움과 그리움, 전형적 특징들은 본래 긍정적 개념이다. 중요한 것은 내용을 무엇으로 채우는가이다. 역사의 영욕과 부침을 겪으며 통일을 이루고 유럽의 심장부에 위치한 독일인들이 이제 어떤 덕목과 가치를 새롭게 창출할지 지켜볼 일이다.

04 시인과 사상가의 나라에서 어떻게 나치 독일이 가능했는가?

전공이 독어독문학이며 역사학을 부전공으로 공부한 필자가 자주 받은 질문이 있다. '시인, 철학자, 음악가의 나라인 독일에서 어떻게 악마와 같은 독재자 히틀러가 등장하고 국민은 그의 선동에 휘말릴 수 있었을까?, 어떻게 한 국가가 조직적이고 체계적으로 죄 없는 민족을 가장 비인간적인 방법으로 말살하려고 했을까?'라는 질문이다. 제기될 수밖에 없는 질문이다. 그러나 설명하기에는 어려운 문제이다. 이 질문과 관련된 학계의 연구는 도서관의 서가를 채우고도 남을 정도로 많다. 여기서는 그동안의 학계의 연구를 참고하면서 설득력 있는 내용을 정리해 보고자 한다.

독일인들은 네 가지 트라우마를 가지고 있다고 한다. 첫 번째는 중세 독일 인구의 1/3이 목숨을 잃은 '30년 전쟁'(1618-1648)에 대한 기억이다. 30년 동안 유럽 열강의 전쟁터가 된 독일이 겪은 참상과 공포는 그들의 기억과 무의식 속에 깊이 뿌리 내려 있다. 두 번째는 18세기 말과 19세기 초에 나폴레옹의 군대로부터 받은 약 20년(1794-1815) 간의 점령과 지배이다. 프랑스의 지배를 받으면서 독일인들은 모멸감을 느꼈고 처음으로 '독일'이라는 민족의식을 갖게 되었다. 세 번째는 나치 독일과 그들에 의해 자행된 전쟁 범죄와 유대인 학살이다. 마지막으로는 민족의 분단과 베를린 장벽이다. 이 네 가지 중에서 프랑스와의 관계와 민족분단의 문제는 어느 정도 해소 되었다. 서독은 2차 대전 직후부터 프랑스와의 협력을 강화하며 화해를 모색하여 왔다. 오늘날에는 두 나라가 유럽연합을 이끌어가는 쌍두마차로 발전할 만큼 양국의 관계는 우호적이고 협력은 긴밀하다. 동서독 분단의 문제는, 물론 내부적으로는 아직 해결되지 못한 문제들이 있지만, 1990년의 통일을 통하여 완전히 해소 되었다. 그러나 조선 중기에 일어난 임진왜란이 한국인의 역사의식 속에 깊이 남아있듯이 '30년 전쟁'은 중세시대에 일어난 전쟁이지만 독일인들의 역사의식 속에 깊이 남아있다. 네 가지 중에서도 나치 독일에 의해 자행된 만행은 아직도 시퍼렇게 살아 현재 독일인의 삶과 의식 속에 깊이 뿌리 내려 있으며, 오늘날까지 트라우마로 작용하고 있다. 위의 트라우마들은 모두 개별적인 사건이지만 독일의 역사를 논할 때 등장하는 "독일의 특수한 길"(Deutscher Sonderweg)과 연결되어 있다. '특수한 길'을 설명하기에 앞서 독일이 처한 자연적 환경으로서의 지리-기후적 요소를 살펴보자.

자연적 환경: 지리적 조건

오늘날의 독일은 유럽의 국가 중에서 가장 이상적인 국토 규모를 가지고 있고, 가장 유리한 위치에 있다. 국토의 길이와 폭이 비슷하기 때문에 짧은 시간 안에 모든 곳에 도달할 수 있다. 국토는 늪이나 다른 요인들에 의해 단절되지 않으며, 지진이나 화산이 있는 곳도 없다. 무엇보다도 독일은 유럽의 중심에 있는 그 지정학적 위치로 인해 중요성을 갖는다. 독일이 누리는 가장 큰 장점은 독일은 9개의 선진 산업 국가(시계 방향으로, 덴마크, 폴란드, 체코, 오스트리아, 스위스, 프랑스, 룩셈부르크, 벨기에, 네덜란드)와 국경을 마주하고 있다는 것이다. 이런 장점은 유럽의 단일화와 함께 더욱 빛을 발한다. 물류의 흐름은 짧은 시간 안에 유럽의 대부분의 나라에 도달할 정도로 빠르다. 유럽의 동부와 서부를 연결하는 중심부에 위치한 독일의 지리적 위치는 정치적 및 문화적으로도 매우 중요하다. 이런 지정학적 조건은 전쟁의 위험이 없는 오늘날에는 이상적이며 매우 유리한 조건이다. 그러나 중세와 근세 그리고 현대에 이르기까지 유럽의 열강들이 일으킨 수많은 전쟁과 냉전의 시기에는 이런 지리적 환경은 매우 불리한 조건이었다. 왜냐하면 나라가 온통 '적들'에 의해 포위되었다고 느낄 수 있기 때문이다. 이처럼 외부적으로 '불안한' 나라가 내부적으론 수많은 작은 나라들로 분열되어 있었다는 것을 고려한다면 독일인들이 느꼈던 '실존적 불안과 공포'를 어느 정도는 짐작할 수 있다. 독일인들이 가진 트라우마 중의 하나인 '30년 전쟁'도 이런 지정학적 조건과 무관하지 않다. 당시 독일을 둘러싸고 있던 나라들의 군대와 용병이 독일을 전쟁터로 삼아 30년간 살인과 방화, 약탈과 강간을 했다. 살인의 방법도 잔혹하였다. 칼로 찔러 죽이고, 때려죽이고, 화형시켰다. 남은 자들은 배고픔과 전염병으로 죽어갔다. '30년 전쟁'이 끝났을 때의 독일은 말 그대로 처참한 폐허였다. 이런 지정학적 환경에 의해 촉발된 공포는 나치 독일에 와서는 '피와 영토'(Blut und Boden)라는 국수주의적 이데올로기로 나타나 국민을 선동하였다. 이때의 '피'는 인종주의적 국수주의를 의미하며, '영토'는 독일제국의 지리적 팽창을 의미한다.

　독일은 서쪽의 로만족, 동쪽의 슬라브족 사이에서 분열과 갈등, 불안과 공포를 겪으며 지냈다. 내부적으로 분열된 독일인들은 '30년 전쟁' 후 가장 힘이 없을 땐 프랑스의 태양왕인 루이 14세를 모델로 삼았으며, 민족적 의식이 고취되는 18세기 이후에는 고전적 그리스-로마를 모델로 삼았고, 2

차 대전 후에는 미국을 모델로 삼았다. 이런 현상은 독일인들의 언어사용에서도 나타난다. 17세기에서 19세기까지 독일의 지식인들은 모국어보다 프랑스어를 더 많이 사용했으며, 오늘날에는 영어를 사용하는 것을 첨단의 유행이라고 생각하는 경향이 있다. 물론 여기에는 극복되지 못한 독일 역사에 대한 죄의식과 채무의식이 저변에 있을 것이다.

독일은 지리적 위치와 지정학적 위상을 볼 때 유럽의 중심부에 있지만 정작 독일 스스로는 중간자, 중재자로서의 가치와 이념을 개발하거나 역량을 발휘하지 못했다. 그들이 했던 일은 시대의 상황에 따라 한쪽으로 경도되든지 또는 파괴적인 모습으로 나타나는 것이었다.

독일은 1945년 이후, 특히 1990년의 통일 이후 새로운 유럽의 중앙에서 중간자로서의 역할을 요구받고 있다.

자연적 환경: 독일의 기후

지리적으로 중부 유럽에 위치한 독일의 기후는 서유럽의 해양성 기후와 동유럽의 대륙성 기후의 중간형으로 비교적 온화한 편이다. 그러나 국토의 동서 및 남북으로의 확장과 중부에 있는 산악지방으로 인해 지역별로 심한 기후 차이를 보인다.

서부 독일의 기후는 온난 습윤하며 겨울에는 비가 많이

오는 편이다. 북독일은 북해와 동해로부터 오는 해양성 기후의 영향으로 여름에는 비가 자주 오며, 겨울에는 강한 태풍이 올 때가 많다. 해안과 멀리 떨어진 남서부의 독일은 습윤하고 일 년 내내 비교적 온화한 날씨이다. 남동부의 독일은 대륙성 기후를 보인다. 겨울에는 눈이 많이 오고 추운 날씨이며, 여름에는 강수량이 비교적 적은 편이다. 알프스 지방의 기후는 전형적인 산악지대의 기후를 보인다. 하르츠, 에르츠산맥, 알프스의 중부지역 등의 산악지대에는 아한대 기후가 나타나며, 기온은 계절에 따라 차이가 크다. 7월의 기온은 남쪽이 높고 북쪽이 낮아 등온선이 위도에 평행하게 거의 동서 방향으로 놓이는 데 반해, 1월의 기온은 동쪽이 낮고 서쪽이 약간 높아 등온선은 위도에 직교하게 남북방향으로 놓인다.

전체적으로 볼 때 독일의 날씨는 변덕이 심하고 기후는 지역적으로 차이가 크게 나는 편이다. 중부나 북부 독일의 경우는 온종일 비가 추적추적 내리는 경우가 많으며, 아침이 되었지만 해가 비치지 않아 마치 저녁처럼 어둡고 춥다. 비가 오는 것도 아니고 안 오는 것도 아닌 이런 날씨가 며칠씩이나 계속되는 경우가 다반사이다. 독일에서는 여름에도 가죽점퍼나 두꺼운 겉옷을 입고 다니는 사람들을 자주 볼 수 있다. 그건 비라도 오면 날씨가 금방 추워지기 때문이다. 습윤하고 차가운 냉기가 몸속까지 파고드는 으슬으슬한 날씨 때문에 독일인들은 휴가철이 되면 대부분 바다가 있고 햇빛이 넘쳐나는 남쪽으로 휴가를 떠난다.

　지리적 위치와 기후는 그곳에 사는 사람들의 살아가는 방법, 멘탈리티와 기질의 형성에 영향을 미칠 것이다. 남부 프랑스나 이탈리아, 스페인 사람들은 일반적으로 활달하고 외향적이다. 하지만 북유럽에 사는 사람들은 조금 다른 모습을 보인다. 겨울엔 해가 짧아 일조량이 적을 뿐 아니라 사철 내내 비가 오거나 흐린 날이 많기 때문이다. 이런 날씨는 사람들의 생활방식에도 영향을 미쳤을 것이다. 독일인들이 지금까지도 집안을 깨끗하고 위생적으로 꾸미는 데 지극 정성을 다하는 것도 일정 부분 이런 이유에서이다. 그러나 우리가 위에서 살펴본 것처럼 이들의 마음 깊이 깔린 우울하면서도 막연한 그리움에 대한 동경 그리고 이 나라에서 많은 작가와 철학자들이 탄생하게 된 것도 역사적인 요인과 함께 날씨와도 무관하지 않을 것이다. 이런 주장에 반대하는 목소리도 많다. 예컨대 그렇다면 '남쪽에 사는 뮌헨의 사람들이 북쪽에 생활하는 함부르크 사람들보다 더 많이 웃는가? 또는 북쪽에 사는 독일인들은 남쪽의 사람들보다 더 우울하며, 더 철학적인가'라는 질문이 나올 수 있을 정도이다. 자연적 지리와 기후를 그곳에 사는 사람들의 멘탈리티와 연결할 때 생길 수 있는 환원주의의 위험에도 불구하고 독일인

들의 멘탈리티는 기후 및 지리적 위치와 무관하다고 할 수
없을 것이다.

독일의 '특수한 길'(Deutsher Sonderweg)

세계 어느 곳에서도 독일처럼 정신을 높게 평가하는 곳이
없으며, 동시에 이 정신이 광신적 파괴주의가 된 곳도 없다.
철학자, 음악가, 시인의 나라라고 하는 독일과 가장 어울리
지 않는 것이 있다면 그건 바로 나치 독일이며, 광신적 독재
자였던 히틀러이다. 어찌하여 인류사에서 그 유래를 찾아보
기 힘든 만행이 이성적인 독일에서 일어날 수 있었을까?

수많은 역사가들이 이 질문에 대하여 설득력 있는 답변을
시도했고 지금도 하고 있다. 하나의 예로서 나치 독일에서
나타난 파괴와 살상이 우리가 위에서 살펴본 '그리움'과 '두
려움'의 진자 운동이 가장 파괴적인 모습으로 진행될 때 나
타나는 모습이라고 해석하는 학자도 있다. 분명 그런 면도
있을 것이다. 그러나 나치 독일의 문제를 심성적이거나 정
신분석적 측면에서 접근하는 것은 극히 부분적인 해석일 것
이다. 여러 가지 설명이 가능할 수 있지만 필자의 생각은
"독일의 특수한 길"에서 설득력 있는 설명을 찾을 수 있다
고 생각한다. 필자가 이해하는 "독일의 특수한 길"은 다음의
내용을 포함하는 포괄적 개념이다: '지각생 국가', 독일적

관료주의와 공화주의자 없는 바이마르 공화국의 혼란스러운 정치, 문화적 의식이 정치적 의식을 대체한 독일 시민계층의 비정치적 의식, 시민혁명의 경험이 없었던 독일인들의 역사 인식, 1929년 10월에 월가에서 시작된 세계적 경제 위기와 독일경제의 파산, 나치에 의한 선동과 테러(베르사유 치욕, 유대인과 공산주의자에서 속죄양 찾기, 경제부흥에 대한 약속, 위대한 독일에 대한 환상 등)의 요소들이 모인 복합 개념이다. 아래에서는 열거한 요소들 중에서 중요한 내용 몇 가지를 설명해 보자.

지각생 국가

독일의 역사를 설명할 때 '지각생 국가'(Verspätete Nation)라는 개념이 자주 등장한다. 무슨 말인가?

중세에서 근세로 전환되는 14세기와 15세기에 유럽의 강국이었던 영국과 프랑스는 '백년전쟁'(1337-1453)을 거치면서 왕권을 강화하고 중앙집권 국가로서의 체제를 갖춰 나갔다. 영국은 이미 1215년에 절대 권력을 제어하고 입헌주의의 초석을 놓은 '마그나 카르타'를 쟁취하였다. 1649년에는 혁명을 통해 왕정을 몰아내고 찰스 1세의 처형을 경험하면서 시민의식을 키웠다. 1688과 1689년에는 '명예혁명'을 성취하였다. 프랑스는 루이 14세와 같은 '태양왕'을 거치면서 중앙집권 국가로서의 초석을 다졌다. 1789년에는 유럽의 역사를 획기적으로 변혁하는 대혁명을 거치고 국가의 상징이었던 루이 16세를 단두대에서 처형하였다. 영국인과 프랑스인들은 이런 초유의 역사적 경험을 하면서 근대적 시민의식을 쟁취할 수 있었다.

독일은 어떠하였는가? "독일민족의 신성로마제국"이라는 거창한 이름을 가진 신성로마제국은 962년에 오토 1세가 즉위하여 1806년에 나폴레옹에 의해 해체될 때까지 거의 천년 동안 존속하였다. 그러나 제국의 내부는 숫자가 많을 때는 거의 300개국(왕, 선제후, 대공, 영주, 공작령, 영주령, 주교, 자유도시, 하급귀족, 기사 등이 지배하는 영토) 이상으로 나뉘어 있었다. 예를 들어 쾰른에서 쾨니히스베르크까지 가려면 약 80곳의 세관을 통과해야 했다. 80개 이상의 나라들이 오늘날 베를린의 2/3도 되지 않는 크기였다고 한다. 거창한 국명은 기독교를 국교로 하는 '신성한' 나라이고, 고대 로마제국의 영광을 계승한다는 새로운 '로마제국'이었다. 그러나 이름만 거창할 뿐 실상은 수많은 작은 중소 공국으로 분열된 황제국이었고, 황제는 선출직이어서 실질적 권한이 없었다. 독일어를 사용한다는 공통점 이외에 다른 결속력은 없었다. 크고 작은 군소 영주국들의 귀족들은 '신성로마제국'의 틀 안에서 '거들먹거리며' 잠자고 있었다. 이런 나라가 나폴레옹의 침입을 받으면서 비로소 민족의식을 깨닫는 계기를 맞는다. 나폴레옹에 의해 천년의 제국이 해체되고 연방이 결성되는 등의 우여곡절을 겪은 후 독일은 1871년에 와서야 비로소 프로이센 왕국을 중심으로 독일제국의 통일을 이룰 수 있었다. 그러나 프로이센 왕국의 비스마르크에 의해 주도된 통일도 국민이 혁명을 통해 쟁취한 것이 아니라 '위로부터의 통일'이었다. 유럽의 국가 중에서 가장 늦게 근대 국가적 형태로 발전한 것이 독일이다. 서유럽의 다른 나라에 비해 매우 늦게 근대국가 형태를 갖추고, 영국이나 프랑스처럼 혁명을 통한 시민의식을 갖지 못한 채 '위로부터의 통일'을 가졌다는 의미에서 독일은 '지각생 국가'이다.

자신의 정체성에 관한 질문을 독일인처럼 자주 하는 민족이 없는 이유도 어쩌면 독일이 유럽국가 중에서 가장 늦게 민족국가로서의 의식을 가졌기 때문일 것이다. '지각생 국가'로서의 독일은 그 나라의 수도가 11번이나 바뀐 것에서나 프랑스나 영국과 같은 국가신화가 없는 것에서도 그 예를 찾아볼 수 있다. 독일은 '30년 전쟁', 1차 대전, 바이마르 공화국, 2차 대전, 유대인 학살을 겪으면서 일관성 있는, 의미를 부여할 수 있는 역사와 국가신화를 만들 수 없었다.

정치-시민의식을 대신한 문화의식

중앙집권 국가 대신에 수많은 중소 영주국으로 나뉘어 있던 '신성로마제국'은 어떤 민족적 의식을 가졌는가? 신성로마제국 내의 작은 영주국들은 정치적 의미에서 민족적 의식이나 자각심은 없었던 거 같다. 그러나 정치적 의식 대신에 시민 지식인 계층에 의해 개발된 문화적 의식이 있었으며, 이 문화적 의식으로 정치적 의식을 대체하고 있었다. 문화적 의식의 핵심은 독일어였고, 봉건주의 신분 사회에서 상처받은 시민계층의 의식이었다.

독일인들은 11세기 후반부터 그들이 사용하는 언어, 즉 독일어를 통해 정의되었지, 정치적으로 규정된 민족은 아니었다. '독일'을 의미하는 도이치(deutsch)는 게르만어인 '티오다'(thioda)에서 유래한 언어개념이다. 도이치를 의미하는 '티우티스크'('thiutisk) 또는 '토이토니쿠스'(teutonicus)는 하인리히 1세(876-936) 이후부터 다른 개념들, '섹소니아'(Saxonia) 또는 '알레마니아'(Alemannia) 등과 함께 동프랑크 제국을[2] 지칭할 때 사용되었다. 이후 독일어가 사용되는 중부 유럽을 '디우치란트'(diutschiu lant)라고 부르다가 15세기 이후 점차 오늘날 사용하는, 즉 '독일어를 사용하는 나라'의 의미를 가진 '도이치-란트'(Deutsch-land)로 부르게 되

---

[2] 칼 대제가 이룩한 프랑크제국은 843년 칼 대제의 사후에 세 명의 손자들에 의해 분리되었고 그중에 동쪽에 위치한 나라가 동프랑크 제국으로서 신성로마제국의 전신이다.

었다. 특히 이 시기는 독일인들이 그때 막 발견된 로마의 역사학자 타키투스의 <게르마니아>를 번역할 수 있는 독일어 단어를 찾을 무렵인 16세기와 맞물리는 때이다. 종족 개념인 앵글로(Angeln), 프랑크(Franken), 이탈리아(Italer)에서 언어개념인 잉글리시(english), 프렌치(french), 이탈리안(italian)이 유래한 것과는 반대로 도이치는 언어에서 출발하여 나중에 민족, 정치적 의미로서의 국가의 개념으로 발전하였다.

수백 개로 나누어진 제국 내의 영주국들에 공통적인 것은 독일어라는 언어뿐이었다. 언어를 통한 문화적 정체성이 정치적 의식과 민족적 정체성을 대신했다고 볼 수 있다. 신성로마제국 내의 독일어 지식인들은 정치적 공백을 문화적으로 메우고 있었으며, 독일의 시민계층은 자신들이 느끼는 정치적 무기력증을 문화의 영역에서 발산하고 있었다. 1774년에 출간된 괴테의 <젊은 베르테르의 고뇌>는 질식할 것만 같은 봉건주의 신분 사회와 이런 사회에서 고통 받는 시민계급 청년의 고뇌를 다루고 있다. 정치-사회적으로 자신을 구현할 수 있는 길이 봉쇄된 시민계급의 젊은이가 '사랑'으로 도피하였다. 하지만 그 사랑마저 사회의 인습에 의해 거부될 때 취할 수 있는 마지막 비극을 이 작품은 보여주고 있다. 이 작품은 "내가 그곳을 벗어난 것이 얼마나 기쁜 일인지!"라는 주인공의 도피성 탄성으로 시작한다.

'우리'라는 독일적 민족의식은 제국이 종교개혁과 반종교개혁의 소용돌이 속에서 갈라지면서 점차 사라졌다. 특히 17세기에 독일이 겪은 참혹한 전쟁인 '30년 전쟁' 후에 제국은 수백 개의 작은 나라들로 나누어졌으며, 모두는 각자도생의 길을 걸었다. 계몽시대의 작가 실러는 "도이치란트? 그것은 도대체 어디에 있는가? 나는 그 나라를 찾을 수가 없다."라고 탄식했다.

1차 대전의 패전과 '베르사유 치욕'

독일은 1871년에 프로이센에 의해 통일을 이루었지만 이것은 위로부터의 통일이었다. 독일제국은 그야말로 관료주의적인 상명하복의 국가였다. 독일인들은 성실하면서도 관료주의에 순응하는 민족이라 알려져 있다. 이 말은 비스마르크의 독일 통일 후 나치 독일이 멸망하는 1945년까지의 74년 동안의 시기에는 맞는 말일 수 있다.

독일은 시민계급이 이룩한 경제적 역량을 바탕으로 시민혁명을 거치면서 정치적 주도권을 쟁취한 유럽의 다른 국가들과는 다르다. 독일은 '위로부터의 통일'을 거친 후 바로 산업화와 근대시민사회로 들어선다. '철혈재상'이라고 부르는 비스마르크 재상이 재임하던 시기였다. 이 과정에서 시민의 정치적 의식은 개발되지 못하고 민주주의는 희생되었지만 독일은 발 빠르게 신흥공업국으로 부상하였다. 통일

후 특히 학문적으로, 경제-군사적으로 급성장하면서 신흥공업국이 되었다. 부국강병의 정책으로 발전한 독일이 뒤늦게 식민지 쟁탈전에 개입하면서 1차 세계대전이 발발하였다.

1차 대전에 패한 독일제국은 연합국이 내민 모든 조건을 받아들여야만 하였다. 독일국민들은 이렇게 서명한 '베르사유 조약'을 패전국인 독일에 일방적으로 강요된 치욕적인 것으로 느꼈고, 독일국민은 마음속으로 깊은 원한을 품게 되었다. 독일에 책정된 전쟁배상금은 330억 달러라는 천문학적 금액이었고, 독일은 국토의 많은 부분을 '적대국'이었던 이웃 나라들에 넘겨주어야만 했다. 철강 및 석탄산업과 같은 중공업 분야는 감소하였고, 동부의 비옥한 국토를 폴란드 및 러시아에 양도함으로써 식량 생산에도 큰 차질을 빚었다. 1923년에는 프랑스 군이 루르 지역을 점령하고 채굴되는 석탄을 모조리 징발해 가는 모습을 보며 독일인들의 증오심은 더욱 깊어만 갔다. 히틀러는 바로 이런 부분에 증오의 불을 지피며 독일국민을 선동하게 된다. 역사를 가정법으로 기술할 수는 없다. 그러나 독일인들이 2차 대전 후 승전국으로부터 받은 대우처럼 1차 대전 후에도 그런 대우를 받았다면 2차 대전은 일어나지 않았을 수도 있었다는 것이다.

1차 대전의 패전 및 군국주의의 패망과 함께 1919년에 건국된 독일의 국가형태는 공화국이었다. 바로 바이마르

(Weimar) 공화국이다. 1918년에 왕정이 붕괴하고 공화국을 이루었지만 자발적으로 이루어진 것이 아니라 1차 대전의 패전의 산물로서 주어진 것이다. 바이마르 공화국의 헌법은 독일의 인문 정신이 최고봉에 달했던 유서 깊은 괴테와 실러의 도시 바이마르에서 선포되었다. 그러나 이 공화국은 '공화주의자 없는 공화국'이라 불릴 정도로 정치체제와 국민의 정치의식 사이에는 깊은 괴리가 있었다. 이 공화국이 존재한 14년 동안에는 너무나도 혼란스러운 정국이 계속되었고, 경제는 살인적인 위기상황으로 치달았다. 인플레이션이 극에 달했을 때는 1달러에 12조 마르크의 환율을 기록했고, 달걀 1개의 가격은 1918년 가격과 비교해 볼 때 무려 5,000억 배나 뛰었다고 한다. 사람들은 작은 생필품 하나를 사기 위하여 수레에 돈을 싣고 다녔을 정도이다.

선동과 테러

1929년에 시작된 세계 경제 대공황의 여파는 독일에 직접적이고 치명적인 영향을 미쳤다. 330억 달러라는 천문학적인 전쟁배상금의 지불과 함께 독일의 경제는 파탄의 상태였다. 그야말로 혼돈과 혼란의 시대였다. 이때 등장한 인물이 히틀러이다. 선동과 테러에 악마적인 능력을 갖췄던 히틀러는 베르사유 조약을 '독일의 치욕'으로 선동했다. 그는 유대인과 사회주의자들을 속죄양으로 삼으면서 독일국민의 마음에 증오와 분노를 불러일으켰다. 그는 다른 한편으론 위대한 독일에 대한 환상을 불러일으켰다. 그는 또한 테러와 공포정치로 자신에게 반대하는 정적을 무자비하게 숙청해 나갔다.

독일국민에게 '치욕'을 안겨준 베르사유 조약의 원한을 갚고, 유대인과 공산주의자들을 몰아내고, 1차 대전의 패전으로 빼앗긴 독일영토를 회복하며, 일자리를 만들어 경제를 부흥시키고, 아리안 종족의 국가인 '위대한' 독일제국을 건설하자는 선동가와 독재자의 말에 독일국민은 마치 집단 마취에 걸린 듯 빠져 들었다. 이런 경제 및 정치적 혼란 속에서 그가 이끄는 나치당(국가사회주의 독일 노동자 정당, NSDAP)은 초기의 저조한 선거결과(1928년 5월의 제국의회 선거에서 2.6% 득표율)와는 다르게 1932년 11월에 치러진 선거에서는 무려 33.1%의 득표율을 기록하면서 제1당이 되었다. 이에 당시의 대통령이었던 86세의 힌덴부르크(Hindenburg)는 1933년 1월 30일에 히틀러를 수상으로 임명하였다. 이후 히틀러는 전권을 위임받는 수권법(Ermächtigungsgesetz)을 제국의회에서 통과시킬 수 있었고, 권력을 장악함으로써 독재정치로 나아갈 수 있는 발판을 마련하였다.

나치주의자들이 내세운 이데올로기는 국민 개개인이 국민공동체로서의 국가 안에서 사라지는 것이며, 이성보다

'피와 영토'(Blut und Boden)의 우선주의 등이다. 아리안 종족의 순수성, 독일국민의 숭고함과 내향적 지향성, 힘이 있는 아름다움, 질서정연한 행진, 숭고하게 느껴지는 권력의 표현 등을 내세우며 독일인들을 우민화하였고, 키치로써 악을 미화하였다. 마치 위대한 역사의 시간이 도래한 것처럼 독일국민을 선동하였다.

나치 독일은 '책을 불태우면 사람을 불태운다'라는 독일의 시인 하이네(H. Heine, 1797-1856)의 예견처럼 1939년에는 전쟁 범죄로 나아갔다. 나치 독일은 6년 간의 전쟁 끝에 1945년 5월 8일에 무조건 항복하였다. 히틀러는 열흘 전인 4월 30일에 자살하였다.

질문의 방향전환, 깨어있는 시민의식

민주적 투쟁을 거쳐 쟁취한 시민의식을 가진 국민은 나라의 경제가 위기에 빠지고, 정치가 혼란스럽다고 해서 독재자의 품으로 달려가거나 선동에 미혹되지 않는다. 독일적 상황을 설명하기 위해서 많은 사람들이 악마적 유혹과 같은 히틀러의 선동과 환상을 얘기하곤 한다. 그러나 히틀러 같은 선동가가 서유럽의 다른 나라에서 연설을 했다면 사람들은 그를 '떠버리 약장수' 정도로 취급했을 것이다. 악마적 유혹은 히틀러에게 있었다. 그러나 히틀러가 악마적 유혹의 힘을 가질 수 있었던 것은 독일국민 다수가 그를 따랐기 때문이다. 그의 선동에 미혹되어 열광적으로 그를 추종했다. 나치의 테러에 적극적으로 저항하지 못했던 독일인들의 파국적 근원은 위에서 살펴본 독일의 역사에서 그 원인을 찾을 수 있을 것이다.

이제 우리는 질문의 방향을 좀 수정할 필요가 있다. 시인, 철학자, 음악가의 나라, 가장 이성적이고 과학적인 독일에서 어찌하여 히틀러 같은 독재자가 등장할 수 있었을까 라고 묻는 것이 아니라 - 대부분 이렇게 질문한다 - 다르게 질문해야 한다. 300여 개의 군소국가로 나뉘어 있던 지각생 국가가, 문화와 철학이 정치를 대신하던 나라가, 시민혁명이 한 번도 성공한 적이 없는 나라의 국민이, 관료주의적 사고에 깊이 매몰되어 있던 국민이었기 때문에 히틀러와 같은 독재자의 선동과 테러에 넘어갈 수 있었다는 관점으로 질문을 전환할 필요가 있다.

이 주장은 나치 독일의 등장을 역사적 사건으로 필연화하거나 정당화하려는 것이 결코 아니다. 이 주장은, 다른 말로 표현할 때, 비판적 역사의식과 투쟁으로 쟁취한 민주적 시민의식이 가장 중요하다는 의미이며, 이런 깨어있는, 계몽된 시민의식이 전제되지 않을 때 한 사회는 독재로 갈 수 있다는 역사적 교훈을 강조하는 것이다. 독일은 어쩌면 한편으로는 투쟁의 경험과 정치적 의식이 결여된, 그러나 다른 한편으로는 너무나도 지적이었고 정신적이었던 시인과 음악가, 사상가의 나라였기 때문에 선동과 테러에 취약했는지 모른다.

05 인물들, 그들을 통해 독일이 보인다

특정 공동체나 한 나라의 정체성을 형성하는 데는 그 나라의 전설, 건국신화, 국가적 영웅들이 중요한 구심점 역할을 한다. 전설은 각 나라의 민족이 창조하는 것이며, 영웅은 역사를 통해 만들어진다. 영웅들의 역할은 공동체에 속한 사람들에게 공동의 자부심과 정체성을 제공하여 결속시키고 미래를 향해 나아가는 방향을 제시하기 때문이다.

독일이 배출한 세계적 인물들은 수없이 많다. 칸트, 헤겔, 마르크스, 바흐, 베토벤, 모차르트, 뒤러, 루터, 프리드리히 대제, 괴테, 구텐베르크, 슈바이처, 아인슈타인, 훔볼트, 막스 플랑크, 케플러, 가우스, 비스마르크, 아데나워, 브란트… 등등. 2019년까지 노벨상을 받은 독일인은 100명이 넘는다. 물론 이 중에는 헤르만 헤세처럼 실질적으로는 독일인이지만 국적을 바꾼 사람도 포함되어 있다.

세계사적으로 빛나는 여러 위인들이 있음에도 불구하고 프랑스의 나폴레옹, 영국의 엘리자베스 여왕이나 크롬웰, 미국의 조지 워싱턴과 링컨, 이탈리아의 가리발디, 터키의 케말 아타튀르크처럼 독일민족을 하나의 공동체로 결집하는 영웅이 독일에는 없다.

영국인들은 자신들의 정체성을 '마그나 카르타'와 1689년의 '명예혁명'까지 거슬러 올라가며, 프랑스인들은 1789년의 혁명까지 연결하여 프랑스인의 정체성을 형성한다. 독일인들에게는 1차 대전 이전의 빌헬름 황제나 800년에 유럽을 통일한 칼 대제가 그들에겐 낯설기만 할 것이다. 그들에게 정체성을 제공할 수 있는 인물들은 누구일까? 이런 영웅은 독일에는 없어 보인다. 히틀러를 암살하려다 실패하고 처형된 슈타우펜베르크(Stauffenberg) 대령이나[3] 민간인 요한 게오르크 엘서(Johann Georg Elser, 1903-1945)는 영웅으로 인정되기보다는 예외적인 인물이나 배신자로 취급되기도 한다. 오히려 '사막의 여우'라고 알려진 롬멜(Rommel) 장군 같은 사람이 영웅의 모습에 가깝다. 독일인들의 의식 속에는 인권, 자유, 민주화, 기본권을 위해 투쟁한 사람들보다는 국가의 안위를 위하여 희생한 사람들이 더 '영웅적'으로 보이는지 모르겠다.

독일인이고 독일의 발전에 기여한 바가 크지만 '독일적'

---

3) 톰 크루즈가 주연한 <발키리>로 영화화되었다.

틀에 가두기에는 힘든 인물도 적지 않다. 프랑크제국을 건설하여 오늘날의 서유럽의 기반을 놓았지만 프랑스와의 직계 갈등과 작센 부족을 굴복시키는 과정에서 수많은 작센족을 죽임으로써 독일의 영웅이 되기는 어려운 칼 대제, 독일의 문학을 세계적 수준으로 격상시켰지만 독일 내에 국한하기에는 너무 보편적인 괴테, 수학의 아버지 가우스, 외국에서는 '독일의 영웅'으로 존경을 받지만 정작 독일 내에서는 그에 합당한 대우를 받지 못하는 알렉산더 폰 훔볼트(Alexander von Humboldt), 철학적으로 사회주의를 가능하게 하고 세계를 자본주의와 사회주의 진영으로 나누었지만 그의 사회주의적 이념과 유대인이라는 이유로 독일의 '아들'이 되기 어려운 카를 마르크스, '원시림의 성자'라고 일컬어지지만 1차 대전 후 프랑스로 국적을 바꾼 슈바이처 박사, 독일에서 쫓겨난 유대인 물리학자 아인슈타인…

이 책에서 이들 모두에 대해서 언급하는 것은 불가능하며, 그것이 이 책이 지향하는 목적도 아니다. 이 장에서는 '독일적 특성'을 엿볼 수 있는 소수의 인물들을 살펴보고자 한다. 독일이 배출한 걸출한 인물을 소개하는 것이 아니라 '독일'을 이해하는 데 도움이 되는, 그들을 통해 독일이 보이는 독일인을 살펴보고자 한다.

- 잊힌 게르만 민족의 전사, 헤르만

헤르만(Hermann der Cherusker)은 게르만 부족의 하나인 케루스커 부족의 족장이었다. 그는 기원후 9년에 있었던 '토이토부르크 전투'에서 게르만 부족을 지휘하였고, 이 전투에서 로마군 3개 군단 2만 명을 전멸시킴으로써 게르만 부족들의 경계를 지켰다. 이후 그는 게르만 민족의 전사로 추앙받는 인물이 되었다. 독일 데트몰트(Detmold) 시 근교의 토이토부르크 숲에는 그를 기리는 동상이 세워져 있다.

> (헤르만에 대한 내용은 이 책의 '독일적 장소'의 '토이토부르크 숲'을 참고하기 바람).

- 원조 공학자, 구텐베르크

1999년에 타임스지가 지난 1,000년간 인류의 역사에서 가장 큰 영향을 미친 발명과 인물로 선정한 위인은 구텐베르크(Gutenberg, Johannes, 1400-1468)와 그가 발명한 금속활자였다. 금속활자의 인쇄술을 통하여 지식과 정보의 혁명적 대량생산과 보급이 가능했기 때문이다. 인쇄술의 발명은 언어의 발명, 문자체계의 발명에 이은 제3차 미디어 혁명이라고 한다. 인쇄술의 발명이 없었다면 르네상스, 유럽의 신대륙 진출, 종교개혁, 계몽주의, 산업혁명, 시민혁명, 글의 해독능력, 유럽에서 시작된 대학의 설립과 함께 나타난 지식의 확산 등이 불가능했거나 다른 형태로 진행되었을 것이다. 매체학자인 맥루언(McLuhan)은 1962년에 출간한 자신의 책에 <구텐베르크-은하계>라는 제목을 붙여 그를 기념하였다.

구텐베르크는 1400년에 마인츠의 상류 시민(Patrizier)이자 상인이었던 아버지의 셋째 아들로 태어났다. 그는 수도원의 라틴어 학교에서 교육을 받았다. 1418년의 에어푸르트 대학의 문서에는 그로 추정할 만한 인물이 등록되어 있음을 볼 때 그는 대학교육도 받았을 것으로 보인다. 그는 혼인 빙자, 돈 문제 등으로 법정에 서는 일이 잦았지만 사업적 수완도 뛰어났다고 한다. 지인들의 지원으로 사업을 시작했지만 여러 번의 법적 다툼으로 1445년에는 동업자인 푸스트(Fust)에게 인쇄소를 넘겨주기도 하였다. 그는 1468년에 사망하였고, 그의 무덤은 아직 발견되지 않고 있다.

구텐베르크가 금속활자를 발명하고, 이렇게 발명된 인쇄술이 유럽 전역에 보급될 수 있었던 가능성과 배경은 무엇일까? 그가 발명한 것은 개별 알파벳을 찍어낼 수 있는 활자 주형, 주석-납-안티모니-비스무트로 합금된 금속활자, 종이에 스며들지 않는 도료형 인쇄잉크, 인쇄기(압착기) 등이다. 그는 화가로부터 인쇄잉크의 개발을 배웠고, 유럽에서 가장 뛰어난 금속가공기술이 있던 마인츠의 금세공업자로부터 금속활자의 개발을 배웠으며, 포도주의 주산지였던 마인츠의 포도주 양조업자로부터 평형 압착기의 개발에 관한 아이디어를 얻었다. 성공적인 인쇄를 위해선 질 좋은 종이의 공급도 중요했다. 마인츠 근처의 도시 프랑크푸르트에서는 매년 2회 박람회가 열렸고, 이 기회를 이용하여 구텐베르크는 질 좋은 이탈리아산 종이를 6개월 마다 공급받을 수 있었다. 양피지로 한 권의 성경을 인쇄하려면 대략 250마리의 양이나 염소 가죽이 필요하던 시절에 저렴하면서도 질 좋은 종이의 보급은 매우 중요했다. 교통과 상업의 요충지로서의 마인츠의 지리적 위치도 중요했다. 인쇄에 필요한 조각기술자, 금속주조 기술자, 목수, 단어와 문단 및 조판을 짤 수 있는 라틴어 능통자들을 비교적 쉽게 구할 수 있었기 때문이다. 마인츠는 단순히 교통과 상업의 중심지만이 아니라 신성로마제국의 황제를 선출할 수 있는 7명의 선제후 중 최선임자가 있는 도시이며, 독자적인 화폐와 법률이 있는 대주교령이었다.

성경 한 권을 인쇄하는 데 필요한 활자를 준비하기까지 걸리는 시간은 대략 2년 정도였다고 한다. 그러나 일단 준비가 끝나면 거의 무한정으로 인쇄를 할 수 있었다. 성경 한 권을 필사할 시간에 180권을 인쇄할 수 있었다고 한다. 무한정 찍어내는 인쇄기를 보며 사람들은 악마가 마술을 부린다고 겁을 먹었다고 한다. 구텐베르크가 주로 인쇄한 것은 라틴어 교재, 사전, 면죄부, 달력, 라틴어 성경 들이다. 그가 인쇄한 성경은 세로 두 칸으로 매 칸은 36행으로 구성되었으며, 전체 부피는 1,768쪽이다. 그는 대략 180권의 성경을 인쇄했고, 현재까지 어느 정도 온전한 상태로 전해지는 성경은 48권 정도이다. 구텐베르크에 의한 인쇄술 발명 이후 불과 50년 만에 유럽 전역에 있는 약 350개의 도시에 1,000개 이상의 인쇄소가 생겼다. 이후 50년 동안에 약 3만 종의 서적이 900만 부 출간되었다고 한다.

15세기의 인쇄술의 발명은 다양한 아이디와 고집스러운 집념, 기능과 기술, 교통과 상업 및 유통에 최적화된 지리 환경적 요소 및 300개 이상의 크고 작은 나라로 분권화된 신성로마제국의 정치적 환경이 어우러져 만들어진 것이다. 어쩌면 오늘날의 유럽연합 내에서 독일이 위치한 환경과 비슷한 모습이다.

오늘날 전 세계 오프셋 인쇄기 3대 중 2대는 독일제이고, 독일 인쇄기의 세계시장 점유율은 68%이다. 세계적인 회사는 하이델베르크 인쇄기 주식회사, MAN Roland 그리고 KBA 이다. 독일은 천연자원이 빈약한 나라이지만 세계적인 대기업과 함께 세계에서 해당 분야에서 3위 이내에 있는 '히든 챔피언'이 1,500개나 되는 나라이다. 수 세기 동안에 다져진 도제 제도, 이곳에서 잘 훈련된 기능공, 뛰어난 예술성과 혁신성이 오늘날 독일이 자랑하는 금속과 기계공학의 기반이 되었다. 신성로마제국이라는 이름 아래 300개의 작은 소공국으로 나누어져 있던 독일의 장점은 각 지역마다 높은 품질기준을 강제하고 관행과 규정으로 통제할 수 있는 것이 가능했다는 것이다. 구텐베르크는 이 모든 요소와 함께 흔히 독일인의 특징으로 손꼽히는 치밀한 조직력을 종합한 원조 공학자였다.

- '멜랑콜리아'와 결연한 기사의 화가, 뒤러

영국인이 셰익스피어를 사랑한다면 독일인은 뒤러(Albrecht Dürer, 1471-1528)를 사랑한다. 뒤러는 생존 당시 이미 유럽의 '스타'였을 정도로 유럽인으로부터 많은 사랑을 받았다고 한다. 뒤러 시대의 유럽인들은 흑사병(1347-1351)의 재앙과 정신적 충격에서 아직 완전히 벗어나지 못한 상태였고 교회는 '하나님의 분노'라는 해석 이외에 다른 위로를 제시하지 못할 때였다. 이때 뒤러는 자신의 그림을 통하여 살아있는 현존재를 강조하면서 사람들에게 삶의 의욕을 불어 넣었기 때문이다. 우리에게는 '오늘도 무사히'라는 문구와 함께 <기도하는 손>으로 잘 알려진 그림을 그린 화가이다. 주름투성이의 두 손을 모으고 간절히 기도하는 이 그림은 한때는 시내버스의 기사석 위에 걸려 무사 운전을 염원하는 대표적 그림으로 통용되었다. 이 그림은 뒤러가 자식을 위해 기도하는 어머니의 손을 그린 것이다.

뒤러는 동일한 이름을 가진 아버지(Albrecht Dürer Senior)와 어머니 홀퍼(Barbara Holper) 사이에서 태어난 18형제 중에서 셋째로 태어났고, 18형제 중에서 성인으로 성장한 사람은 세 사람 밖에 없었다. 아버지는 금 세공사였다. 뒤러도 아버지의 공방에서 금세공기술을 배웠다. 뒤러가 동판화를 잘 그린 이유는 아버지에게서 금세공기술을 배운 덕분이었다. 뒤러는 1497년에는 자립할 수 있었고, 1503년에는 뉘른베르크의 구시가지에서 공방을 차렸다.

뒤러는 화가임과 동시에 뛰어난 목판 화가이며 동판 화가였다. 그는 그때 막 발명된 인쇄술에 힘입어 목판화와 동판화의 위상을 예술과 상업의 수준으로 끌어올렸다. 그가 작업한 요한계시록의 <4인의 기수>는 너무나 유명하여 뒤러는 이 목판화를 찍어 평생 쓸 돈을 마련했다고 한다. 구리판에 그림을 새겨 판화를 찍어내는 일은 시간이 많이 소요되는 작업이었다. 뒤러의 작품 <기사, 죽음 그리고 악마>의 동판화는 3개월 이상의 작업이 필요했다. 뒤러의 대표적 동판화로는 죽음과 악마를 거느린 챈 용감하게 말을 타고 가는 <기사, 죽음 그리고 악마>(1513), 다양한 대상과 상징에 둘러싸여 앉아 있는 여성을 통하여 깊은 상념, 우울, 비애를 표현한 작품 <멜랑콜리아>(1514), <골방 안의 성스러운 제롬>(1514) 등이 있다. 뒤러의 작품 <멜랑콜리아>와 <기사, 죽음 그리고 악마>가 '독일적'이며 유명한 이유는 그의 뛰어난 제작기법과 함께 전형적인 독일인의 모습을 잘 표현했기 때문이다. 내면을 들여다보는 멜랑콜리아는 데카르트로 대변되는 당시 프랑스의 계몽주의와 합리주의에 반대되는 독일의 낭만주의적 깊이를 표현하고 있다. 당시의 멜랑콜리아는 천재성과 정신적 우월성을 나타내는 상징이기도 하였다. 단호한 행동을 표현한 기사, 시대에 굴하지 않고, 악마와 죽음에도 불구하고 선택한 길을 결연한 자세로 가는 독일인의 자기인식이 잘 표현되었다.

독일제국의 통일이 이루어진 1871년에 뒤러는 그의 400번째 탄생 주년을 맞이하였으며, 그는 독일민족의 영웅으로 추대되었다. 2차 대전의 패전 후 지폐에 들어갈 만한 '독일적 위인'을 찾을 수 없었던 독일인들은 5마르크와 20마르크 지폐에 뒤러가 그린 여성 인물을 채택하였다. 바그너는 <기사> 작품을 가장 좋아했다고 하며, 니체도 이 판화를 비상한 능력을 지닌 '초인'의 개념으로 상징화하여 좋아했다고 한다. 나치 시대에 들어오면서 뒤러의 작품은 오염되었고, '기사'는 독일적 영웅의 상징이 되었다.

멜랑콜리, 숭고한 죽음, 결연한 기사, 악마, 죽음과 같은 상반된 개념을 동시에 가지고 있는 민족은 유럽에서는 독일이 유일하다. 심오하면서도 복잡한 독일인의 멘탈리티는 자기 파괴, 자기반성의 요소로 발전될 수 있으며, 자칫하면 광기로 나아갈 수도 있다. 뒤러의 작품은 독일인의 이런 양극적 감정을 상징적으로 보여준다. 뒤러는 또한 자의식이 매우 강한 화가로서 많은 자화상을 남겼다. 대표적인 자화상은 모피 외투를 입은 자신으로서, 이 그림은 예수를 연상시키는 자화상이다. 이 자화상의 오른쪽 상단에는 라틴어로 "뉘른베르크의 나 알브레히트 뒤러는 특징적 색깔로 나를 창조했다"라는 독일인다운 비밀스러운 문구를 적어놓았다.

- 개혁과 보수의 두 얼굴, 루터

루터(Martin Luther, 1483-1546)는 옛 동독에 속한 작센 안할터(Sachsen-Anhalt)에 있는 작은 도시 아이스레벤(Eisleben)에서 태어났다. 에어푸르트 대학에서 법학과 철학을 공부했다. 1505년에 수도원으로 들어가 신학을 공부하였으며, 1512년에 신학박사 학위를 받았다. 신부가 된 후에는 비텐베르크 대학의 신학과 교수로 재직하기도 하였다.

그가 세계사에서 가장 위대한 독일인 중의 한 사람이라는 것은 그의 반대자들이나 천주교 교회도 인정할 것이다. 그가 시작한 종교개혁(1517)은 독일민족, 유럽인 나아가서는 기독교를 믿는 세계인들을 양분하는 결과를 가져왔다. 그가 종교개혁을 하게 된 가장 큰 이유는 당시 천주교의 부패와 면죄부의 판매였다. 당시의 천주교는 교회의 헌금함에 '딸랑'하고 금화가 떨어지는 순간에 죄인의 영혼은 연옥에서 해방되어 천국으로 오른다고 면죄 설교를 했다. 헌금의 금액도 죄의 경중에 따라 정해져 있었다. 수간이나 남색한 자는 12두카텐, 마녀는 6두카텐, 존속살해는 4두카텐를 내면 죄가

면죄를 받는다고 하였다.

루터는 1517년 10월 31일에 95조의 반박문을 비텐베르크 대학의 교회 정문에 붙이면서 종교개혁을 시작하였다. 교황으로부터 파문을 당한 루터는 작센 선제후 프리드리히 3세의 보호 아래 바르트부르크(Wartburg)성에 머물면서 성경을 번역하였다. 루터는 마치 신들린 사람처럼 11주 만에 신약을 그리스어에서 독일어로 번역하였다. 구약을 번역하는 데는 11년이 걸렸다. 그는 한 번의 번역에 만족하지 않고 죽기 전까지 성서의 수정작업을 하였다고 한다. 그는 성경 번역을 통하여 독일인들에게 공통의 '표준' 독일어를 제공하였고, 이로써 후세의 독일인들에게 그 가치를 가늠할 수 없는 선물을 하였다.

그는 경이로운 용기를 가졌지만 다른 한편으론 무척이나 고집이 센 사람이었다. 루터는 목숨을 걸고 종교개혁을 외쳤지만 봉건주의적 신분제도(제3 신분제도: 제1신분의 성직자, 제2신분의 귀족계급, 제3신분의 시민. 왕은 신분을 초월하였고, 농노는 신분에 포함되지도 않았다.)를 고수하였고, 세속적 권위에 대하여 절대적인 복종을 요구하였다. 루터의 종교개혁사상에서 영향을 받은 농민들이 궁핍하고 참혹한 생활을 견디지 못해 봉기를 일으키자 많은 개신교 성직자들이 농민봉기(1524-1525)를 지지했다. 그러나 루터는 농민들에게 '무기를 버리고 농토로 돌아가라'라고 말하며 귀족의 편을 들었다. 이후 농민봉기는 무자비하게 진압되었고, 약

10-15만 명의 농민이 생명을 잃었다고 한다. 그는 또한 극단적 반유대주의자였다. 20세기의 독일에서는 이런 반유대주의가 파국적 모습으로 나타난다.

루터의 용기 있는 행동과 함께 그의 보수적이며 반개혁적인 태도는 실질적이며 실천적 행동 앞에서 머뭇거리는 독일인의 퇴행적 조심성과 전통적인 독일 역사의 기본 흐름을 반영하고 있다는 비판을 받기도 한다. 이로써 그는 종교개혁이라는 세계사적이며, 용기 있는 행동과 함께 반유대주의와 계몽주의에 저항하는 독일적 내면성을 간직한 인물이라는 찬사와 비판을 동시에 받고 있다.

- 절대 진리를 얻기 위해 영혼을 담보한 지식인, 파우스트

연금술사, 마술사 등으로 알려진 파우스트(Dr. Faust) 박사에 대해선 전설과 역사적 사실이 공존한다. 역사적 인물로서의 파우스트는 1480년에 독일 남부 바덴 뷔르템베르크 주에 소재한 작은 도시 크니텔링엔(Knittlingen)에서 태어나 1541년에 사망했다고 알려져 있다. 그는 생전에 마울브론 수도원에서 활동했으며, 납을 금으로 변화시킬 수 있는 연금술사였다고 전해진다. 그가 태어난 크니텔링엔에는 그의 생가와 '파우스트 박물관'이 있다.

그에 관한 전설은 1587년에 요한 스피스(Johann Spies)에 의해 출간된 <파우스트 박사의 생애>(Historia von Dr. Faustus)로부터 시작되며, 그의 생애를 중심으로 온갖 '기적'과 행적이 덧붙여지면서 하나의 전설이 탄생하였다.

'파우스트' 주제는 20세기에 이르기까지 수많은 작가, 음악가, 연극 및 영화감독 등에 의해 다시 써지고 다양한 모습으로 재탄생했다. 슈베르트, 슈만, 리스트, 바그너, 말러 등 많은 작곡가에 의해 음악으로 재탄생했으며, 많은 연극, 영화들이 생산되었다. 16세기 말과 17세기에 붐을 일으켰던 파우스트 인형극, 레싱, 괴테, 하이네, 토마스 만에 의해 새롭게 이해되고 새롭게 써진 파우스트에 대한 문학 작품들이 존재한다. 이 중에서도 가장 대표적인 것은 괴테가 쓴 <파우스트>이다. 괴테는 그의 작품에서 파우스트를 인간 인식의 한계를 마지막 경계까지 넓히며 행동하는 지식인의 전형으로 형상화하였다.

왜 독일인들은 파우스트 주제에 대하여 끊이지 않는 관심을 가질까? 그것은 신화가 없는 독일에서 파우스트를 독일적 신화로 볼 수 있기 때문이다. 고대 그리스-로마의 문화로부터 벗어나는 과정에서 새롭고 근대적인 독일 신화가 필요하였다. 이때의 주인공은 그리스-로마 문화에서 나타나는 반신반인이나 영웅들과 비견될 수 있으면서도 새로운 이념을 체화한 인물이어야 했다. 근대로 진입하는 문턱에서 나타난 종교개혁, 세속화, 민족국가의 형성 등은 파우스트를 새로우면서도 특별한 독일적 신화의 중심이 되게 하였다. 파우스트에서 독일적인 프로메테우스, 모세를 볼 수 있었기 때문이었다. 또한 파우스트는 18세기와 19세기에 진행된 근대화의 모순들을 내포하고 있다: 정신과 물질, 저항과 순응, 권력에의 의지와 양심, 민족주의와 세계시민, 개인주의와 집단주의, 욕망과 절제 사이에서 일어나는 불화와 갈등의 문제들이다. 파우스트는 "아, 내 가슴에는 두 개의 영혼이 살고 있구나"라며 고통을 호소하고 있다. 중세 기독교의 '절대적 진리'가 사라진 근대에서 나타난 '비극'의 현상이다. 이런 갈등적인 요소는 우리가 독일인의 전형적 모습에서 살펴본 '두려움과 그리움'에서도 나타남을 볼 수 있었다. 파우스트는 갈등하는 두 개의 영혼을 가슴에 품고 있는 인간이며, 욕망하지만 양심을 포기하지 못하는 인간이다. 때문에 그는 불안정하고 나약한 상태에 있는 자신을 붙들어줄 악마가 필요했던 것이다. 괴테의 <파우스트>의 주인공은 세상을 본질과 핵심에서 이해하려고 하며, 이를 위해 영혼을 담보로 악마와 계약을 맺는다. 이로써 절대적 진리를 얻기 위해 영혼을 담보하는 파우스트는 의지적 인간으로서 독일적 요소를 구현하고 있다. 이런 관점에서 '파우스트 박사'의 이야기는 16세기의 민간전설이지만 오늘날 '독일적' 특징을 각인하는 데 실재의 역사적 인물보다 더 많은 영향을 끼친 상상의 인물이다.

- 개혁적 군주, 프리드리히 대제

프리드리히 대제(Friedrich der Grosse, 1712-1786)는 800년에 황제로 추대된 칼 대제 이후 두 번째로 '대제'의 칭호를 받은 인물이다. 그는 신민들로부터 두려움과 존경을 동시에 받았던 인물로서, 신민들은 그를 '프리츠 영감'(Alter Friez)이라고 부를 정도로 친근감 있게 생각했다. 그는 '7년 전쟁'(프로이센 대 오스트리아)을 승리로 이끌면서 당시 유럽의 변방국이었던 프로이센을 프랑스, 영국, 오스트리아, 러시아에 이어 유럽에서 다섯 번째로 강한 나라로 부상시켰다. 이로써 그는 1871년에 이루어지는 독일제국의 통일과 함께 오늘날의 독일의 토대를 마련한 인물로 추앙 받는 대제가 되었다. 그는 14명의 남매 중에서 살아남은 아들로서는 장남이었으며, 감수성이 매우 뛰어나 음악에도 재능이 있었다. 그는 종교적으로, 교육적으로 매우 권위적이었고 엄격한 아버지(프리드리히 빌헬름 1세)로부터 교육을 받으면서 많은 아픔과 어려움을 겪었다. 그의 나이 18세 때는 아버지의 교육을 피해 외국으로의 탈출을 시도하기도 하였다. 탈출 도중에 잡힌 그는 함께 탈출하던 친구가 사형당하는 것을 목도해야 했으며, 한때는 왕세자 직위가 박탈당하기도 했던 인물이었다.

아버지의 사망 이후 1740년에 왕위에 오른 그는 나중에

"계몽된 군주"로 불릴 만큼 많은 개혁을 하고 국가체제를 정비했다. 농지를 개혁하고, 고문을 폐지하였다. 학교를 세우고 교육제도를 도입함으로써 신민들에게 읽기, 쓰기 및 계산하기 등의 기본교육을 하도록 하였다. 그는 법 제도를 개혁하였고 고문을 폐지하면서 "20명의 죄인을 풀어주더라도 1명의 죄 없는 자를 희생시켜서는 안 된다"라고 하였다. 농노제도를 폐기하려고 하였으나 귀족들의 반대로 무산되기도 하였다. 특히 그는 당시의 식량문제를 해결하기 위해 "감자 명령"을 내려, 농부들에게 감자를 경작하는 방법을 가르치게 하였다. 감자의 재배는 당시 독일인들이 겪었던 식량문제를 해결하는 데 큰 도움이 되었다. 감자가 오늘날 독일인들의 주식이 된 것은 이때부터이다. 그는 "계몽된 군주"였지만 미국에선 이미 시작된 자유, 평등, 권력의 분산 등이 논의되고 실천되던 시기와 비교하면 부족한 점이 있을 것이다. 그러나 신·구교로 양분되고 아직도 마녀사냥이 횡횡하던 유럽의 당시 상황을 고려한다면 그는 말 그대로 자유로운 정신으로서 시대를 앞서간 위인이었다.

'계몽된 절대 군주'로 불리는 프리드리히 대제는 초기에는 프로이센 왕국의 대표로만 인정되다가 나폴레옹과의 전쟁 후에는 전 독일적 인물로 추앙되었다. 그는 오늘날 우리가 알고 있는 '전형적인 독일적 요소', 예컨대 검소, 복종, 책임감, 관료주의 등등을 독일인들에게 심어준 인물이다. 그는 자신을 "국가를 섬기는 제1의 충복"이라고 표현함으로써 국가와 신민의 관계를 위계 질서적 종속 관계로 정의하였다. 그는 1786년 8월 17일에 '상수시'('걱정 근심이 없는') 궁의 의자에 앉아 사망하였다. 왕이 임종하는 순간 궁전에 있던 추시계가 멈춰버렸다고 한다.

그의 관은 여러 군데를 옮겨 다니다가 독일이 통일된 뒤인 1991년 8월 17일에 포츠담에 있는 상수지 궁에 안장되었다. 그의 유언에 따른 영면의 장소였다. 자정에 거행된 이장식은 화려한 의전행사 없이 엄숙하게 진행되었다. 극소수의 친지만 참석하였고, 친지가 아닌 사람은 딱 한 사람이었다. 바로 헬무트 콜 수상이었다. 수상이 이장식에 참석하였다는 것은 무슨 의미인가? 통일된 독일과 프로이센은 떼려야 뗄 수 없는 불가분의 관계라는 것이 아닐까!

- 정신과 원칙의 철학자, 칸트

철학을 논하면서 독일을 뺄 수 없고, 독일 철학을 논할 때 칸트를 건너뛸 수 없다. 독일에는 칸트 이전과 이후에도 많은 철학자가 있었지만 독일의 철학은 칸트로부터 빛을 발한다. 칸트를 기준으로 철학의 역사를 나눌 만큼 그는 서양의 철학사에서 '코페르니쿠스적 전환'을 그은 획기적 철학자이다. 그는 석가, 공자, 소크라테스와 함께 세계 4대의 현자로 언급되기도 한다.

칸트(Kant, 1724-1804)는 당시 프로이센 왕국의 수도였던 쾨니히스베르크(Königsberg)에서 태어났다. 그는 1740년에 쾨니히스베르크 대학에 입학하였고, 그의 나이 46세가 될 때 논리학과 형이상학 교수로 초빙되었다. 칸트는 대학교수가 된 최초의 철학자 중의 한 사람이었다. 20세기 이후에는 훌륭한 철학자가 대학교수가 되는 것이 자연스러운 현상이지만 칸트의 시대까지만 하여도 그건 그리 자연스러운 일은 아니었다. 그는 새벽 4시 45분에 기상하여 하루의 일과를 시작했다. 오전에는 강의와 연구를 하고, 저녁 10시에 잠자리에 들었다. 매일 동일한 시각에 산책을 했기 때문에 도시의 사람들이 그의 산책 시간을 보고 시계를 오후 3시 30분에 맞추었다고 한다. 칸트는 매우 고지식하고 시간을 철저히 지키는 산책가로 알려졌지만 사회성이 높은 면도 있었다고 한다. 그는 생활이 좀 윤택해진 뒤에는 집으로 손님을 초대하여 오찬을 함께 하며 담소를 나누었다. 그럴 때도 규칙이 있었다. 수프가 나올 땐 정보를 교환하고, 본식이 나올 땐 생각하고, 후식을 먹을 땐 여담을 주고받았다고 한다.

칸트는 프랑스의 데카르트(1596-1650)로부터 시작되는 합리주의와 로크(1632-1704)로 시작되는 영국식 경험주의를 독자적인 철학으로 발전시킨 철학자로 알려져 있다. 그는 인간사고의 경계를 알아보는 것을 목표로 삼았다. 두 가지 경계, 즉, 위로의 경계와 아래로의 경계이다. 아래의 경계는 감각(Sinn)의 영역이다. 이것은 경험적인 것의 원천으로서 처음부터 의식에 주어진 것이 아니라 경험을 통하여 획득되는 것이다. 위로의 경계는 의식의 영역이다. 의식은 경험에 의지하지 않는 선험적인 것이다. 이 두 가지 경계의 외부에는 인간의 경험, 이성과 사고가 도달하지 못하는 '사물 자체'(Ding an sich)가 있다. 칸트는 세계 전체를 설명하면서도 동시에 인간의 한계를 알았다. 따라서 인간의 이성(Vernunft)과 감각(Sinn)이 미치지 못하는 영역에 대해서는 인식할 수 없다고 말한다. 그 영역은 형이상학적 영역으로서 신의 존재, 영혼의 불멸성, 자연 과학적 인과관계와 무관한 인간의 자유의지이다.

칸트의 철학이 향하는 방향은 세 가지 질문과 하나의 문제로 수렴된다. 나는 무엇을 알 수 있는가, 나는 무엇을 해야 하는가, 나는 무엇을 희망할 수 있는가의 세 질문이며, 이 질문은 다시 인간이란 무엇인가 라는 마지막 질문으로 수렴된다. 첫째 질문은 인식론적 질문이며, 두 번째 질문은 윤리학의 질문이며, 세 번째 질문은 종교철학의 문제이다. 첫째 질문 '나는 무엇을 알 수 있는가?'(1781년의 '순수이성비판')는 인식의 문제를 다룬다. 우리 인간은 자연(자연 과학적)에 존재하는 사물은 알 수 있지만 우리의 이성과 감각의 영역을 초월하는 형이상학적 요소(신, 영혼의 불멸성, 인간의 자유의지)에 대해서는 알 수 없다. 즉 우리는 '신'을 사고할 수는 있지만 인식할 수는 없다는 것이다. 이로써 신의 존재를 알 수 없듯이 신의 부존재도 알 수 없다. 이 경우, 칸트는 인간의 지식과 이해의 한계를 인정하고, 우리가 지식을 획득할 수 없는 곳에선 믿음으로 대체한다고 말한다. 둘째 질문은 '우리는 무엇을 해야 하는가?'라는 윤리학의 실천적 질문이다. 정언명령, 준칙(Maxime), 전쟁 반대, 평화로운 질서가 지배하는 세계, 인간은 도구가 아니라 그 자체가 목적이라는 등의 문제를 철학의 사유로 삼는다. 마지막 질문은 '우리는 무엇을 희망할 수 있는가?'로서 희망과 종교적 문제를 다룬다. 칸트에 따르면 인간은 그 자체로서 이타적이지 않으며 이기적이다. 따라서 인간의 취약성을 보완하여 사회적 강점으로 발전시킬 수 있는 제도가 필요하다고 생각하였다. 이 제도가 추구하는 궁극적 목적과 희망은 평화로운 질서가 지배하는 세계이다.

그가 태어난 고향에 안장된 그의 묘비에는 "항상 새로이 더해지는 놀라움과 경외로, 더 자주 생각하면 할수록 더 오래 생각하면 할수록 두 가지가 내 마음을 가득 채운다. 그것은 별로 뒤덮인 하늘과 내 안의 도덕 원칙이다." 우리 인간은 왜소하지만 광활한 우주를 이해할 수 있고, 나 자신에게 주는 내 속의 도덕적 규범(예컨대 정언명령)이 우리의 의지와 행위를 규정하고 인도하는 것이다.

칸트가 독일적 심성의 형성에 미친 영향은 무엇일까? 그
것은 프로이센의 의무감(프리드리히 대제의 철학을 지원
함), 침해할 수 없는 인간의 존엄성(독일 기본법 제1조: 인간
의 존엄은 불가침하다), 독일인들의 진지함, 모든 것이 시간
에 따라 철저하게 계획되어 진행되는 시간의 엄수와 철저
함, 국가연합(Völkerbund)의 제안(오늘날의 유럽연합) 그리
고 세계 전체를 철학으로 설명하려고 한 독일적 '총체성'일
것이다.

칸트가 태어난 곳은 당시 프로이센 왕국의 수도였던 쾨니
히스베르크이다. 이 도시는 나치독일이 패망한 2차 대전 후
러시아로 편입되었으며, 러시아의 국경 밖에 있는 유일한
역외 영토이다. 사람들은 칸트의 도시를 오늘날 칼리닌그라
드라고 부른다.

- 음악의 프로메테우스, 베토벤

'독일인이 아니면서 어떻게 음악가일 수 있는가'라는 말
이 있다. 오만하게 들린다. 그러나 그만큼의 자부심이 들어
간 표현이다. 바흐, 헨델, 하이든, 모차르트, 베토벤, 슈베르
트, 멘델스존, 슈만, 바그너, 슈트라우스, 브람스… 독일어권
음악가들의 목록은 끝이 없다.

악성, 반신반인, 괴팍한 천재 등으로 불리는 베토벤

(Ludwig van Beethoven)은 1770년에 독일의 본에서 태어났다. 그는 9개의 교향곡, 32개의 피아노 소나타와 함께 많은 곡을 남겼다. 베토벤은 이미 7살 때 피아노 연주자로 무대에 섰다. 그는 당시 음악의 중심이었던 빈으로 옮긴 후 하이든에게서도 사사를 받았다. 1798년경부터 청각장애가 나타났다. 그 이유로는 청각신경의 위축증, 이경화증(耳硬化症)을 추측하지만 명확하게 밝혀진 바는 없다. 청각장애에 시달리던 베토벤은 한때는 자살을 생각하기도 한다. 베토벤은 30세경부터 설사, 통증, 산통(疝痛), 고열, 염증 등의 다양한 병에 시달렸다고 한다. 그가 남긴 머리카락 분석을 통해 밝혀진 바에 따르면 납중독, 브루셀라증, 지나친 음주 등이 원인이라고 추정한다.

1812년이 되면서 베토벤의 삶은 위기상황으로 접어든다. 이루어지지 못한 귀족 출신 여성과의 '불멸의 사랑', 어려워진 재정, 극도로 악화된 청각장애 등이 겹쳤기 때문이다. 인간으로서 극한의 시련을 극복하고 음악 예술을 극치에까지 끌어올린 그는 평생을 독신으로 살다가 1827년 3월 26일에 빈에서 56세의 나이로 세상을 떠났다. 그는 빈의 중앙공원 묘지에 안장되었다.

독일은 어떻게 '음악가의 나라'가 되었으며, 베토벤에 있어 무엇이 독일적인가?

독일에는 소영주 국가들이 많았던 관계로 수많은 영주 도시들이 있으며, 따라서 이런 도시마다 문화적 위상을 과시하기 위해서 자체적으로 운영하는 오케스트라를 가지고 있었다. 1905년에 출간된 브레머(Bremer)의 음악소사전(Handlexikon der Musik)에 따르면 세계의 66개의 주요 음악도시 중에서 44개가 독일에 소재하였다고 한다. 오늘날에도 전 세계 오페라 하우스의 1/5이 독일에 있다고 한다.

음악에 대한 독일인들의 선호도는 인프라적 요소에서만 유래한 것은 아닐 것이다. 음악이라는 예술 장르와도 연관이 있다. 예컨대 독서는 언제든지 중단되었다가 다시 시작될 수 있으며, 그림 감상은 중단되거나 부분적으로 볼 수 있다. 그러나 음악은 전체로서만 향유가 가능하다. 작은 하나하나의 악보가 모여 하모니를 이룰 때 비로소 음악이 완성되는 것이다. 이런 향유방법은 숲을 사랑하는 독일인의 모습에서 보았듯이 역사적 부침 속에서 만들어진 독일인들의 심성과도 잘 어울리는 것이다.

19세기의 독일 음악에서는 나중에 독일적 경향으로 두드러지는 두 가지 움직임이 나타난다. 첫째는 숭고함과 장중함에 대한 경향과 나중에 가곡에서 표현되는 주관적 내향성이다. 비발디, 하이든, 모차르트, 멘델스존 등에서 나타나는 삶의 즐거움, 생명력, 밝음 등은 독일 음악에서는 잘 나타나지 않는다. 독일의 음악은 숭고하거나 내향적이거나 상관없이 진지하다. 베토벤의 음악에서 지극히 남성 중심적인 요소를 느낀다고 비판하는 일부의 페미니즘 학자들이 있지만 베토벤에게서 숭고함, 장중함, 진지함의 진수를 느낄 수 있는 것은 분명하다. 이런 요소들은 우리가 '전형적 특징'에서 살펴본 내용과도 연관이 있을 것이다.

하이든(1732-1809)은 106개, 모차르트(1756-1791)는 40개 이상의 교향곡을 남겼다. 베토벤은 9개만 남겼다. 그러나 이 9개의 교향곡 하나하나는 불멸의 교향곡이며, 하나하나의 교향곡은 유일무이한 것을 표현하고 있다. "따따따 따--"하고 시작되는 <운명>이 초연될 때 한 여가수는 졸도하였으며, 동석한 음악교수는 흥분으로 자리를 찾지 못하였다는 에피소드가 전해진다. 베토벤에 따르면 '운명은 이처럼 문을 두드리며 나타난다'라고 말했다고 한다. 교향곡 9번은 베토벤이 청각을 거의 잃은 1824년 5월 7일에 빈에서 초연되었다. 이 곡의 마지막 장에는 1785년에 독일 작가 쉴러의 시 <환희의 송가>(An die Freude)가 가사로 붙여졌다. 이 시는 '세상의 모든 사람이 형제가 되어 환희의 노래를 부르자'라는 내용을 담고 있다. 열렬한 공화주의자였던 베토벤은 프랑스 혁명이 실패하는 걸 목도하면서 쉴러가 꿈꾸었던 인류의 미래에 대하여 공감했기 때문일 것이다. 이 곡은 전 세계인이 부르는 노래가 되었으며, 1985년에는 유럽연합의 연합가(聯合歌)가 되었다.

베토벤은 어쩌면 가장 비독일적이면서도 가장 독일적 인

물이다. 베토벤이 프랑스 혁명을 적극적으로 지지한 것에서도 알 수 있듯이 그는 음악가로서는 보기 드물게 정치적으로도 매우 혁명적인 인물이었다. 그의 음악은 그때까지 유효하던 모든 음악적 상식과 지식을 초월한 혁명적인 것이었으며, 그는 자유와 인권을 사랑한 음악가였기 때문이다. 그의 음악을 통해 인류의 음악적 두뇌가 새로워지고 재배선되었다고 음악평론가는 말하고 있다. 베토벤과 함께 인간과 세계를 음악적으로 새롭게 표현한 프로메테우스적인 음악가가 나타났기 때문이다.

- 철과 피의 재상, 비스마르크

프로이센은 '철의 나라'라고 불린다. 국가 자체가 철로 의인화되었고, 사치하지 않는 실용적인 국가, 철의 국가였기 때문이다. 파리와 런던의 귀부인들이 보석으로 화려함을 나타낼 때 프로이센의 귀부인들은 철을 애국심을 기리는 장신구로 사용하였다. 프로이센에서 가장 영예로운 훈장은 바로 '철십자 훈장'이었다.

우리는 독일제국을 통일한 비스마르크(Bismarck. 1815-1898) 재상을 '철혈재상'으로 부른다. 그는 1862년 9월 30일 프로이센의 제국의회에서 행한 연설에서 다음과 같이 말했다. "프로이센이 당면한 문제는 연설이나 다수결로 해결할 수 없다. 다만 철과 피로써만 해결이 가능하다". 이때의 철은 중공업과 전쟁 무기의 원자재였으며, 피는 전쟁을 통한 희생을 의미하는 것이었다. '연설과 다수결'은 의회의 민주적 절차를 의미할 것이다.

비스마르크는 그의 반대자들도 그를 독일의 위대한 정치가로 손꼽는 데 이의를 제기하지 않는다. 그를 좋아할 필요는 없지만 그의 능력을 인정하지 않을 수 없기 때문이다. 그의 대내외 정치는 군사적 물리력에 의존하기보다는 외교적 방법을 선호했다는 점에서 프리드리히 대제와 유사한 면이 있다. 비스마르크 시대의 독일은 '독일연방'으로서 35개의 공국과 4개의 자유도시로 이루어져 있었으며, 1866년에 독일연방의 해체 후에도 많은 공국이 주권을 유지하였고, 중앙집권적인 국가는 없었다.

그는 1871년에 프로이센과 프랑스가 벌인 '보불전쟁'에서 승리하였고, 그 여세를 몰아 독일 통일의 대업을 완수하였다. 모두가 프로이센의 패전을 예상했지만 전쟁은 나폴레옹 3세가 세당(Sedan) 전투에서 포로로 잡히면서 프랑스에 불리하게 전개되었다. 보불전쟁의 승리에 대해서 전 유럽의 국가들이 경악했다. 비스마르크가 1862년에 외쳤던 '철과 피의 정치'가 승리한 것이다. 그는 오스트리아를 제외한 '소독일 통일'을 완수함으로써 독일에서 최초로 중앙정부 조직을 갖춘 근대국가가 탄생하게 된다. 이후 그의 귀족 작위는 퓌르스트(Fürst)로 격상되었다. 이 작위는 황제와 왕 다음가는 호칭이다.

그도 초기에는 '피와 철'을 강조하였지만 통일 후에는 외교적 방법을 통하여 독일의 안정을 도모하는 데 주력하였다. 독일 황제 빌헬름 I세는 '이런 수상을 모시고 황제 노릇하기가 쉽지 않다'라고 말할 정도로 비스마르크는 뛰어난 외교력과 전략가이자 내치의 달인이었다. 그는 독일 통일 후 평화 지향적 외교와 뛰어난 내치로 전 분야에서 국가 제도를 정비함으로써 중앙국가로서의 체제를 정비하였고, 독일국민의 영웅이 되었다. 그는 정치적으로는 보수주의자였지만 당시 부상하는 사회주의 사상을 견제하고 노동자들의 사회주의화를 차단하기 위하여 다양한 법 제도를 도입하였다. 특히 그는 세계에서 최초로 사회보장제도를 실시하였다. 1883년에 의료보험을, 1884년에 재해보험을, 나중에는 연금보험을 도입하였다. 비스마르크가 정치적 배경에서 도입한 조치이긴 했지만 어쨌든 노동자를 위한 세계 최초의 사회복지제도였다.

그에 대한 역사적 평가는 엇갈린다. 독일 민족주의의 관점에서 볼 때 그는 이상향이었고 영웅이었다. 그러나 2차 대전 후에는 독일의 민주주의가 실패한 책임을 그에게서 찾으려는 역사적 평가와 함께 그의 정치는 퇴보적이지는 않았지만 진보적인 것도 아니었다는 평가도 있다. 이런 평가의 바탕에는 모험을 감수하는 추진력과 안정을 추구하는 조심스러운 사고가 혼재되어 나타나는, 어쩌면 독일적 심성이 자리하고 있다. 비스마르크의 이름 앞에는 항상 '피와 철'의 의미에서 '철혈재상'이라는 수식어가 붙는다. 우리가 앞에서 살펴본 독일인의 '전형적 특징'들은 비스마르크의 '철과 피'와 무관하지 않을 것이다.

오늘날의 독일인들이 내리는 비스마르크에 대한 평가는 다양할 수 있다. 그러나 비스마르크가 이룩한 통일 독일을 통하여 독일이 유럽의 열강의 대열에 합류하고 강대국으로 부상했다는 의식과 함께 오늘날의 독일의 초석을 놓았다는 점에서는 이의를 제기하지 않는다.

06 독일인의 마음을 읽을 수 있는 몇 장소를 가다

독일은 오랫동안 '신성로마제국' 내에서 수백 개의 왕국 또는 대·중·소 영주 제후국 등으로 분열되어 있었다. 이 때문에 일찍이 중앙집권화된 프랑스의 파리나 영국의 런던과 같은 세계적 대도시로서의 수도는 없었다. 물론 독일에도 베를린, 프랑크푸르트, 뮌헨, 쾰른과 같은 대도시가 있지만 비교적 늦게 형성된 도시들이다. '신성로마제국' 내에서 수백 개의 크고 작은 나라로 분리된 왕, 영주, 제후, 기사들은 저마다 크고 작은 성을 지어 '국력'을 과시하려고 했으며, 문화적 위상을 자랑하기 위해서 연극장이나 오페라 하우스를 건립했다.

독일의 도시들 중에는 그냥 도시가 아니라 예전에는 제국의 수도로서, 영주국의 도시로서, 황제의 직할 도시로서 영욕의 역사를 간직한 도시들이 많다. 이런 도시들이 나라 전체에 흩어져 있다. 독일은 800년의 칼 대제 이후 통일된 오늘날까지 11번의 천도가 있었다. 독일의 수도를 연대기별로 살펴볼 때 아켄, 슈파이어, 고슬라, 막데부르크, 프랑크푸르트, 뉘른베르크, 프라하, 빈, 베를린, 본, 베를린이다. 이외에도 우리가 알고 있는 도시로서 뮌헨, 뤼베크, 하이델베르크, 드레스덴, 쾰른, 함부르크, 라이프치히, 브레멘 등등의 아름다운 도시들이 독일 도처에 흩어져 있다. 독일의 여행 책자에 자주 등장하는 아름다운 풍광과 자연 관광지도 독일 북단의 디트마르셴(Dithmarschen)에서부터 남쪽의 '검은 숲'(Schwarzwald)에 이르기까지 전 국토에 퍼져 있다. 디트마르셴은 독일 최북단의 슐레스비히-홀스타인 주에 있는 지역으로서 북해, 덴마크 등과 접경하고 있으며 하이데(Heide)의 풍광이 뛰어난 곳이다. '검은 숲'은 숲이 너무 울창하고 깊어 '검은' 숲이라고 하지 않는가! 바이에른 주의 '로만틱 가도', 하이델베르크와 남쪽의 보덴 호수를 연결하는 '판타스틱 가도', 오랜 전통을 간직한 보석가공 도시들로 연결된 '보석 가도', 헤센 주의 '동화 가도', 독일의 문호 괴테와 관련된 '괴테 가도' 등 문화와 역사, 전통이 서려있는 수많은 가도들도 있다.

이런 점에서 독일은 나라 전체가 관광지라고 할 정도로 볼거리가 많고 자연이 아름답다. 유람선을 타고 라인강을 오르내리며 양옆을 스쳐 지나가는 산과 계곡을 보라. 중세의 고성들이 영광의 역사를 비밀로 간직한 채 고개를 숙이고 서 있음을 볼 수 있다. 독일 여행지에 대한 정보는 시중에 유통되는 독일여행 안내 책자를 참고하길 바란다.

이 장에서 소개하려는 독일의 장소는 여행객들이 사진을 찍기 위해 찾아가는 소위 '유명한' 관광지는 아니다. 유명한 관광지나 여행지보다는 독일인의 내면을 느낄 수 있는 장소를 탐방하고자 한다. 독일인들의 의식 속에 깊이 각인되고, 그들의 마음을 읽을 수 있는 '독일적' 장소들을 살펴보려고 한다.

- 신화가 없는 독일의 신화; 토이토부르크 숲

토이토부르크 숲(Teutoburger Wald)은 독일의 니더작센 주와 노르트라인-베스트팔렌 주 사이에 있는 울창한 숲이다. 기원후 9년에는 이곳에서(베젤 강과 엠스강 사이의 오스나브뤼크 근처로 추정) 로마군 3개 군단 2만 명을 전멸시킴으로써 게르만족의 경계를 지켰다는 헤르만 전투(Hermannsschlacht)가 일어났던 곳이다. 이 전투는 로마가 최대의 피해를 본 전쟁이었고, 향후 전개될 유럽사의 판도에 결정적 영향을 끼친 전투였다. 이 '헤르만 전투'는 로마의 역사학자 타키투스가 쓴 육필원고 <게르마니아>가 15세기 초에 발견되고 1470년에 그 책이 출간되면서 알려지게 되었다. 이 전투의 패배로 로마군은 엘베강과 라인강을 경계로 더 이상 동쪽으로의 진출을 중단하였다.

독일이 제국으로 통일된 지 4년 후인 1875년에는 게르만 부족군을 이끈 영웅 헤르만의 동상이 전투가 있었던 장소에 건립되었다. 그의 본래 이름은 '아르미니우스'였으나 독일 민족의식을 고양하는 배경에서 라틴어 이름을 독일 이름인 헤르만으로 바뀌었다. 그는 독일이 나폴레옹 군대와 싸운 '해방 전쟁'(Befreiungskrieg)을 계기로 독일적 영웅, 자유의 영웅으로 재발견되어 부상하였다. 낭만주의 시대의 작가 클라이스트는 <헤르만의 전투>라는 작품에서 독일 민족주의를 고취하였다. 그러나 이 영웅적 인물에 대하여 개인적으로 경험할 수 있는 것이 거의 없다. '헤르만 전투'가 있은 지 거의 800년이 지나서야 게르만 부족의 프랑크 왕국이 처음으로 등장하며, 이로부터 또 1,000년이 지나서야 독일제국이 세워지기 때문이다. 헤르만은 '외세'로부터 게르만 부족을 지킨 신화이지만 역사적 거리 때문에 신화와 역사의 중간지점의 어딘가에 머물러 하나의 '상징'으로 이해된다. 동상 건립 125주년이 되는 2,000년에는 공식행사가 아닌 상업적 행사가 진행되었다. '헤르만의 전투' 2,000주년 기념 해인 2009년에는 일부 보수주의자들과 우파 세력들이 모여 헤르만을 '침입자들에 대한 수호자' 또는 '저항의 전사'로 내세우며 2000주년을 기념하였다. 이때의 '침입자'는 독일로 망명한 난민들이 될 수도 있고, '새로운 로마제국'으로 불리는 미국일 수도 있다. 그러나 대부분의 독일인들은 헤르만을 독일적 정체성을 부여하는 인물로 보지는 않는 거 같다. 그는 가까이 하기에는 너무 멀고, 잊기에는 잊히지 않는 영웅으로 남아있다. 그래서 그는 필요할 때는 언제나 소환될 수 있는 게르만의 전설이다.

숲에는 13개의 거대한 사암으로 구성된 암석들이 있다. 이 암석들은 자연 문화재로 지정되었다. 독일인들은 이 거대암석들이 옛날에는 태양숭배의 장소로, 게르만족의 의식을 행하는 '성스러운 제식'의 장소로 사용되었다고 믿는다. 이곳에는 독일인들이 종교처럼 사랑하는 숲, 헤르만 전투, 그들의 영웅인 헤르만 동상 그리고 성스러운 제식을 올렸던 거대암석이 모여 있다.

- 어두운 독일의 숲, 하르츠

하르츠(Harz)는 독일의 중북부에 위치한 니더작센(Niedersachsen), 작센-안할트(Sachsen-Anhalt) 그리고 튀링엔(Thüringen) 주가 교차하는 곳에 소재한 중소 도시와 그 일대의 넓은 숲을 지칭한다. 유서 깊은 도시 고슬라(Goslar)와 대학도시 괴팅엔(Göttingen)이 있다.

하르츠의 북부는 독일에서 가장 고지대에 속한다. 이곳은 접근하기 어려운 울창한 숲이 있어 뭔가 무시무시한 느낌을 주는 곳이다. 어둡고 접근이 쉽지 않은 분위기 때문에 옛날부터 이곳에는 마귀와 악마가 살고 있다고 여겨졌다. 특히 이곳의 최고봉인 브록켄(Brocken)은 해발 1,141미터로서 북부 독일에서 가장 높은 곳이며, 중세 때부터 마녀들이 모여 향연을 벌이는 곳으로 알려져 있다. 이 전통에 따라 오늘날에도 매년 5월 1일로 넘어가는 4월 30일의 밤에는 '발푸르기스의 밤'(Walpurgisnacht)이 열리며, 마녀와 악마로 분장한 참가자들은 모닥불을 피우고 춤을 추며 축제를 벌인다. 독일의 문호 괴테의 <파우스트>에서도 마녀들의 향연이 열리는 '발푸르기스의 밤'이 등장한다.

가장 높은 정신과 이성이 강조되는 독일에서 비이성적이며, 주술적이며 마성적 분위기를 느낄 수 있는 곳이다. 우리가 이 책의 제2장 '독일인의 기본 감정'에서 살펴본 독일인의 감성적 기질을 체감할 수 있는 공간이다.

하르츠에 인접한 고슬라(Goslar)는 유서 깊은 고도시이다. 독일의 한 일간지는 "독일에서 아직 독일적인 요소를 간직하고 있는 유일한 도시는 성탄절 때의 고슬라이다"라고 표현한 바 있다.

- 강함과 시련의 상징, 라인란트와 라인강

독일인들이 '아버지'(der Vater Rhein)라고 의인화하여 부르는 강이 있다. 바로 라인강이다. 라인강의 전체 길이는

1,320km에 달할 정도로 유장하다. 알프스에서 발원하여 스위스, 리히텐슈타인, 오스트리아, 독일, 프랑스, 네덜란드를 거쳐 북해로 흐른다. 그중에 독일을 흐르는 부분이 가장 길고 아름답다. 라인강은 그래서 독일의 상징이다. 2차 대전 당시 독일에서 전투를 지휘한 미 육군의 대장 패튼 장군(Patton, 1885-1945)이 라인강에 소변을 본 것이 논쟁이 될 정도로 라인강은 독일인들에게 자부심의 상징이다.

'중부 라인강'이 관류하는 라인란트(Rheinland) 지역은 독일의 중부에 위치한 노르드라인-베스트팔렌 주의 일부 지역으로서 프랑스, 벨기에, 네덜란드 사이의 국경으로부터 라인강에 이르는 지역을 가리킨다. 라인란트 지역은 여느 곳과 다름없는 독일의 지역이지만 독일인들에게는 좀 특별한 곳이다. 그것은 이 지역이 독일이 여러 번 프랑스와의 전쟁을 치르면서 국가적 상징성을 갖게 되었기 때문이며, 이곳에는 국가적 기념비들이 많기 때문이다. 특히 1차 대전이 끝난 후 라인란트 지방의 공업지역인 루르 지방에 주둔했던 프랑스 군인들은 독일인들이 석탄을 채굴하고 철을 생산하면 기다렸다는 듯이 전쟁배상금의 명분으로 이것을 압류하여 본국으로 가져갔다. 이것을 지켜볼 수밖에 없었던 독일인들의 증오와 원한이 깊어 갔던 지역이다.

영국인들은 초기에는 라인란트를 이탈리아로 가기 위한 중간 경로로 이용하다가 18세기 말부터는 그들이 선호하는 관광지가 되었다. 영국의 시인 바이런은 '용바위'로 불리는

'드라켄펠즈'(Drachenfels) 주변 풍광의 아름다움을 노래했다. 드라켄펠즈는 '일곱 개의 산악지대'라는 뜻을 가진 지벤게비르게(Siebengebirge)의 산지에 있는 봉우리의 하나로서 라인강의 우안에 있다. 봉우리의 표면은 마그마에 의해 형성되었고, 굳은 용암의 바위 암석에서 냉정함, 완강함, 남성성 등을 느낄 수 있다. 독일의 전형적 특징을 말할 때 이런 자연환경에서 유래한 것으로 이해한다.

이 지역의 언덕과 강가에는 중세의 고성들이 많다. 중세의 비밀을 간직한 폐허를 보며 중세에 대한 향수와 함께 세월의 무상함을 느낄 수 있다. 이곳의 명소로는 로렐라이(Loreley)를 손꼽는다. 독일의 시인 브렌타노와 하이네에 의해 시로 지어졌으며, 우리에게는 '로렐라이'의 노래로 알려진 언덕이다. 언덕 위에서 라인강을 내려 보는 아름다운 소녀와 그 소녀를 쳐다보다 난파당하는 뱃사공을 주제로 시인은 노래를 부른다. 로렐라이는 바다를 항해하는 어부들을 아름다운 목소리로 유인해 소용돌이에 빠뜨리는 호메로스의 <오디세이아>에 나오는 사이렌을 연상시킨다.

쾰른에서 출발하여 본, 코블렌츠, 빙엔을 지나 마인츠까지 가는 라인강-유람선을 타보라. 협곡 사이로 흐르는 강을 따라가다 보면 독일인들이 왜 라인강을 '아버지'라 부르는지 이해할 수 있을 것이다. 지벤게비르게의 남성성, 로렐라이의 낭만성, 독일이 발전한 문명과 역사의 동맥으로서의 라인강을 느낄 수 있기 때문이다. 좁고 깊은 협곡, 삼킬 듯이 굽이치는 급류, 이후 완만하게 퍼지는 강폭과 흐름의 평화로움, 주변에 펼쳐지는 비옥한 평원은 독일이 겪은 부침과 격랑의 역사이다.

- 아늑함을 상징하는 현대판 중세도시, 로텐부르크

로텐부르크(Rothenburg ob der Tauber) 도시는 독일의 남부 바이에른 주의 타우버 강가에 위치한 도시이다. 이 작은 도시는 중세의 모습을 고스란히 간직하고 있다. 1274년부터 1803년까지 신성로마제국의 제국 자유도시로 지정되었던 도시이기도 하다. 제국 자유도시는 황제에게 직속된 도시로서 많은 정치적 자유를 누렸다. 이런 특성으로 인해 이 도시에는 상하 위계질서가 강했으며, 시민들의 자부심도 매우 높았다.

구도시의 성곽은 산비탈에 세워진 구도심을 완전히 둘러싸고 있다. 성곽 위로 조성된 초소 길을 따라 걸으면서 수도원, 성문, 아름다운 목골가옥 등을 볼 수 있다. 도시 중앙에 있는 집의 외벽에는 시계가 걸려있다. 이 시계는 일정 시간이 되면 문이 열리고, 목각인형의 형태로 조각된 시장이 나와서 술잔을 들고 한숨에 술을 다 마시고 들어가는 장면이 연출된다. 구전에 따르면 '30년 전쟁' 때 황제의 군사를 이끌고 나타난 장군과 시장이 포도주 마시기 시합을 벌였고, 이 시합에서 3리터의 포도주를 단숨에 마셔버린 시장 덕분에 군사들이 물러가고 도시는 파괴되지 않았다고 한다. 오늘날에는 이 사건을 기념하여 매년 '마이스터 트룽크'(Meistertrunk)라는 축제가 열린다.

　이 도시의 중세적 건물들은 19세기 말에 재건되거나 복구된 건물이 많지만 중세적 도시의 모습을 가장 잘 간직한 도시이다. 도심 곳곳에 위치한 목골가옥은 우리가 '전형적 특징'에서 살펴보았던 '좁음', '안정감과 아늑함' 등의 분위기를 느끼게 한다. 목골가옥은 독일이 개발한 건축술은 아니지만 독일인들에 의해 수용되면서 독일화 되었다. 그 이유는 아마도 독일인들이 좋아하는 수공업적인 특징 때문일 것이다. 목골가옥은 건축학적으로도 뛰어나지만 미학적으로도 매우 빼어난 건물이다. 가옥의 아름다움은 건물을 지탱하는 골조가 가시적으로 드러나면서도 동시에 건물을 외부적으로 나타내는 장식이 된다는 것이다. 목골가옥에 사용되는 재료는 나무와 찰흙이다. 나무는 독일의 국수(國樹)인 독일참나무(Eiche)이다. 독일참나무는 목재로서 수명이 길며, 화학 처리 없이 오랫동안 썩지 않는다고 한다. 목골가옥은 독일의 전형적 특징으로 생각하는 요소들이 건축학적으로 구현된 분위기를 느낄 수 있는 곳이다.

- '30년 전쟁과 베스트팔렌 평화조약의 현장, 뮌스터와 오스나브뤼크

독일인들에겐 몇 가지 트라우마가 있다. 그중에 하나는 '30년 전쟁'이다. 이 전쟁은 유럽의 국가들이 천주교와 개신교의 이름으로 헤게모니 전쟁을 벌인 것이다. 1618-48년까지의 30년 동안 유럽의 온갖 나라들이 독일 지역에 와서 전쟁을 하였다. 당시 '독일민족의 신성로마제국'이라는 이름의 독일 전역을 전쟁터로 만들고 참혹한 살상과 파괴가 일어난 최악의 전쟁이었다. 유럽은 1517년에 루터에 의해 시작된 종교개혁으로 천주교와 개신교 국가로 양분되었다. '아우구스트 종교협정'을 통하여 영주나 제후의 종교에 따라 신민의 종교를 정하게 되었지만 갈등과 긴장은 해소되지 않았다. 1618년 5월 23일에 개신교도들인 프라하의 귀족들이 천주교 황제가 보낸 칙사를 창문 밖으로 던져버리는 사건이 발생하면서 전쟁은 시작되었고, 독일 전역이 전쟁터로 변했다. 전쟁에 참여한 국가는 보헤미아, 오스트리아, 네덜란드, 덴마크, 스웨덴, 스페인, 프랑스 등이었다. 개신교도의 국가와 천주교 국가들이 공방을 주고받으면서 전쟁은 점점 더 격화되고 잔혹해졌다. 이때부터 30년 전쟁 중에 최악의 시기가 시작되었고, "전쟁이 전쟁을 먹여 살린다."라는 말이 생겼다. 30년 전쟁에 참여한 군인들은 대부분 용병들이었다. 이들은 발길이 닿는 독일의 도시와 마을에서 파괴, 약탈, 강

도, 강간, 살인, 방화, 절도를 서슴지 않았고 전염병을 퍼트렸다. 전쟁을 수행하기 어려운 겨울에는 용병들이 민간인 집에 들어가 숙식을 했고, 허기에 굶주린 민간인들은 이들을 먹여야 했다. 용병들이 휩쓸고 지나간 자리에는 그야말로 풀 한 포기 없을 정도로 참혹한 폐허만 남았다. 30년에 걸친 전쟁이 끝났을 때 독일의 인구는 1/3 이상으로 감소하였다. 바이에른처럼 피해가 극심했던 지역은 전체 인구 중에 70% 정도가 전쟁의 희생으로 죽임을 당했다. 독일이 전쟁 전의 인구가 회복되기까지는 100년의 시간이 걸렸다.

30년 간의 전쟁을 치른 후에 전쟁에 참여한 국가와 제후국, 소공국, 기사국 등이 모두 모여 '베스트팔렌 조약'(Das westfälische Frieden)으로 알려진 평화협정을 체결하는 데 무려 4년의 시간이 걸렸다. 이 평화협정 후에 신성로마제국은 그야말로 300개 이상의 작은 나라들로 나누어졌다. 황제는 그나마 가지고 있던 권력마저 내놓게 되었으며, 실질적 권력은 큰 제후국들(바이에른, 쾰른, 마인츠, 트리어, 라인, 작센, 브란덴부르크, 보헤미아 등)이 갖게 되었다. 위상이 높은 제후국 중에서 브란덴부르크 제후국은 나중에 프로이센으로 발전하고 이후 1871년에는 독일제국을 통일하였다. 영국과 프랑스는 강대국으로 부상하는 계기를 마련하였고, 스페인의 위상은 약화되었다. 스위스는 신성로마제국으로부터 분리되었고, 네덜란드는 스페인으로부터 분리되어 해방되었다.

천주교 국가의 제후들은 천주교가 우세했던 독일 도시 뮌스터(Münster)에서, 개신교 국가의 제후들은 개신교도들이 우세했던 오스나브뤼크(Osnabrück)에서 평화조약에 대한 대화와 협의를 시작했다. 독일 중부에 위치한 도시 뮌스터와 오스나브뤼크는 47킬로미터 거리에 있는 인접 도시들이며, 평화조약이 체결된 뮌스터의 옛 시청과 평화조약이 선언된 오스나브뤼크의 옛 시청은 역사적 장소로서 보존되어 있다. 베스트팔렌 협정에서 아우크스부르크 종교협정이 확인되었다.

오늘날 유럽연합 체제 안에서 협상을 끌어내려는 독일인의 한없는 인내심과 타협 의지도 수 백 개의 영토로 나누어진 신성로마제국 내에서 타협을 해야 했던 정치와 그의 경험에서 나온다는 말이 있다. 그리고 오늘날의 유럽연합의 정신이나 평화를 갈망하는 유럽인들의 정신을 '베스트팔렌의 평화조약'에서 찾는 학자들도 있다.

- 독일정신의 최고봉과 추락의 장소, 바이마르

바이마르(Weimar)는 독일의 튀링엔 주(Thüringen)에 있는 평화스러운 작은 도시이다. 유럽연합이 1999년에 바이마르를 '유럽의 문화수도'로 지정하였을 때 7백만 명의 방문객이 이 도시를 찾았다. 그러나 이 도시처럼 양면적이며 모순적인 모습을 지닌 도시도 찾기 어렵다. 바이마르는 두 가지를 연상시킨다. 바이마르는 한편으론 괴테와 함께 독일의 인본주의가 최고봉에 달하였던 '바이마르 고전주의'와 독일에서 최초의 민주주의가 태동하였던 '바이마르 공화국'을 떠올린다. 그러나 다른 한편으론 바이마르의 근교에는 나치시대의 강제수용소 부헨발트(Buchenwald)가 있는 곳이다. 억울한 원혼들이 구천을 떠도는 지역이다.

바이마르 고전주의 또는 인본주의가 가능했던 역사적 배경은 예술보호자로서의 영주가 있었고 이의 지원을 받은 괴테가 함께했다는 행운이 있었기 때문이다. 바이마르 영주국은 10만이 조금 넘는 신민들이 살았던 작은 소공국이었다. 재정적으로 열악한 공국에는 자랑할 만한 문화적 시설도 별로 없었다. 그런데도 이 소공국은 종교 개혁적 성격이 강한 도시였다. 1522년에는 루터가 설교를 하기도 하였으며, 바흐(Bach)도 궁중 연주자로 활약하기도 하였다. 젊은 괴테는 1775년 11월에 바이마르에 도착했다. 그는 평생 이곳에 살면서 작품 활동을 하였고, 유럽의 지성들을 이곳으로 불러 모았다. 계몽주의 작가였던 빌란트(Wieland)가 공국의 영주 칼 아우구스트(Carl August)에게 문학과 철학을 가르쳤다. 바이마르는 비록 소공국이었지만 문화적인 면에서 대국이었던 프로이센이나 오스트리아를 능가했다. 이 모든 것은 반백 년이 넘게 지속된 공국의 영주와 괴테와의 개인적 친분 때문일 것이다. 계몽주의 작가 헤르더가 공국의 총감독

(Generalsuperintendent)을 맡았으며, 1799년에는 실러가 바이마르로 옮겨왔다. 바이마르에서 20km 떨어진 에나에 대학이 있었던 것도 계몽주의자들을 불러 모으는 구심점이 될 수 있었다. 실러가 역사학과 교수로 부임했으며, 빌헬름 훔볼트가 가르침을 주기 위해 왔으며, 피히테, 셸링, 헤겔이 철학을 가르쳤고, 슐레겔, 노발리스, 슐라이어마흐, 티크 등의 낭만주의자들이 모였다. 바이마르는 그야말로 '세계는 좁고 정신은 넓은 곳'이었다. 사람들은 바이마르를 '독일의 아테네'라고 부른 것을 이해할 수 있다.

이곳에는 괴테와 실러의 관이 나란히 안치되어 있으며, 1857년에는 괴테-실러 동상이 건립되었다. 1869년에는 '괴테-실러-아카이브'가 설립되었고, 이 아카이브는 문학 아카이브로서는 가장 오래된 곳으로서 현재 장서 5백만 권을 소장한 독일 최대의 문학 아카이브이다. 바이마르는 그야말로 교양과 교육 이념의 장소였으며, 독일 문화의 화신인 괴테와 실러를 통해 인본주의의 산실이었고 상징이었다. 1919년에는 그로피우스(W. Gropius)가 건축과 디자인 그리고 예술을 결합한 '바우하우스'를 건립한 도시이다.

그러나 바이마르는 동시에 가장 야만적이며 반인륜적인 부헨발트 강제수용소가 있는 도시이다. 1차 대전의 패전국이었던 독일인들이 부당하게 느꼈던 베르사유 조약, 1차 대전 후 인플레이션으로 인한 경제적 위기, 나치의 이데올로기를 통해 바이마르의 시민들은 반공화주의자로 변하기 시작했다. 1930년에는 바이마르가 속한 튀링엔 지역의 정당(Thüringer Landbund)이 나치 정당과 연정을 하면서 바이마르는 독일의 인본주의적 정신을 배반하였다. 1935년에 세워진 강제수용소에는 연인원 약 27만 명이 수용되었으며, 약 5만6천 명이 사망하였다.

오늘날에는 어떠한가? 강제수용소는 추모 장소로 변신했고 구 동독 정부가 건립한 추모 동상이 당시의 잔인한 비극을 증언하고 있다. 넓고 황량한 강제수용소의 빈터에는 몇 개의 전시시설이 남아있다. 당시 가건물들이 있던 자리에는 그 흔적만을 알 수 있는 시멘트 바닥들이 남아있을 뿐이다. 숲으로 둘러싸인 수용소에서 바람이 불 때는 이곳에서 희생당한 원혼들의 소리가 들려오는 것 같기도 하다. 독일의 최고 지성과 야만성의 상처와 흔적이 공존하는 도시이다.

- 소시민들의 낙원, 주말농장

가장 좁은 공간에서 가장 집약적으로 '독일적 정신'을 볼 수 있는 공간이 있다. 그건 바로 '주말농장'(Schrebergarten)이다. 기차나 자동차를 타고 독일을 여행하다 보면 거의 모든 도시의 교외에 위치한 주말농장 단지를 차창 밖으로 보게 된다. 주말농장 단지 내의 넓은 공간에는 농막과 같은 가

건물 형태의 작은 집들이 바둑판처럼 옹기종기 모여 있다. 단지 내에는 적게는 수십 호, 많게는 수백 호의 작은 농막들이 있다. 농막을 중심으로 잘 다듬어진 작은 밭, 작은 키의 나무와 덤불들 그리고 잘 정리된 울타리가 이웃 농막과의 경계를 이루고 있다. 농장 단지의 중앙에 있는 초원에는 탑이 있는 목골 집이 있다. 이 목골가옥이 이 단지의 센터이다. 전형적인 독일의 주말농장의 모습이다. 독일인들은 주말이 되면 가족들과 함께 주말농장으로 간다. 채소밭을 일구고, 간단한 바비큐도 하면서 한 주일의 피로와 스트레스를 푼다. 저녁에는 단지 내에 있는 바에서 이웃들과 맥주를 마시며 담소를 나눈다. 노동에 지치고 일상에서 받은 스트레스를 해소하는 독일인들의 작은 낙원이다. 2010년의 통계에 따르면 독일에는 약 1백만 개의 주말농장이 있다고 한다.

의사였던 슈레버(Daniel Gottlog Schreber, 1808-1861)가 어린이들이 마음껏 뛰놀 수 있는 초원이나 잔디밭을 조성하려고 한 것이 주말농장의 시작이었다. 빠른 속도로 발전하는 대도시에서 어린이들이 활동하고 뛰놀 수 있는 자유와 놀이 공간을 제공하려고 하였다. 초기에는 이렇게 시작된 어린이 놀이터가 나중에는 주말농장으로 변했다. 오늘날 클럽의 형태를 갖추고 있는 주말농장은 자치적으로 운영되며, 모든 주말농장 단지는 정관, 규정 등을 갖추고 있다.

독일인들에게 주말농장은 개인의 파라다이스, 도피처나

망명지, 에덴의 동산으로 이해된다. 주말농장은 전원 속에서 자신에게 충실할 수 있는 공간, 노력과 헌신으로 일군 자기만의 세계, 도시와 산업사회에서 도피한 일종의 대안 세계이기 때문이다. 주말농장은 소시민적이며 비정치적인 독일인의 표상으로서 가장 뿌리 깊으면서도 혼동될 수 없는 독일적인 것으로 이해된다. 주말농장에서 발견할 수 있는 것은 정원장식용 난쟁이, 소시민성, 기벽과 괴팍스러움, 우직함 등이다. 통속적 낭만주의, 자기 만족적인 우직함, 자연 도취, 반문명성, 공동체와 토착성에 대한 문화이다. 이외에도 주말농장과 연결하여 생각할 수 있는 것은 보호받음, 공동체, 익숙함, 고향에 대한 그리움, 동일성에 대한 욕구 등이다. 우리가 이 책의 전형적 특징과 기본 감정에서 살펴본 주제들이 집약적으로 나타나는 곳이 주말농장이다. 이런 관점에서 독일의 주말농장은 전형적인 독일적 모습을 대변한다.

주말농장의 시작과 그의 대중적 확산은 19세기 후반에 나타난 사회적 문제에 대한 고려 없이 이해하기는 어렵다는 지적은 타당해 보인다(Rudolph, 373쪽). 삶과 노동에 대한 본질적 변화, 삶과 거주의 변화를 가져온 도시화, 뿌리째 뽑힌 탈농경화, 도시로의 인구 집중, 문명의 변화가 가져온 삶의 형태의 본질적 변화 등이다. 특이한 것은 주말농장이 저소득층이 밀집한 지역에서 생겨나는 것이 아니라 대도시의 영향권에 있는 근교에서 생겨나는 것이다. 초창기 회원들의 직업은 교사, 상인, 수공업자들로서 주로 시민사회에서 인정받는 직업군의 사람들이었다. 이런 관점에서 볼 때 주말농장은 독일의 중산층인 교양 시민계층의 이념과 현대사회가 지닌 문제가 만나면서 시작된 시민계층의 운동으로 볼 수 있을 것이다.

나치 독일 시대의 주말농장은 정치화의 압력을 받는다. 주말농장의 클럽들은 전국적으로 조직화하고 통제되었다. 주말농장에는 나치스 휘장(Hakenkreuz)이 나부꼈다. 전쟁 중에는 한편으론 먹거리용 농산물을 생산하는 곳으로 변신하거나 다른 한편으로 비정치적 성향에 따라 정신적 도피처로 이용되었다. 베를린과 같은 대규모 주말농장에는 쫓기던 유대인들의 도피 장소가 되기도 하였다.

종전 후 독일 사회가 발전하면서 주말농장에 대한 열기도 식었다. 빠른 속도로 진행되는 대도시화, 기술화, 자동차의 보급, 편리함을 추구하는 경향과 여가 사회는 주말농장의 활동과 위상을 위축시켰다. 기동력과 개인화는 주말농장을 말 그대로 휴식을 취하고 여가를 즐기는 농장으로 바꾸었으며, 주말농장의 소유자도 바뀌고 그들이 최초에 내걸었던 공동체 의식도 많이 사라졌다. 가장 전형적인 독일 모습과 특징을 갖고 있던 주말농장은 독일의 통일과 함께 어쩌면 과거의 일이 되고 있는지도 모른다.

- 전시된 독일인의 만신전, 발할라

1821년에 독일 바이에른의 왕 루드비히 1세는 도나우 강변에 위치한 레겐스부르크(Regensburg)의 언덕에 '발할라'(Walhalla) 신전을 건립하게 했다. 그는 노이슈반슈타인성을 건축한 루드비히 2세의 할아버지이다. 이 신전은 1842년에 완공되었다. '발할라'는 게르만 신화에 나오는 장소로서 영웅과 전사들이 죽으면 영면하는 게르만 신화의 '천국'에 해당하는 곳이다. 게르만 신화에 나오는 최고의 신은 '오딘'이며, 게르만의 영웅들이 전사하면 그들의 영혼은 시녀 '발키리'의 도움을 받아 발할라로 인도된다.

독일민족의 국가였던 '신성로마제국'이 1806년에 나폴레옹에 의해 와해되었다. 나폴레옹이 같은 해 10월 27일에 브란덴부르크 문을 통과하여 베를린 시내로 행진했을 때 독일인들은 심한 모멸감과 굴욕을 감내해야만 했다. 당시 바이에른 왕국의 왕이었던 루드비히 1세는 이런 수모를 겪으면서 위대한 독일인들을 위한 전당을 건립하여 민족정신을 고취하자는 생각을 품게 되었다. '발할라'는 독일 역사를 이해하려는 장소가 아니라 애국심을 고양하고 게르만의 위대성을 전시하는 만신전으로 건립되었다. 루드비히 1세는 모든 위대한 독일인들을 모시려고 하였다. 그가 정한 선정 기준은 독일어와 함께 독일어의 모어 격인 게르만어를 사용하는 독일계 혈통이었다. 이 조건에 합당하며, 사망한 지 20년이 지난 인물은 누구든지 추천될 수 있다. 입당을 결정하는 기관은 바이에른 주의회이다.

개원 당시에는 160명의 위인들이 모셔졌다. 96명의 흉상이 제작되었고, 신빙성 있는 인물사진이 없는 64명을 위해서는 기념 명판이 제작되었다. 현재는 131명의 흉상과 65명의 기념 명판이 제작되어 전시되어 있다. 이 중에 13명이 여성이다.

모셔진 위대한 독일계 인물들 중에는 로마군을 섬멸한 헤르만, 독일 최초의 황제 칼 대제, 영국의 알프레드 대왕도 이곳에 모셔져 있다. 그는 독일계의 일원이었고, 덴마크계의 바이킹인 데인족으로부터 나라를 해방한 영웅이기 때문이다. 프리드리히 대제, 비스마르크, 아데나워, 마리아 테레지야 여제, 예카테리나 2세도 있다. 칼 대제가 모셔질 때는 프랑스가 이의를 제기한 적이 있으며, 예카테리나 2세가 입당할 때는 러시아가 항의를 하였다. 루터는 개관한 이후에 추가된 최초의 인물이었다. 그는 독실한 천주교 신자였던 루드비히 1세에게는 마음에 들지 않는 인물이었기 때문이었다.

문학과 철학계 인사로는 괴테, 실러, 에라스무스, 칸트, 구텐베르크, 하이네 등이 입당하였으며, 음악계로 인사로는 베토벤, 모차르트, 하이든, 헨델, 바흐, 바그너 외 다수의 음악인들이 입당하였고, 과학계 인사로는 코페르니쿠스4), 룀트

겐 등이 입당하였다. 아인슈타인은 1990년에 입당하였는데 그는 발할라에 입당한 최초의 유대인이다. 미술계 인사로는 뒤러, 홀바인, 루벤스, 반다이크 등이 있다. 반다이크는 독일어(플라망어)를 사용했기 때문에 가능했다. 그러나 멘델스존, 프로이트, 마르크스는 아직 입당을 못하고 있다. 아마도 그들이 유대인이기 때문일 것이다.

최근에 입당한 사람은 히틀러에게 저항하다 사형선고를 받은 소피 숄(Sophie Scholl, 1921-1943)이다. 그의 흉상 아래에는 "제3 제국의 부당한 폭력과 테러에 용감히 저항한 모든 이들을 기리며"라고 적혀있다.

루드비히 1세에 의해 건축된 '발할라'는 독일인을 위한 일종의 만신전이다. 독일은 인류사에 남을 수많은 인물들을 배출했지만 이런 위인들이 자연스럽게 모인 독일적 정체성을 형성하지 못하고 있다. 이들은 인위적으로 만들어진 만신전에 모여 있지만 독일적 정체성이나 민족적 자긍심의 아우라가 잘 나타나지는 않는다. 어쩌면 바로 이런 분열적 상황이 또는 다양성이 독일적 정서일까!

---

4) 코페르니쿠스가 발할라 신전에 모셔져 있는 것에 대해 논쟁이 있다. 그는 폴란드 왕이 지배하는 곳에서 태어났지만 독일어를 사용하는 가족에서 출생했다. 따라서 그는 '독일계'로 인정되어야 한다는 주장이 있다.

- 영욕의 독일 역사, 국회의사당

독일의 수도 베를린을 가로지르는 슈프레(Spree) 강가에 자리 잡은 연방정부의 국회의사당은 근대 독일의 역사에서 가장 중요한 장소 중의 하나이다. 독일은 1871년에 제국을 통일한 뒤 이 건물을 독일 제국의회(Der Reichstag)의 건물로 건축하였다. 고딕식으로 건축하려고 했지만 영국의 의사당이 고딕식이라는 이유로 취소되었고, 신르네상스와 바로크 양식을 혼합하여 건축한 건물이다. 대지면적은 138×96m로 다른 유럽국가의 국회의사당보다는 상대적으로 작은 편이다. 이 건물을 짓기 위한 재정은 1870/71년의 보불전쟁(프로이센과 프랑스의 전쟁)에서 패배한 프랑스가 지불한 전쟁배상금으로 충당되었다. 총건축비는 당시 2,400만 마르크가 소요되었다고 한다. 오늘날의 가치로 환산해 볼 때 약 1억6천5백만 유로이다. 1918년에 제1차 세계대전이 독일의 패전으로 끝나고 독일의 황제는 퇴위하고 망명길에 올랐다. 같은 해 11월 9일에는 이곳에서 독일 최초의 공화국, 즉 바이마르 공화국이 선포되었다. 그러나 이 공화국은 '공화주의자 없는 공화국'으로서 정치적으로 불안하고 경제적 위기로 점철된 공화국이었다. 1933년 1월 30일에는 히틀러가 당시 힌덴부르크 대통령에 의해 수상으로 임명되었다. 한 달이 채 지나기도 전인 2월 27일 저녁에 의사당 방화사건이 일어나 의회 본회의장 등이 완전히 소실되는 사건이 발생하였다. 히틀러는 이를 빌미로 정적들을 제거하고 국민의 기본권과 헌법을 무력화시키는 수권법 (Ermächtigungsgesetz)을 통과시켰다. 방화범으로 지목된 판 데어 루베(Lubbe)는 1934년에 처형되었지만 그가 진범인지는 아직도 논쟁이 되고 있다.

이 건물은 2차 대전 중에는 아에게(AEG) 회사가 모든 창문을 차단한 채 전기관을 생산하는 공장으로 사용하였으며, 다른 한쪽은 야전병원으로 사용되었다. 종전이 임박했을 때 이 건물은 연합군과 독일군이 최후의 사투를 벌인 격전장이었다. 의사당은 45년 4월 30일에 소련군에 의해 함락되었다. 의사당 벽에는 러시아 병사들이 쓴 '내가 여기에 왔었노라', '히틀러는 망했다', 러시아어로 적힌 선정적인 낙서 등이 오늘날까지 벽에 남아있다. 종전 직후에는 배고픈 주민들이 의사당 주변에 밭을 일구어 감자와 채소를 재배해 배고픔을 달랬다. 이후 독일의 분단과 함께 베를린도 분단되었고, 분단의 장벽은 건물의 바로 동쪽 부분을 지나고 있었다. 이때 이 건물은 '누구도 살지 않는 적대적인 냉전 시대의 돌덩어리'라고 불렸다. 통일 이후 독일의 수도를 베를린으로 이전하기를 결정하면서 제국의회의 복구공사가 시작되었다. 복구공사를 위한 국제적인 입찰공고를 낼 때의 중요기준은 역사성, 투명성, 조망성과 친환경성이었다. 1995년부터 총공사비 6억 유로의 공사가 시작되었다. 3층 건물 전체로 열려있는 본회의장의 넓이는 1,200제곱미터이며, 본회의장은 돔에 설치된 거울체계에 의해 채광이 되었다. 1999년 4월 19일에 공사가 완공되었고, 정문의 열쇠는 국회의장에게 인계되었다.

의사당은 베를린의 명소가 되었으며, 의사당 건물의 백미는 돔 천장이다. 방문자들은 서쪽 문을 통하여 의사당으로 들어갈 수 있으며, 승강기를 타고 24미터 높이에 있는 천장으로 올라간다. 돔 천장의 지름은 38미터, 높이는 23.5미터이며, 이 천장을 받치는 철골 24개의 전체 무게는 800톤이며, 이 천장을 덮고 있는 유리는 3,000제곱미터로서 전체 무게는 240톤이다. 이 돔 천장의 내부중심에는 옥상의 전망대로 올라가는 보행로가 있으며, 천장의 중심에는 거울로 된 기둥이 있다. 이 거울을 통하여 햇빛이 아래의 본회의장으로 전달된다. 돔의 높이는 지상에서 볼 때 47미터이다. 이 타원형 유리 천장은 독일정치의 개방성과 투명성을 상징한다. 1995년에는 미술가인 크리스토와 쟌 클로드(Christo, Jeane-Claude) 부부의 연출로 "천으로 쌓인 의사당" 퍼포먼스가 있었다. 의사당은 6월 24일부터 7월 7일까지 불에 타지 않는 9만 제곱미터의 은색 천으로 완전히 감싸인 채 사라졌다가 2주 후에 다시 태어났다. 죽음에서 부활한 독일의 새 모습을 상징하는 것일까? 국내외의 반응은 매우 좋았고, 의사당은 세계적으로 유명한 건축물이 되었다.

보불전쟁의 전쟁배상금으로 건축되었고, 1871년에 독일제국의 통일과 함께 태어나고, 황제가 폄하하고, 나치가 악용하고, 방화로 불타고, 전후 분단의 시대에는 방치된 제국의회 의사당, 그러나 이제 통일을 맞이하여 새롭게 태어나는 연방의회의 국회의사당이다. 박공 위의 헌정 글에는 "독일 민족에"(Dem Deutschen Volke)라고 새겨져 있다. 매년 10월 3일에 의사당 주변에서 통일 축제가 열린다.

- 분단에서 통일의 상징으로, 베를린 장벽

세계역사를 볼 때 장벽은 어느 곳에서나 세워졌다. 우리나라에도 남북한을 가로지르는 분단의 벽이 있다. 베를린 장벽은 한 나라 안에 세워진, 한 도시를 가로지르는 장벽으로서 세계 최초의 장벽이다. 베를린 장벽의 건설은 1961년 8월 13일에 시작되었다. 장벽의 건설로 동베를린 지역의 13개 지하철역이 폐쇄되었으며, 81개의 출입통제소 중에 69개가 폐쇄되었다. 가스, 전기, 수도, 연극장, 오페라 하우스, 관청 등이 새롭게 조직되어야만 되었다. 장벽이 세워지기 전에는 매일 약 50만 명 정도의 왕래가 있었다.

베를린 장벽은 1989년 11월 9일에 무너지기까지 28년 2개월 27일 동안 존재했다. 높이 3.6미터의 시멘트 덩어리 45,000개가 모여 베를린 장벽을 만들었다. 장벽은 서베를린의 둘레 155km를 에워싸며 이중으로 쳐져 있었다. 이 장벽은 외곽장벽이었으며, 중간에 약 100m 간격의 '죽음의 지대'를 두고 또 하나의 장벽이 있었다. '죽음의 지대'로 불리는 중간지대에는 다양한 장애물들이 설치되었다. 경보 철망, 철조망, 경보등, 경비견 지대, 탱크 저지대, 자동차 저지대, 경비초소, 벙커 등이 설치되었으며, 강이 경계인 부분에서는 날카로운 못이 박힌 철망이 수중에 설치되고 부표로 표시되었다. 장벽이 설치되기 전에는 거의 매일 2,000명 이상의 동독 주민들이 동독을 탈출하여 서베를린으로 넘어왔으며, 50년대부터 장벽이 세워지기까지 약 300만 명이 동독을 탈출하였다고 한다.

장벽의 건설 이후 서독으로 탈출하는 동독 시민의 숫자는 감소했지만 다른 방법으로 탈출을 시도하다 목숨을 잃는 사람의 숫자는 늘어났다. 탈출하다가 지상과 해상의 장벽에서 목숨을 잃은 사람이 239명이다. 동베를린을 탈출하려는 방법 중에는 기상천외한 방법도 동원되었다. 개조한 자동차, 동력이 있는 글라이더, 수제로 만든 미니 잠수함, 지하의 땅굴 등이다. 1964년에는 지하의 땅굴을 통해 57명이 탈출하였고, 1979년에는 두 가정이 열기구를 타고 탈출할 수 있었다. 탈출을 도와주는 범죄조직이 생겼으며, 이들이 몸값으로 요구한 금액은 1인당 2만 마르크였다고 한다. 동독이 무너지기 직전의 계획에 따르면 2000년에는 센서가 달린 최신 장비로 장벽을 현대화하려고 하였다고 한다. 한 치 앞도 보지 못한 동독 정치인들이었다. 인간의 자유를 가로막는 장벽은 어느 날 이처럼 '허망하게' 무너지지 않는가!

베를린 장벽과 관련된 분쟁의 핵심은 구소련이 서베를린을 서독에서 떼어내어 독립된 자유도시로 만들고, 이로써 독일의 분단을 영구화하려고 했다는 것이다. 장벽은 삼중의 의미에서 분단이었다. 베를린의 분단이었으며, 동서독의 분할선이었고, 유럽을 동서로 나누는 분단선이었다. 베를린의 삶은 포위된 고립감, 채워지지 않는 향수, 경계에서의 삶을 의미하는 것이었다. 서베를린은 육지 안의 섬이었다. 고립된 베를린은 소설의 주제가 되었으며, 할리우드 첩보영화의 소재가 되었다. 베를린과 포츠담을 연결하는 글리니케 다리는 새벽의 안개 속에 스파이들을 교환하는 장소로 자주 영화화되었다. 최근에는 영화 <베를린 천사의 시>로 많이 알려졌다.

1969년에 빌리 브란트(Willy Brandt)가 수상으로 취임하고 동독과 동유럽에 대한 새로운 개방정책이 시행되면서 양 독일 사이에는 조금씩 변화가 일어나기 시작했다. 변화는 분단의 상처가 가장 아픈 곳, 바로 베를린에서부터 시작되었다. 1962년과 63년에 맺은 '통과증' 협약과 1972년에 시작된 새 협약을 통해 처음으로 서베를린에서 동독으로 월경할 수 있었다. 가장 유명한 곳은 '프리드리히 가'의 전철역이 있는 소위 "눈물의 궁전"이었다. 동베를린의 주민들은 서베를린으로 여행할 수 없었고, 이들은 서독에서 방문 온 친지들을 이곳에서 떠나보내야 했기 때문에 붙여진 이름이다. 오늘날에는 박물관으로 조성되었다. 수동적이었던 동독의 태도에도 불구하고 서독은 항상 인도주의적 교류를 통한 발전을 강조하였다. 비록 적은 숫자였지만 조금씩 교류 숫자를 늘려갔으며, 정치범들을 돈을 주고 서독으로 데려왔으며, 지역 교환 협약을 통해 서베를린의 삶의 환경을 개선했다. 그러나 동독은 동독이나 동베를린을 방문하는 서독인들에게 부과한 강제교환금액을 지속적으로 인상하는 것을 통해 방문객의 숫자를 줄이려고 하였다. 한 사람에게 부과된 일일 금액은 1964년에는 5마르크였다가, 74년부터는 13마르크, 80년부터는 25마르크였다. 1980년에 동베를린을 열흘간 방문하려는 사람은 250마르크를 본인이 원하든 원치 않던 교환해야 했다.

1987년에는 처음으로 서독과 동독에서 '장벽을 해체하라'라는 구호가 등장하기 시작했고, 1989년 7월 초에는 동구권에서 자유의 욕구가 들불처럼 일어났다. 9월에는 헝가리가 동독 주민들을 위하여 서쪽의 국경을 개방하였고, 이때 약 5만 명이 넘어왔다. 라이프치히에서 시작된 '월요일 데모'는 걷잡을 수 없는 시민운동으로 확산하였고, 50만 명이 모이는 대규모 시위로 번졌다. 당시의 당 서기장이었던 호네커(Erich Honecker)는 실각하고 에곤 크랜츠(Egon Krenz)가 서기장이 되면서 정치적 전환을 예고하였다. 마침내 1989년

11월 9일 저녁에 베를린 장벽은 무너졌다. 사람들은 이 사실을 이해할 수 없었고 믿을 수 없었지만 춤추고 노래하며 장벽의 무너짐을 환호하였다. 베를린 장벽은 억압과 분단의 상징에서 피 흘리지 않는 혁명과 통일의 상징이 되었다.

- 참회와 교훈의 장소, 베를린 추모공원

제2차 세계대전은 독일이 45년 5월 8일에 무조건 항복하면서 마침내 끝났다. 2차 대전 중에 전쟁의 직접적 원인으로 사망한 숫자는 6천~6천 5백만에 이르며, 전쟁 중의 범죄와 전쟁의 후유증으로 인해 사망한 숫자를 포함하면 전체 희생자는 8천만 명에 이른다. 가장 많은 희생자가 발생한 나라는 구소련으로서 군인 1천3백만, 민간인 1천4백만 명으로 전체 2천7백만 명이 전쟁의 희생자로 목숨을 잃었다. 독일은 군인 5백2십만, 일반인 1백2십만으로 전체 6백4십만의 생명이 사망자로 희생되었다. 1939년 당시의 전체 인구가 6천9백3십만일 때 전체 인구 대비 약 10%가 전쟁으로 인해 사망하였다. 이외에도 나치 독일의 범죄에 의해 희생된 민간인 또는 전투 능력을 상실한 전쟁포로는 전체 1천3백만 명에 이른다. 유대인 6백만 명, 소련의 전쟁 포로 3백3십만 명, 로마와 신티 족의 집시들 2십2만9천 명, 안락사 2십5만 명, 비유대인, 강제수용소 수용자, 강제노역자, 강제이주민 등의 희생자 3백3십4만 명이다.

모든 전쟁이 잔인하고 서로를 죽고 죽이지만 유독 2차 대전이 특별한 것은 두 가지 사건 때문이다. 첫째는 원자폭탄의 투하에서 알 수 있듯이 인간이 개발한 가공할 파괴력이다. 이제 인류는 자신 존재의 기반인 지구의 파괴와 함께 자기를 자멸시킬 수 있는 파괴력을 보유하게 된 것이다. 둘째는 나치 독일의 유대인 학살에서 볼 수 있듯이 국가가 한 민족을, 무고한 인간을 남녀노소 불문하고 체계적으로, 기계적으로 말살하려고 했다는 것이다.

이 엄청난 범죄와 비극 앞에서 인간은 침묵할 수밖에 없었다. 무슨 말로 이것을 이성적으로 설명하거나 변명할 수 있을까? 독일은 자신들의 역사에 대하여 어떤 태도를 보이는가? 전후 독일의 역사에서 가장 중요한 문제는 바로 나치 독일이 저지른 역사의 만행을 어떻게 속죄하고 극복할 것인가의 문제였다. 독일은 어떤 슬픔의 작업을 하고 있으며, 과거의 역사에서 어떤 교훈을 배우고 있는가?

나치 독일이 저지른 인류에 대한 만행에 대하여 독일은 2차 대전 이후 지금까지 끊임없이 반성하고 참회하고 있다. 독일은 전후 역사에서 이스라엘, 러시아 및 폴란드와의 화해를 중요한 정책 방향으로 정하고 노력하였다. 가장 극적인 사례는 1970년 12월에 폴란드를 국빈 방문한 독일 총리 빌리 브란트가 바르샤바 게토 봉기 희생자를 추모하는 기념비 앞에서 헌화한 후 무릎을 꿇고 사죄한 사건이다. 바닥은 비가 내린 후라 젖은 채 곳곳에 물기가 남아있었다. 사전에 의전적으로 논의되지 않은 일종의 돌발사건이었다. 훗날 브란트는 '말이 침묵하는 곳에서 내가 할 수 있는 행동을 한 것 뿐이다'라고 하였다.

　나치 독일에 의해 희생된 사람을 추모하고 기억하는 곳은 많다. 전 세계적으로는 약 44개 국가가 이런 추모시설을 갖추고 있으며, 그 전체 숫자는 783곳에 이른다. 이 중에 독일에만 322곳의 추모 또는 기념장소가 있으며, 이것은 전체의 약 41%에 해당하는 숫자이다. 그 유형도 강제수용소, 박물관, 화해센터, 홀로코스트 기념관, 강제이주 기억장소, 희생자를 위한 기억의 장소, 독재정권에 대한 항거기념비, 유대인 센터, 강제노역자를 위한 추모비, 안락사 희생자를 위한 추모비, 어린이 희생자를 위한 추모비, 유대인 박물관, 유대인 회당을 위한 재단, 안네-프랑크 박물관, 살해된 유럽 유대인을 위한 추모공원, 기록물 센터 등으로 매우 다양하다.

　독일의 수도 베를린의 핵심부에는 축구장 2배 반 크기(19,000평방미터)의 추모 기념물이 있다. 바로 <살해된 유럽 유대인을 위한 추모공원>(Denkmal für die ermordeten Juden Europas)이다. 이 공원 이름의 정확한 번역은 '살해된 유럽 유대인을 위한 기념물'이지만 추모공원으로 번역한다. 공원은 브란덴부르크 문에서 볼 때 남쪽에 있으며, 독일 국회의사당과 가까운 거리에 있다. 2005년 5월 10일에 개장하였고,

매년 3백5십만 정도의 방문자가 온다. 추모공원에는 크기와 높이가 다른 2,711개의 돌이 놓여 있다. 1미터보다 낮은 돌 479개, 1~2미터 사이의 돌 869개, 2~3미터 사이의 돌 491개, 3~4미터 사이의 돌 569개, 4미터가 넘는 돌 303개가 놓여 있다. 가장 무거운 돌의 무게는 16톤에 이른다. 2,711개의 돌은 가로세로로 줄을 맞추어 놓여 있고, 그 사이에는 보행통로가 있다. 보행통로의 폭은 95센티미터로서 두 사람이 나란히 걸어가기에는 비좁다. 장애우를 위한 보행로도 있다. 이 공원 옆에는 4개의 전시공간으로 구성된 지하전시관이 있다. 지하전시관의 크기는 930평방미터이다. 이 전시관에는 강제수용소와 강제 학살장소의 참상을 증언하는 유대인들의 사진, 당시의 시설과 도구, 편지, 일기 등이 전시되어 있고, 희생자 6백만 명 중에서 이름이 확인된 4백만의 이름이 전산으로 기록되어 있다.

이 추모공원을 건립하기 위해 투입된 예산은 총 2천7백6십만 유로이며, 4천만 유로에 해당하는 부지는 연방정부가 제공하였다. 추모공원을 건립하기 위해 자발적으로 모은 개인 성금이 9십만 유로였다. 이 추모공원을 관리하는 재단이 사용하는 1년 예산이 약 3백12만 유로이다.

독일 수도의 심장부에 건립된 추모공원을 보는 순간 그 인상은 압도적이다. 넓은 장소에 2,711개의 석관과 같은 큰 돌이 좌우로 줄을 맞추어 놓여 있다고 상상해 보라. 높이가 사람 키를 넘어서는 곳에 들어서면 고요만이 감돌고 마치

미로에 있는 듯한 느낌이 들 것이다. 전통적인 방법으로 홀로코스트를 표현하려는 모든 시도는 실패하기 때문에 이 추모공원은 기억과 추모에 대한 새로운 아이디어와 방법을 시도한다고 한다. 돌의 침묵 속으로 들어갔을 때 오히려 '불안정의 구역'에서 개인이 느낄 수 있는 경험을 중요하게 생각한다. 2,711개의 석비나 석관과 같은 돌덩어리는 많은 해석을 낳고 있다. 묘비나 석관을 연상하게 한다거나, 가스로 살해된 후 불에 태워져 대부분 강이나 지하에 버려진 유대인 시신의 재를 연상하게 한다는 것이다. 또는 다른 이들은 이 석비가 전쟁기념비나 군인 묘지를 연상시킨다고 하며, 이런 생각은 대부분의 살해된 유대인들이 무덤이 없기 때문에 더욱 필요하다고 한다. 설계자는 '물결치는 밀밭' 또는 '파도치는 바다의 표면'으로 표현한 바 있다.

이 추모공원의 건립 운동을 처음에 시작한 레아 로쉬(Lea Rosh)는 "독일은 역사에서 유례를 찾아볼 수 없는 유대인 학살을 하였고, 독일은 역사에서 유례를 찾아볼 수 없는 추모비를 수도의 심장부에 건립하였다"라고 말한다. 이 추모공원은 독일 수도의 심장부에서 침묵으로 야만의 역사를 증언하고 있다. 이것이 독일이 역사에서 배운 교훈이다.

2부

독일인의 일상과 문화

07 싸구려에서 신화로, '메이드 인 저머니'

독일에는 건국신화, 영웅신화처럼 내세울 만한 대표적인 국가신화가 없다. 그 대신 독일에는 다른 신화가 있다. 바로 '메이드 인 저머니' 신화이다. 독일의 과학기술, 특히 기계공학의 우수성, 세계적 중소기업들이 생산하는 제품에 대한 신뢰를 표현하는 말이다. 어쩌면 음악과 과학을 '제2의 종교'로 생각하는 독일인들에게 잘 어울리는 신화 아닌 신화인지도 모른다.

2017년에 실시한 '원산지 지수'(Made-in-Country-Index)에 따르면 52개 국가의 공산품 중에서 '메이드 인 저머니'가 1위를 차지하였다. 원산지 지수는 품질, 보안, 가성비, 독특성, 디자인, 기술, 진품 여부, 지속 가능성과 친환경성, 공정한 생산 등을 평가하여 순위를 정한다.

어떻게 독일에서 세계적인 명성을 가진 제조업이 발달할 수 있었으며, 세계적으로 우수하며 믿을 만한 제품이 생산될 수 있었는 가? 2018년도에 있었던 VW 자동차의 배기가스 조작사건과 BMW 자동차의 빈번한 화재 등은 반대의 예가 될 수 있다. 이를 통해 '메이드 인 저머니'의 명성에 흠집이 간 것은 분명할 것이다. 그러나 이런 부정적인 사건에도 불구하고 소비자들의 신뢰에 근본적인 변화는 없어 보인다.

독일은 천연자원이 석탄과 소금 밖에 없는 나라이다. 독일에서 가장 중요한 자원은 결국 사람이다. 독일은 전문지식인, 장인, 자기 분야에서 해박한 지식과 숙련된 기술을 가진 사람들의 사회이고, 이런 사람들과 엄격한 직업윤리를 가진 사람들이 우대 받는 사회이다.

독일에선 어찌하여 대기업은 물론이고 세계적 중소기업이 수천 개나 되는가? 독일 경제산업부가 발표한 2018년의 자료에 따르면 독일계 '히든 챔피언'(hidden champions)은 1,500개 정도로 집계되고 있다. 히든 챔피언은 매출액이 50억 유로 이하이며, 각 산업 분야별로 세계 3위 이내에 속하거나 유럽에서 1위에 속하는 기업을 말한다. 전 세계에 있는 2,734개 중에 독일에만 절반 이상이 있다. 우리나라의 '히든 챔피언' 기업은 23개이다. 독일의 기업 중에서 99%가 중소기업으로 분류되며, 회사 수는 대략 3백6십만 개다. '중소기업'이라고 할 때는 고용자 500명 미만의 사업장을 말하는데 이들이 독일의 고용시장에서 차지하는 비율은 60%나 된다.

독일이 자랑하는 디자인과 손재주, 예술성과 혁신성이 잘 드러나는 것은 금속가공과 기계공학 분야이다. 수 세기 동안 도제 제도의 힘든 훈련과정을 거쳐 기능공을 양성하고 정밀제품을 생산한 독일의 기계공학은 제2차 세계대전 이후 독일을 재건했으며, 오늘날도 독일경제를 움직이는 원동력이다. 아래에서는 움바크(Umbach) 교수의 논문을 참고하며 '메이드 인 저머니'의 신화를 살펴보자.

일찍이 중앙집권 국가로 발전한 영국과 프랑스는 대규모 생산체계를 갖춘 반면에 독일의 전신인 '신성로마제국'은 수많은 작은 소공국으로 나누어져 있던 그야말로 말뿐인 '제국'이었다. 이렇게 작은 소공국으로 나누어져 있던 독일은 소위 '지각생 국가'였다. 그러나 '지각생 국가'로서의 장점도 있었다. 그것은 각 자치 지역마다 높은 품질기준을 강제하고 관행과 규정으로 통제할 수 있는 시스템이 가능했던 것이다. 독일제국으로 통일되는 1871년에는 이런 나라들이 모여 통일이 되었다. 독일의 건국이 단순히 정치적 통일만으로 이루어진 것은 아니었다. 통일된 이후에 독일 제국의회, 통일 이전의 왕국과 공국, 언론, 제국의 각 지방이나 또는 동네의 선술집에서는 다양한 사회, 종교, 지역에 속하는 각계각층의 사람들이 모여 자신들이 꿈꾸는 '독일'을 그리며 새 나라에 대한 희망을 이야기했다. 니체, 쇼펜하우어와 같은 비판적 문화 염세주의에도 불구하고 이 시대는 많은 사람들에게 미래에 대한 꿈과 믿음을 전달하던 시기였다.

이때의 독일인들은 어떤 꿈을 가졌는가? 오랫동안 나누어져 있던 독일인들에게 제국으로의 통일은 하늘로부터 주어진 운명적인 것은 아니었다. 통일을 꿈꾸고 있었던 많은 독일인들에게 국가는 창조되어야 하는 것, 창조되는 과정에 있는 것, 무엇보다도 미래를 향한 거대한 꿈이었다고 한다. 특히 영국, 프랑스 등의 인접 국가들이 이미 오래 전에 중앙집권적 국가체제가 구축되고, 튼실한 국가적 기반 위에서 세계로 뻗어 나가는 모습을 부럽게 바라보기만 했던 독일인들에게 이제 막 태어난 새 국가는 희망과 꿈 그 이상이었다. 많은 어려움을 안고 출발했지만 동시에 이웃 국가들의 장단점을 보며, 새로운 관점에서 국가의 미래방향과 정책을 세울 수 있었던 것은 큰 장점이었다. 빌헬름 시대의 국가주의자들은 미래의 독일을 무엇보다도 '산·공업 국가'(Industrial state)로 정의하였다. 이 개념은 성공적인 경제성장만을 의미하는 것이 아니라 국가정책의 핵심을 현대적 산업과 공업을 통하여 정의하는 것이었다. 정치적으론 노동자와 산업고용주와의 연대를 통하여 전통적 엘리트, 즉 대농장 주주와 그들의 이익을 대변하는 보호주의적 정치인들에 대항하는 것이었다. 문화적으로는 농업을 중심으로 한 귀족들이 그들의 주도권을 잃게 되는 것이며, '시민적' 문화로써 귀족주의 문화를 대체하는 것이었다. 소수의 진보주의자들만이 이런 생각을 한 것이 아니라 많은 문화적, 사회적, 경제적 기관과 지식인들이 이런 생각을 공유하였다. 독일제국의 통일과 1차 대전이 일어나기 전인 1870년과 1913년 사이에 독일이 생산한 세계 산업 생산 물품의 비율은 13%에서 16%로 증가하였으며, 같은 기간에 영국의 비율은 32%에서 14%로 감소하였다. 그 존재만으로도 위용을 자랑하던 독일의 전함 티르피츠(Tirpitz)는 군사적이고 제국주의적 이미지와 공격성에도 불구하고 진보와 발전을 의미하였다. 또 다른 구체적인 예로선 빠르게 성장하는 독일 해운회사 하파크(HAPAG)와 브레멘의 로이드(Lloyd)이다. 이런 상선들은 전함 티르피츠처럼 이른 시간 내에 새 독일의 상징이 되었다. 왜냐하면 이 상선함대들은 이제 막 부상하는 산·공업 국가의 생산 물품을 세계로 실어 나르기 때문이었다. 이 당시 하파크의 표어는 "세계가 나의 영역이다"였다.

산·공업 국가로서의 이런 성공을 독일 내에서는 크게 환호한 반면에 다른 나라들은 염려스러운 눈으로 바라보았다. 특히 영국은 자신들의 무역영역을 빠르게 잠식해 오는 독일의 수출품에 대하여 공포를 느꼈다고 한다. 1862년에 런던에서 개최된 세계박람회에서 독일 켐니츠에서 생산된 제품이 처음으로 영국의 시장지배권에 제동을 걸었다. 영국의회는 급기야 영국이나 영국령의 식민지로 수출되는 모든 독일 공산품에 대하여 원산지를 표기하는 상품표기법(Merchandise Marks Act)을 1887년에 도입하였다. 이후 많은 나라들이 영국의 선례를 따라 이 표기법을 도입하였다. 보호 정책과 시장 경쟁의 맥락에서 도입된 것이 바로 '메이드 인 저머니'이었다. 그러나 이때의 '메이드 인 저머니'는 오늘날 우리가 알고 있는 것과는 정반대의 의미였다. 바로 '품질이 나쁜 저질의 독일 상품'이라는 의미를 갖고 있었다. 영국은 이 표기법을 통하여 저질 또는 '싸구려'로 평가되는 독일 상품에 대하여 공개적으로 경고하고, 영국 소비자들과 자국의 생산품을 보호하는 보호주의 정책을 시행하였다. 전 세계에서 영국제품이 판을 치던 1차 대전 전까지만 하여도 독일 상품은 영국 상품을 흉내 낸 '싸구려'로 인식되었던 상황이 한때 우리가 중국제품을 폄하하던 시절과 비슷한 상황일 것이다. 1876년에 필라델피아의 전시회에서 '독일제품은 값싸고 품질이 낮다'로 평가되었다. 그러나 수십 년 만에 독일 상품은 질 높은 생산품으로 변신하였다. 예를 들어 영국이 주도적으로 수출하던 염료산업은 20년 만에 대부분의 시장을 독일에 넘겨주게 되었다.

독일제품의 품질향상과 이에 따른 수출 상승은 어디에서 연유한 것인가? 그것은 많은 부분 기술 혁신의 결과이었다. 1886-1900년 사이에 독일의 6대 대기업들이 948개의 특허를 영국에서 출원한 데 비하여 영국의 6대 대기업은 86개를 출원하는 데 그쳤다. 이런 신속한 발전에 크게 기여한 것은 산학협동이라 부를 수 있는 생산품과 최신 연구결과의 긴밀한 연결이었다. 이 산학연결의 전제는 많은 수의 화학자, 물리학자, 엔지니어들이 대학에서 교육을 받을 수 있는 획기적인 교육의 확산에 있었다. 1900년에는 6대 독일 대기업에는 350명의 기술자와 엔지니어, 500명의 잘 교육받은 화학자들이 일하고 있었다. 비슷한 시기에 영국의 염료산업계에는 3-40명 정도의 화학자들이 연구하고 있었을 뿐이었다.

산학협동, 산업계에 종사하는 기술자들에 대한 대학교육의 확대를 추진하며, 독일의 과학교육을 주도적이며 체계적으로 이끌어 갈 수 있었던 것은 20세기 초에 설립된 카이저 빌헬름 과학재단(Kaiser-Wilhelm-Gesellschaft)이 있었기 때문이다. 이 재단은 1911년 1월 11일에 황실 과학재단으로 설립되었다. 오늘날 독일과학과 자연과학의 위상을 논할 때 이 재단을 언급하지 않고 논의하기는 어려울 정도로 독일의 과학발전에 크게 기여하였다. 미국의 카네기 재단, 스웨덴의 노벨 재단, 프랑스의 파스퇴르 연구소 등의 활동에 자극을 받은 독일은 20세기 초에 과학자, 국가기관, 산업체의 대표들을 중심으로 과학재단을 설립하였다. 이 재단은 순수자연과학의 연구를 국가의 지원 및 산업 현장과 연결하여 과학기술을 선도하고 시너지 효과를 창출하기 위하여 설립된 것이었다. 이 재단은 1948년 4월 3일에 1년 전에 사망한 독일의 물리학자 막스 플랑크를 기념하기 위하여 '막스 플랑크재단'으로 개칭되어 현재까지 활동하고 있다. 독일은 오늘날까지 약 100여 명의 노벨상 수상자를 배출하였는데 그 배경에는 이 과학재단의 역할이 컸다.

영국은 1차 대전 기간에는 물론이고 이후에도 상표표기법을 강화하였다. 그러나 영국의 상품에 비하여 저질 상품으로 평가절하되던 독일의 상품 '메이드 인 저머니'는 이제 새로운 이미지와 가치를 갖게 되었다. 통일된 독일제국이 수립한 국가정책으로서의 이념이 산·공업 국가이었기 때문에 '메이드 인 저머니'는 이로써 국가주의적 담론에서도 매우 중요한 역할을 하게 되었다. 새로운 공업 국가는 이제 통일되어 새롭게 출발한 독일제국의 상징이 되었다. 독일의 이런 상황은 어쩌면 우리나라가 산업화하던 60년대와 70년대의 상황과 유사한 면이 있다. 우리도 농업 및 경공업 중심의 산업구조를 1970년 대에 중화학공업 중심으로 전환해 경제성장의 발판을 마련하지 않았던가.

기술적인 진보와 함께 소비자들에게 전달된 이미지 전환은 어떻게 가능했는가?
이 전환이 바로 산업 미학, 즉 디자인을 통하여 이루어진 것도 매우 흥미로운 일이다. 어떤 산업 미학적 디자인과 스타일이 신흥 공업 국가로 도약하려는 독일의 프로젝트를 가장 이상적으로 표현하고 홍보할 수 있었을까? 이 문제를 해결하는 데 영국이 중요한 모델 역할을 하였다. 19세기 말경에 프로이센 정부는 '문정관'을 영국에 파견하기 시작했다. 이들은 공식적으로는 문화교류를 담당하는 '문정관'이었지만 이들의 실질적 임무는 영국이 공업 국가로서 성공한 원인을 조사하는 것이었다. 이들은 때로는 산업스파이의 역할도 하였음은 주지의 사실이었다. '문정관'의 구체적 임무는 성공적인 공업 국가로 진입하기 위한 사회적, 정치적, 이념적 전제조건을 수집하는 것이었다. 1886년부터 1905년까지 주영 독일제국의 문정관을 지냈던 무테시우스(Hermann Muthesius)는 600여 편의 논문과 에세이를 발표하였다. 이 모든 글들의 핵심주제는 '산·공업 국가'를 이루기 위한 문화적 전제가 무엇인가 라는 물음으로 요약될 수 있다. 그는 다음과 같이 썼다. "중요한 것은 제품에 내재한 고유한 이념적 가치, 즉 문화적 가치이다. 영국은 고유한 문화적 가치를 갖춘 바로 그 이유로 그들의 재료, 양탄자, 가구가 지난 20년 동안에 세계시장을 독점할 수 있었다. 상업적 성공은 문화적이며 내적 가치에 따라 결정된다. 질 좋은 생산품은 왔다가 사라지는 유행을 겁낼 필요가 없다. 오히려 사람들의 기호와 유행을 좌지우지할 수 있다." 오늘날의 표현으로는 소위 '브랜드'의 가치일 것이다.

무테시우스는 게르만적 가치, 즉 '작업환경에 잘 맞는', '특징적', '토착적' 그리고 '본래적' 가치를 강조하였다. 이 모든 가치들은 독일인들이 사는 생활환경과 일상적 삶에서 나온 가치이며, 또한 이를 위한 예술적 가치들이었다. 귀족적, 남유럽적, 라틴적, 르네상스적, 바로크와 로코코적 형식은 거부되었다. 이러한 가치 대신에 무테시우스는 게르만적 가치와 스타일을 추구하였다. 그가 받은 영감은 일종의 향토 스타일로서 민족적 특징을 갖고 있다고 볼 수 있다. 무테시우스는 고유한 미학적 가치의 원천을 독일의 향토적 건축 스타일에서 찾을 수 있었다고 말한 바 있다. 이로써 독일적 '향토 스타일'이 산·공업 및 공산품과 가치를 공유하며, 동시에 현대적 문화의 기초가 될 수 있었던 것이다. 우리가 주장하는 '가장 한국적인 것이 세계적인 것이다'라는 표현과 유사한 의미일 것이다.

독일은 기술적이고 미학적인 우위를 통하여 자신들이 생산한 공산품을 수출할 수 있었고 자신의 문화적 임무를 완성할 수 있었다. 또한 다른 나라와의 경쟁에서 우위를 점하고 자신들이 생산한 상품을 세계 일류의 상품으로 격상시킬 수 있었다. 독일 생산품에 문화적이며 고유한 가치를 부여하는 데 중요한 역할을 한 것은 독일공작연맹(Deutscher Werkbund)이었다. 이 단체는 1907년에 예술가, 건축가, 디자이너, 산업주의자들이 모여 설립한 연맹으로서 나중에 독일

'바우하우스' 설립에 영감을 준다. 실용성과 예술적 영혼의 결합을 통하여 현대건축과 디자인의 원형을 창조한 바우하우스의 교사들이 자신들을 예술가가 아닌 '마이스터'라고 부른 것은 우연이 아닐 것이다. 이들은 노동자가 자신이 생산한 결과물에 대하여 일체감을 갖는다는 수공업에서 유래한 생각에 기반을 두고 수공업의 노동과정을 산·공업의 노동과정으로 옮겨 적용하였다. 바우하우스의 목적은 수공업, 예술, 건축, 산업을 하나로 통합하는 것이었다. 독일공작연맹은 한편으론 개혁 운동을 수렴하고 종합하는 기관의 상징이 되었으며, 다른 한편으론 공업 발전의 상징이 되었다. 독일은 이 개혁 운동을 통하여 자신이 추구하는 세계적 위치로 발전할 수 있었다. 아에게(AEG), 지멘스, 보쉬, 바스프(BASF), 메르세데스 벤츠 등의 대기업들이 이미 1차 대전 전에 이 공작연맹에 가입하였다. 이런 대기업들도 수공업에서 요구되는 상품에 대한 질 높은 수준과 우리가 독일의 '마이스터' 제도에서 알고 있는 엄격한 직업의식으로서의 장인정신을 자신들의 기업이념으로 계승하였다. 고품질에 대한 요구와 노력은 바로 '메이드 인 저머니'를 상징하는 전형적인 독일 브랜드로 발전할 수 있었다. 이제 '메이드 인 저머니'는 '전형적인 독일적 요소'로 간주하는 특징과 가치, 즉 신뢰성, 지속성, 뛰어난 기능, 탁월한 성능, 혁신성 등을 유럽과 세계에 전파할 수 있었다.

세계시장에서는 역전되는 현상이 나타났다. 독일에서 생산되는 제품들이 19세기 중기까지만 하여도 영국 상품에 밀려 이류, 저질이라는 평가를 받았지만 곧 숙련된 노동자가 생산한 우수한 상품으로 인정받게 되었다. 독일민족의 일반적 성품으로 간주하는 정확함, 철저함 등이 그들이 생산한 공산품에도 스며들게 되었다.

독일의 공산품이 세계적인 수준으로 부상하자 영국에서는 기존의 태도와는 다른 현상이 나타나기 시작했다. 1900년대부터는 영국의 산·공업자들이 그들의 상품에 '메이드 인 저머니'를 붙여 팔기 시작하였다. 이제 '메이드 인 저머니'는 상품적 가치를 떠나 세계적으로 인정받는 문화적 가치가 되었기 때문이었다. 기술에 대한 절대적인 신뢰는 독일인들에게 '제2의 종교'라고도 하며, 사람들은 이런 특징의 유래를 독일인들의 수공업적인 과거에서 찾으려고 하였다.

'메이드 인 저머니'가 이룬 경이적인 성과에도 불구하고 놀라운 것은, 어떤 시기에도 '메이드 인 저머니'를 인정하거나 인정받기 위한 행정적 기준이나 지침이 없었다는 것이다. '메이드 인 저머니'는 이미 그 자체로서 객관적-합리적 기능성을 갖고 있었고, 산·공업과 기계에 적절한 기능을 보유하였고, 충분히 현대적이었던 것이다. 특정 상품에 대한 국가적 이미지가 사라지면 사라질수록 '메이드 인 저머니'는 더욱 더 국가적 이미지로 채워졌다. 즉 '메이드 인 저머니'는 소비자들이 인지할 수 있는, 전형적인 독일적 스타일이 아니라 그 자체가 독일적 요소가 됨으로써 '메이드 인 저머니'가 곧 독일로 인식되는 수준으로까지 발전하였다.

독일 나치 시대의 국가사회주의자들도 '메이드 인 저머니' 가치와 그 개념을 수용하였다. 이들에 의해 수용된 대표적 사례가 '국민 수신기'로 불렸던 라디오 'VE 301'과 '비틀 자동차'로 알려진 폴크스바겐의 자동차일 것이다.

제2차 세계대전 후의 독일에서도 '메이드 인 저머니'를 통해 연상되는 긍정적 가치는 국가적으로 장려되었으며, '라인강의 기적'을 이루는 데 크게 기여하였다. 1949년에는 이미 국가적 재건 사업의 일환으로 '슈투트가르트 디자인 센터'가 설립되었고, 매년 전시회를 개최하면서 정보를 제공하였다. 이외에도 '에센 산업형태연구소'(Haus Industrieform Essen), '다름슈타트 형태형상 위원회'(Rat für Formgestaltung Darmstadt) 등이 설립되면서 독일의 산·공업과 디자인을 종합적으로 지원하게 되었다. 독일의 디자인 능력이 잘 드러나는 부분은 특히 자동차 부분이다. 포르쉐, 벤츠, VW의 '케퍼'에서 나타나는 세련됨과 안정성은 그야말로 일류이다. 독일제품에 대한 이런 국제적 신뢰는 2차 대전의 패전국인 독일이 소위 '라인강의 기적'을 이루고 오늘날 유럽을 이끌어가는 경제 대국이 되는 데도 크게 기여하였을 것이다.

2017년의 순위별 산업 분야별로의 매출(Umsatz)은 자동차 산업 분야가 1위로서 4,230억 유로이며, 기계 분야는 5위로서 2,262억 유로이다.

'메이드 인 저머니'가 누리는 이런 현상은 생산이 다국적으로 이루어지는 오늘날에도 유효한 것처럼 보인다. 대량생산과 확연하게 구분되는 자의식, 회사와 나라에 대한 지속적인 이미지 개발, 선호도 높은 메이커의 창조, 고품질의 상징으로의 문화적 정체성 등은 현재 및 미래의 경쟁에서 더욱 중요해질 것이다.

'메이드 인 저머니' 신화를 가능하게 한 요소를 다음과 같이 정리할 수 있을 것이다: 뒤늦게 건국했지만 국가의 발전 방향을 산·공업 국가로 규정한 국가정책, 우수한 과학자들과 기술자들을 양성할 수 있는 과학재단의 설립과 교육제도, 학문과 산업 현장이 유기적으로 결합한 산학협동, 독일 또는 게르만 민족 고유의 가치를 문화적 가치로 전환한 기술력과 참신한 디자인, 생산품과 자신을 일치시켰던 독일의 장인 정신을 수공업 분야에서 기계공업 분야로의 전환하는 데 성공한 것 등이다. 위의 요소들이 외부적 요소라면 내부적 요소도 있을 것이다. 즉 기술에 대한 절대적인 신뢰는 독일인들에게 '제2의 종교'라는 표현에서 알 수 있듯이 '메이드 인 저머니'도 독일의 정치적 부재와 훼손된 역사를 상쇄하려는 노력과도 연관이 있다. 마치 18-19세기의 독일의 지식인들이 정치적 정체성의 부재를 문화적 정체성을 통해 보상받고 대체하려고 했던 것처럼 말이다.

'메이드 인 저머니'를 전파한 대표적 기업들 중 몇 개를 열거해 보자:

가전 기구 및 가전 설비 회사인 아에게와 지멘스, 치과의 사용 소형 모터에서부터 대형 발전소와 기차의 터빈과 모터에 이르기까지 모든 종류의 전기모터를 생산한 보식(Bosig), 헨셀 엔 마파이(Henschel und Maffei), 항공산업의 하인켈(Heinkel), 도르니에(Dornier), 융커스(Junkers), 체플린(Zeppeline), 자동차 산업의 벤츠, BMW, VW, 조선공업의 불칸-조선(Vulcan-Werft), 슈테틴(Stettin), 블룸 플루스 포스(Blohm & Voss), 광학 산업의 자이스(Zeiss), 카메라 산업의 자이스(Zeiss), 라이츠(Leitz), 라이카(Leica) 등이다. 특히 헨셀 기업은 유럽에서 가장 뛰어난 기관차 산업 기업이었다. 1848과 1935년 사이에 38,000 기관차를 생산하였으며, 1924년까지는 이 중에 6,700대를 외국으로 수출하였다.

우리나라에 알려진 독일제 명품으로는 롤라이(Rollei) 카메라, 그룬디히(Grundig) 컬러텔레비전, 밀레(Miele) 세탁기, 라이카(Leica) 카메라, 자이스(Zeiss) 렌즈, 몽블랑(Montblanc) 만년필, 브라운(Braun)면도기, 카스텔(Faber-Castel) 색연필,

리모바(Rimowa) 여행 가방, 보쉬(Bosch) 냉장고, 니베아
(Nivea) 크림, 휘슬러(Fissler) 압력솥, 쉼멜(Schimmel) 피아노,
브리타(Brita) 정수기, 쌍둥이(Zwilling) 칼… 등 끝이 없다.

08 동네마다 술 익어가는 독일 맥주

우리는 옛날에 '독일에서는 수도꼭지를 틀면 맥주가 콸콸 쏟아진다'라는 동화 같은 말을 들은 적이 있다. 아마도 맥주를 좋아하는 독일인을 강조한 표현이며, 생맥주를 따를 때 사용하는 꼭지가 수도꼭지 같이 생긴 데서 유래한 말이 과장되어 전달된 것으로 생각된다. 실제로도 독일인들은 맥주를 정말 즐겨 마신다. 원래 게르만 부족은 음주벽이 심하다고 알려졌으며, 작은 동네에도 맥줏집이 도처에 있었다고 하지 않는가. 프랑스인들이 와인을 즐겨 마시고, 영국인들이 차를 즐겨 마신다면 독일인들이 즐겨 마시는 술은 단연 맥주다. 독일에서는 특정 지역을 제외하곤 부족한 일조량 때문에 포도 재배가 어렵다. 따라서 포도주보다는 맥주를 선호하게 되었을 것이다. 또한 맥주는 영양가가 높다. 항상 먹을거리가 부족하던 시절에는 맥주도 마시고 영양도 채울 수 있는 일석이조의 음료가 맥주였다. 맥주를 '흐르는 빵'이라고 표현할 때도 역사적 배경이 있다: 먹을 것이 귀했던 시기에 맥주는 사람들이 즐겨 마시던 음료수였다. 알코올 농도가 매우 낮을 뿐만 아니라 여러 번 끓이는 과정을 통해 무균질의 위생적인 음료수가 만들어졌기 때문이다. 흉년이 들거나 먹을 것이 없던 시절에는 칼로리가 풍부한 맥주가 중요한 영양 수단이기도 하였다. 우리도 막걸리 한 사발을 마시고 끼니를 대신하던 때가 있지 않았는가! 하루의 고된 일과가 끝난 후에 나무 그늘 아래에서 마시는 시원한 한 잔의 맥주는 독일인들에게 정말 즐거운 일이었을 것이다.

독일인들이 맥주를 즐겨 마시는 것을 볼 수 있는 대표적인 축제가 바로 '옥토버 축제'이다. 1810년에 나중에 왕이 된 루드비히 1세의 결혼을 기념하기 위해 시작된 행사로서 매년 9월에 시작하여 10월 초까지 2주간 열리는 축제이다. 전 세계에서 수백만의 방문자가 오며, 2018년 기준으로 볼 때 630만의 방문자가 왔고, 12억 유로의 판매액을 올렸다고 한다. 2014년의 옥토버 축제에서 소비된 맥주량은 6백5십만 리터라고 한다. 평소에는 근엄하고 흐트러진 모습을 보이지 않던 독일인들도 축제 기간에는 전혀 다른 모습을 보인다. 거리 곳곳에 술에 취해 널브러져 있는 독일인들을 심심찮게 볼 수 있기 때문이다. 일상에서 일탈한 이런 모습은 축제 때나 카니발 때나 볼 수 있는 '진풍경'이다. 인류학자 노베르트 엘리아스(N. Elias,

1897-1990)는 독일인들의 이런 음주습관을 그들의 정치적 취약함에서 기인한 보상심리라고 해석하기도 한다. 대부분의 대형 맥주 및 포도주 생산자는 지배층이었고, 이들은 대중들의 음주를 권장했다. 독일은 서유럽의 다른 나라들보다 남성 위주의 사회이며, 군사 문화적 요소가 사회 전반에 깊이 스며들어 있던 사회이다. 이런 문화로 인해서 함께 모여 즐기는 '사교'도 문화적으로 세련되는 것에는 별 관심이 없었던 것 같다.

맥주의 명칭

독일어로 맥주를 뜻하는 Bier(영어: Beer, 프랑스어: bière)는 고대 독일어 'bior'에서 유래한 것으로 알려져 있다. 영국식 맥주의 대표 격인 에일(Ale) 맥주의 명칭은 현대 독일어에서 잘 사용하지 않는 것으로서 게르만어의 'Äl'에서 유래한 것이다. 이 게르만어에서 파생된 것이 덴마크어 øl, 스웨덴어 öl, 핀란드어 olut 등이다. 모두 맥주를 의미하는 단어들이다.

맥주의 역사

맥주의 역사는 오래되었다. 현재까지 알려진 가장 오래된 맥주 양조법은 고대 중국에서 전해진 것으로서 5,000년 전의 양조법이다. 고대 메소포타미아 지역에서도 맥주가 생산되었음이 확인되었고, 고대 이집트에서도 빵과 물을 섞어 오늘날의 맥주와 비슷한 음료수를 만들었다고 한다.

중세의 유럽에서는 매우 다양한 방법으로 맥주를 제조하였다. 여러 가지 약초를 넣어 만들던 맥주가 13세기부터 점차 호프 맥주로 대체되기 시작하였다. '유럽의 아버지'라 불리는 칼 대제는 8세기에 오늘날의 서유럽에 해당하는 넓은 땅을 평정하여 카롤링거 제국을 세웠고, 정복한 땅 곳곳에 수도원을 짓게 했다. 그는 수도원에 맥주를 생산할 수 있는 양조시설을 허락하였고, 양조와 관련된 세금을 부과할 수 있는 권한도 부여하였다. 이런 일련의 결정은 수도원이 맥주를 생산하고 공급하는 중요한 기관이 되게 하였다. 오늘날 유명한 맥주를 생산하는 곳으로 수도원들이 많은 것도 바로 이런 이유 때문이다.

17세기의 수도원에서는 금식 기간에 마실 수 있는 '금식 맥주'(Fastenbier)라는 말이 생겨났다. 신성한 수도원에서, 그것도 금식 기간에 수도사들이 술을 마시고 있었던 것은 아니었다. 중세의 수도사들에게 금식은 수도원 생활에서 반드시 지켜야 하는 중요한 수도의 일부였으며, 금식 기간에는 배고픔에서 오는 극심한 고통을 참아야 했다. 이 기간에 '흐르는 빵'을 마시는 건 최소한의 영양분을 공급하면서도 금식을 지킬 수 있는 방법이었다. 그래서 수도원에서는 주교와 교황에게 금식 기간에 맥주 마시는 것을 허락해 주길 요청했고, 이 요청은 기적처럼 받아들여졌다고 한다. 수도사들은 이 맥주를 '성스러운 아버지 맥주'(Sankt Vaterbier)라고 불렀다.

맥주 순수령

독일에서 맛있는 맥주가 생산되는 데는 이유가 있다. 그건 바로 독일에만 있는, 중세에서부터 오늘날까지 지켜지는 "맥주 순수령"(Reinheitsgebot für das Bier) 때문이다. 맥주 순수령에 따라 독일에서 맥주를 양조할 때는 반드시 세 가지 요소, 즉 보리, 호프 그리고 물만 사용하여야 한다. 1487년에 바이에른의 공작 알브레히트 4세가 제정하였고, 1516년에 바이에른의 공작 빌헬름 4세가 공국의 모든 사람들이 이를 따라야 한다고 공포하였다.

바이에른의 공작이 맥주 순수령을 공포하기 전에 이미 맥주 제조와 관련된 규정들이 많이 있었다. 1156년에는 독일의 전설적인 황제 '바바로사'에 의해 맥주의 질을 높이기 위한 규정이 제정되었는데 그에 따르면 "맥주 제조자가 질 나쁜 맥주를 만들거나 규정을 지키지 않을 때는 처벌한다"로 되어있다. 뉘른베르크 시의회는 기근이 심했던 1303년에는 맥주를 생산함에 있어 보리만 사용하도록 하였다. 왜냐하면 주식인 빵을 만드는 밀을 사용할 경우에는 식량 사정이 더욱 나빠질 수 있고 빵값도 오를 수 있기 때문이었다. 식량부족 상황에서 빵을 만드는 밀이나 호밀을 보호하여 안정적인 식량 공급을 할 수 있었기 때문이었다. 우리나라도 60, 70년대까지만 하여도 개인들이 술을 제조하는 것을 '밀주'라 하여 엄격히 금지하였던 적이 있다. 그 이유는 술을 빚기 위해 필요한 쌀의 소비를 막기 위해서였던 것과 비슷한 맥락일 것이다.

1319년에는 필립 라트잠하우젠 공(Philipp von Ratsamhausen)이 맥주를 제조할 때 보리, 호프, 물만 사용하도록 하였다. 중세 중기에 이런 법을 제정하고 공포하는 데는 그럴 만한 이유가 있었다. 그것은 식량문제와 함께 가짜 맥주나 질 나쁜 맥주가 판을 치고, 이런 맥주를 마신 사람들이 병을 앓거나 심지어는 죽기까지 하는 사태들이 근절되지 않았기 때문이었다. 사람들은 단속을 소홀히 하며 미온적인 태도를 보이는 당국을 성토하였고, 일반인들의 고소도 끊이지 않았다고 한다. 맥주 순수령을 통해 맥주 가격을 책정하고 맥주의 내용물을 규정할 수 있는 근거가 마련되었다. 맥주 산업의 통제를 통해 세수를 확보하는 것도 당국에는 매우 중요한 문제였다. 맥주 소비가 많아질수록 세금을 징수하는 관청은 더 많은 관심을 두게 되었고, 15세기부터는 맥주가 세금의 주요 원천이 되었다.

긴장을 완화하고 변질을 막는 효과가 있는 호프를 사용함으로써 당시 맥주 제조에 사용되던 '좁은 백산'(Sumpfporst, 진달랫과에 속하는 식물로서 당시에는 치통 완화제로 쓰이기도 하였다)이나 사리풀(Schwarzes Bilsenkraut, 통증치료제로 사용되었던 약초) 등을 금지할 수 있었다. 이로써 이른바 '이교도'들이 종교적 제식에 사용하는 약초를 맥주 양조에 사용하는 것을 금지할 수 있었고, 맥주의 맛을 높이고 저장 기간을 늘릴 수 있었다. 특히 바이에른 지방에서의 '맥주 순수령'의 의미는 남달랐다. 그건 맥주를 제조할 때 호프를 사용하게 함으로써 기존의 맥주 제조용 약초가 생산되지 않는 바이에른 지방의 맥주 업자들의 경쟁력을 강화할 수 있었기 때문이었다. 바이에른에서 공포한 '맥주 순수령'이 식품에 관하여서는 세계 최초로 내려진 법이라고 주장하는 건 좀 과장된 면이 없지 않다. 그러나 맥주의 역사에서 중요하고 의미 있는 법이라는 점은 분명하다.

유럽회원국 중에서 '맥주 순수령'을 가진 나라는 독일이 유일하다. 최근에는 맥주의 순수령에 대한 법적 규제가 없는 유럽연합 내의 다른 국가에서 생산된 맥주가 독일로 수입되고 있다. 그러자 독일의 맥주 제조업자들은 외국산 수입 맥주에 대해서는 '맥주'라는 말의 사용을 금지해 달라는 소송을 냈지만 유럽연합에서는 이 소송을 받아들이지 않았다. 이후로 순수령을 따르지 않는 외국산 맥주가 독일로 수입되었지만 이 수입 맥주는 독일시장에서 아무런 힘을 발휘하지 못하였다. 자국의 맥주에 대한 자부심과 오랜 세월을 통해 길든 독일 맥주의 맛 때문일 것이다.

맥주 주정 방법

맥주를 생산하는 세 가지 재료 중의 하나인 호프는 다년생 덩굴식물이다. 독일 뮌헨 근교에서 재배된 호프(Hope)가 맥주에 첨가됨으로써 맥주는 비로소 오늘날의 맥주가 되었다. 이전에는 맥주의 쓴맛과 쌉쌀할 맛을 얻기 위해 로즈메리, 쑥, 생강, 파슬리, 호두나무 열매를 빻아 맥주보리와 함께 삶았거나 좁은 백산이나 사리풀 등을 사용하였다. 그러나 호프를 사용하자 식혜처럼 달콤하거나 식초와 같은 신맛이 사라지고 향이 진하면서도 쌉쌀한 맛의 맥주가 탄생했다. 호프는 맥주가 변질되는 것을 방지하고, 쓴맛을 내며, 아로마 향을 내는 역할을 한다. 우리가 물보다 맥주를 많이 마실 수 있는 이유는 무엇일까? 그건 맥주만이 가진 쌉싸름한 쓴맛 때문이라고 한다.

상면 발효: 실온(18-24도)에서 발효하여 효모가 뜨는 주정법을 말한다. 색이 짙고 풍부한 맛이 나며, 도수가 높다. 영국식 맥주로서 에일(ale) 맥주가 대표적이다.

하면 발효: 맥주를 저온(8-14도)에서 발효시킨 뒤 효모가 가라앉는 주정법을 말한다. 상면 발효에 비해 알코올 도수가 비교적 낮고 부드러운 맛을 낸다. 대부분의 독일 맥주를

하면 발효로 주정한다.

맥주 맛의 분류 기준

맛: 쓴맛, 짠맛, 달콤한, 신맛, 무거운 보디감, 떫은, 마일드
    한 맛

향: 아로마(식물 향), 과일 향, 꽃 향, 영양가 있으며 견과
    류의 향, 곡물 향, 캐러멜 향, 비누 향, 유황 향, 곰팡이 향

색깔: 맑은, 밝은 금속의 황금색, 오팔 색, 불투명한 색

거품: 많거나 적음

맥주의 종류

라거 맥주: 하면 발효 형식으로 제조된 맥주를 지칭한다.
호프가 첨가돼 향이 부드럽고 쓴맛이 나는 라거 맥주가 맥
주의 표준(전체 양의 80%)으로 자리 잡았다.

필스너(Pilsner): 하면 발효 방식으로 제조된 맥주로서 밝
은 황금색으로 쌉쌀한 맛을 낸다. 체코의 프라하에서 남서
쪽으로 90킬로미터 떨어진 곳의 지방에서 생산되는 맥주를
'필스너 우르켈'이라고 부른다.

알트(Altbier): 상면 발효식으로 주정한 맥주로서 구릿빛이

다. 과일 향이 나며, 약간 쓴 맛이 나는 것이 이 맥주의 특징이다. 독일어로 '알트'는 '오래된'(alt)이라는 뜻이며, 이 맥주는 '옛 제조 방식에 따라 제조'한다는 뜻을 가지고 있다. 이 맥주는 주로 독일의 뒤셀도르프(Düsseldorf) 지방에서 생산된다.

바이첸 비어(Weizenbier): 바이첸은 독일어로 '밀'을 뜻하며, 밀로 빚은 맥주라는 뜻이다. 상면 발효 방식으로 주정한다. 밀과 보리 누룩으로 만든 맥주이기 때문에 누룩 맛이 난다. 주로 남부 독일에서 생산된다. 순수령에 따라 밀을 사용해 만든 것은 '맥주'라는 이름을 사용할 수 없었다. 그러나 밀을 사용해서 만든 바이첸 비어 또는 바이스 비어(흰 맥주, Weißbier)는 궁정의 양조장이나 순수령의 규정을 받지 않는 수도원 양조장에서 만들어졌다. 보리로 만든 맥주는 서민의 맥주로, 밀로 만든 맥주는 귀족들이 즐겨 마시는 맥주가 되었다.

말츠 비어(Malzbier): 말츠(Malz)는 맥아 또는 엿기름을 의미한다. 말이 맥주이지 실제는 맥주가 아니다. 맛이 달고 알코올이 거의 없으며, 함유된 영양분이 많아 어린이나 임신부들이 음료수로 마신다.

헬레스 비어(맑은 맥주, Helles): 하면 발효 형식으로 주정

한 맥주로서 우리가 일반적으로 '도르트문트식 맥주'라고
부른다. 맥아, 즉 엿기름이 많이 함유되고 호프가 적게 함유
되었다.

슈타르크 맥주(강한 맥주/ Starkbier): 맥즙 함유량이 많아
알코올 농도가 높은 맥주이다. 주로 겨울에 생산되어 시중
에 유통되며, 영양분이 많다.

쾰쉬 맥주(Kölsch Bier): '쾰른식 맥주'라는 뜻이다. 주로
쾰른 지방에서 많이 생산되는 맥주로서 상면 발효를 거쳐
양조되는 헬레스 맥주이다. 주로 0.2리터의 작은 잔으로 마
시는데, 그 이유는 거품 맛과 쌉쌀한 맥주 맛이 사라지기 전
에 마셔야 하기 때문이다.

흑맥주(Schwarzbier): 특정한 맥아(엿기름)를 사용하여 맥
주의 색깔이 검은 데서 유래한 이름이다. 감칠맛이 강하다.

둔켈 맥주(어두운 맥주, 암(暗) 맥주, Dunkelbier): 흑맥주
와 맑은 맥주 중단 단계에 있는 맥주이다. 맥아가 많이 함유
되어 있어 감칠맛이 높고 알코올 농도가 아주 낮다. 일반적
으로 알코올을 싫어하는 사람들이 마신다.

맥주 생산량

2018년 현재 독일에는 1,548개의 맥주 양조장이 있으며, 5,000종 이상의 맥주가 생산된다고 한다. 5만 명 정도의 도시마다 맥주 공장이 하나씩 있는 통계이다. 이곳에서 생산되는 맥주는 8천7백만 헥토 리터(87억 리터)에 달한다. 독일은 세계 맥주량의 15-20%를 생산한다.

독일인들의 맥주 소비량

1999년: 1인당 127.5 리터
2004년: 115.5 리터
2007년: 112.5 리터로 점점 감소하는 추세

독일에서 맥주 소비가 가장 높은 지역은 바이에른 주이다. 2007년에 이곳에서는 1인당 155.4 리터가 소비되었다고 한다. 한 사람이 1년 365일 동안에 매일 500cc 한 잔을 마시는 꼴이다. 이런 현상은 아마도 매년 9월에 시작하여 10월까지 2주간 열리는 '옥토버 페스트'와도 관련이 있을 것이다. 예컨대 2017년의 축제 때에는 약 700만 리터의 맥주가 소비되었다고 한다. 이때 축제를 찾은 방문객 수는 680만 명이며, 뮌헨의 인구는 145만 명이다. 1883년에 시작하여 매년 개최되는 이 축제는 2020년에는 '코로나 사태'로 인하여 열리지 않았다.

맥주의 도수

독일에서의 맥주의 평균 도수는 4-5%이다. 알코올 농도가 12%를 넘어갈 때는 맥주에 함유된 효모가 죽기 때문이다. 그러나 다른 방법을 이용하여 알코올 농도가 무려 60%가 되는 맥주가 생산되기도 한다.

독일 내의 상품별 맥주 판매량

2017년 기준으로 독일에서의 시장 점유율의 순위로 볼 때 크롬바커(Krombacher), 외팅어(Oettinger), 비트부르거(Bitburger), 벤틸스(Ventins), 벡스(Beck's), 파울레너(Paulaner), 바르슈타이너(Warsteiner), 하세뢰더(Hasseröder), 라덴베르거(Radenberger), 에르딩어(Erdinger)의 순위이다.

맥주의 날

독일 맥주 양조협회는 1994년부터 4월 23일을 '맥주의 날'로 정하여 지키고 있다. 이날은 1516년에 맥주 순수령이 공포된 날이다. 이날은 공교롭게도 유네스코가 정한 '세계 책의 날'이기도 하다. 셰익스피어와 세르반테스가 사망한 날에서 유래한 것이다. 맥주를 좋아하는 것과 책을 좋아하는 것은 별개의 일일 수 있다. 독일은 이날을 기념하여 맥주 공장별로 6,000 리터로 한정된 '4월 23일' 맥주를 제조한다.

맥주를 맛있게 마시는 방법

맥주는 잔으로 마셔야 한다. 맥주를 병째로 마실 경우 섬세한 맛을 못 느낄 정도로 혀에 닿는 압력이 강하기 때문이며, 또한 넘기기에 급급해지기 때문이다. 따라서 맥주는 잔으로 마시는 것이 가장 좋다. 잔으로 천천히 마시면서 맥주가 입으로 들어오는 것을 통해 맥주의 고유한 맛이 어떻게 혀와 입안을 적시며, 그리고 어떤 정보가 뇌로 전해지는가를 마시면서 느낄 수 있기 때문이다. 예를 들어 맑은 맥주인 쾰쉬는 천천히 마시면서 맥주 맛을 혀 끝에서 느끼는 것이 중요하다. 왜냐하면 입안에서 느껴지는 맥주의 보디감이 그리 강하지 않기 때문이다. 알코올 도수가 높은 맥주를 마실 때는 넓은 잔이 좋다. 혀 전체를 적시며, 입 주위 전체를 적실 수 있기 때문이다.

어떤 안주와 함께?

독일인들은 양주나 맥주를 마실 때 우리처럼 안주를 찾지 않는다. 간단한 스넥 정도면 충분한 거 같다. 좋은 친구들과 함께 잘츠슈탕에(소금 막대기, Salzstange: 우리의 '빼빼로'처럼 생긴 막대기 모양의 과자에 소금이 약간 뿌려진 과자) 몇 개만 있으면 그것으로 행복하다. 그래도 맥주 맛을 더 높여주는 몇 가지 안주는 있다. 필스너는 입맛을 돋우는 데 아주

탁월하다. 아페롤(Aperol), 캄파리(Campari) 또는 오렌지와 섞어 마셔도 좋다. 바이스 비어를 마실 때는 아스파라거스의 순(筍, Spargel)이 어울리며, 바이첸 비어를 마실 때는 구운 생선이 제격이다. 둔켈 맥주에는 치킨과 같은 튀김이 어울리며, 묵직한 보디감이 있는 맥주에는 포도주를 마실 때 함께 먹는 것처럼 치즈도 좋다. 필스너 맥주를 가장 맛있게 마실 수 있는 온도는 6-8도 정도이다.

요즈음은 국내에서도 독일 맥주 양조법을 적용하여 직접 맥주를 생산하는 곳도 많다. 필자가 즐겨 먹는 안주는 '뉘른베르거'라는 성인 손가락 정도의 굵기의 작은 소시지이다. 독일의 뉘른베르거 지방에서 많이 생산되기 때문에 붙여진 이름으로서 이곳에서는 하루 약 3백만 개가 생산된다고 한다. 뮌헨의 맥주 축제 이름을 딴 국내의 호프집에서 메뉴로 제공되고 있다. 물론 이건 국내서 만든 소시지이다. 이외에도 백화점의 훈제 육류 코너에 가면 '브라트부르스트'(Bratwurst)라는 소시지를 판매하는 곳이 있다. 이런 소시지를 직화나 프라이팬으로 노릇노릇하게 구워 시원한 맥주와 함께 먹으면 좋다. 이때 독일 사람들이 즐겨 먹는 '사우어크라우트'(Sauerkraut, 양배추를 가늘게 채 썰어 소금에 절인 시큼한 맛의 샐러드 일종)와 겨자(Senf)를 함께 먹을 수 있다면 금상첨화일 것이다. 아닌가? 우리는 뭐니 뭐니 해도 '치맥'이 최고인가?

09 원리만 이해하면 독일어는 어렵지 않다

모든 외국어는 배우기 어렵다. 독일어는 영어나 불어와 비교해 볼 때 더 어렵다고 한다. 미국 작가 마크 트웨인은 '독일어는 죽은 사람들만이 공부할 시간이 있을 정도로 어려운 언어이다'라고 말했다. 1차 대전 전까지만 하여도 독일어는 세계적으로 통용되는 학술 언어였다. 그러나 1차 대전의 발발 후 미국의 학교에서 독일어를 가르치는 것이 금지된 적이 있었고, 2차 대전 때는 '적국의 언어'로서 적대시되었다. 미국의 국무부에는 외교관을 외국으로 파견할 때 파견국의 언어에 따라 난이도를 정하는 기준이 있다. 이 기준에 따르면 미국 외교관들에게 가장 쉬운 언어는 스페인어, 불어와 같은 서유럽어이고, 독일어는 영어처럼 같은 게르만 언어임에도 불구하고 난이도가 한 단계 높은 'Ⅲ 단계'라고 한다. 이것은 독일어가 가진 특수성(명사의 성, 관사, 이에 따른 변화 등) 때문일 것이다. IV 단계의 언어는 러시아어이며, V 단계의 언어는 중국어, 일본어, 한국어, 아랍어 등이다.

독일어는 정말 배우기 어려운 외국어인가? 나는 그렇지 않다고 생각한다. 영어와 불어는 웃고 들어갔다 울고 나오고, 독일어는 울고 들어가서 웃고 나온다 라는 말이 있다. 일반적으로 하는 말이지만 나름대로 일리가 있다. 독일어는 처음에 좀 어렵게 느껴진다. 그 이유는 독일어 명사가 가진 문법적 성, 이에 따른 형용사 변화 등 때문이다. 그러나 이 과정만 지나면 다른 서유럽의 언어(영어, 프랑스어 등)보다 더 어려울 것이 없다. 그리고 어렵다고 하는 이 초기과정도 기본원리를 터득하고 나면 모든 것이 술술 풀릴 정도로 독일어는 논리에 바탕을 두고 있다. 독일어는 논리적이어서 쉽고도 어렵다.

유럽어와 독일어

독일어는 지금으로부터 약 6,500-5,000년 전에 있었던 것으로 추정되는 인도유럽어(옛날에는 '인도·게르만어'라고 불렸지만 오늘날은 인도유럽어라고 부른다)에서 파생된 게르만어에 속한다. 오늘날 지구 전체 인구의 약 45%가 인도유럽어에서 유래한 언어를 사용한다. 인도유럽어의 발생지는 카스피해 북부의 초원지대로 추정되고 있다. 기원전 12

세기 정도에 시작하여 기원전 5세기에 종료된 것으로 추정되는 소위 '1차 자음 추이'[5]를 통해 게르만어에 속하는 언어들(독일어, 영어, 네덜란드어, 북유럽어 등)이 인도유럽어에서 파생하여 발달하기 시작하였다. 독일어는 6세기에 게르만어 내부에서 일어나는 '2차 자음 추이'를 통해 오늘날의 독일어로 변화하는 과정을 겪는다. 게르만 민족의 이동을 통해 브리타니아 섬으로 건너간 앵글로족과 작센족의 언어는 제2차 자음 추이를 겪지 않았고, 이로써 영어는 대륙의 게르만어와 구분되며 고대영어로 발전하였다. 독일어의 발달과정은 인도유럽어-->1차 자음 추이-->게르만어-->2차 자음 추이-->현대 독일어 순서로 진행되었다.

현재 유럽에서 사용되는 언어는 약 43개이다. 여기에 소수 언어까지 합하면 약 230개의 언어가 존재하는 것으로 추정한다. 유럽에는 왜 이렇게 많은 언어가 있는가? 미국이나 중국 또는 러시아에서는 가도 가도 동일한 언어가 사용되지만 유럽에서는 자동차로 두 시간 정도만 달려도 언어가 바뀐다. 참고로, 세계적으로 사용되고 있는 언어 수는 약 7,000

---

5) '1차 자음 추이'는 기원전 12세기에 시작하여 기원전 5세기에 종료된 것으로 추정되는 자음 변화 또는 자음 추이를 말하며 이를 통해 인도유럽어에서 게르만어가 발생한다. 자음 추이에 대한 간단한 예를 자음 p가 f로 변하는 과정에서 살펴보자. '자음 추이'란 자음이 시간의 경과에 따라 다른 자음으로 변화하는 것을 말한다. 예컨대 '발'을 의미하는 고대 그리스어 pús (π o ύς), 라틴어 pēs, 고대 인도어 pát는 자음 p를 유지하고 있지만 게르만어족에 속하는 독일어에서는 Fuß, 영어에서는 foot, 아이스랜드어에서는 fótur, 덴마크어에서는 fod, 노르웨이어와 스웨덴어에서는 fot로 변하면서 원래의 자음 p가 f로 변하는 것을 볼 수 있다.

여 개로 추정된다.

유럽에서 사용되는 언어가 많기는 하지만 대부분 3개의 상위 모태어, 즉 게르만어, 로만어 그리고 슬라브어로 종합된다. 게르만어에 속하는 속하는 언어는 독일어, 영어, 네덜란드어 그리고 다수의 북유럽어들이다. 로만어에 속하는 언어는 프랑스어, 스페인어, 포르투갈어, 이탈리아어, 루마니아어 등이다. 그리고 슬라브어에 속하는 언어가 러시아어를 비롯하여 동유럽 국가들이 사용하는 언어이다. 동일한 모태어에 속하는 언어들은 언어구조, 어휘들이 유사하거나 동일한 것이 많아서 쉽게 배울 수 있다. 상대방의 언어를 한 번도 공부한 적이 없는 스페인 사람과 포르투갈 사람이 만나서 천천히 자기 나라의 언어로 얘기하면 서로가 이해할 정도라고 한다. 부러운 일이다. 대학교육을 받은 유럽인들은 대부분 2-3개의 외국어를 구사한다. 그들이 언어에 뛰어난 재능이 있어서라기보다는 유럽어의 친족성 때문이니 외국어 잘 안 되는 우리의 독자들은 너무 기죽을 필요가 없다.

현대 독일어의 발전과정

독일어는 위에서 설명한 '제1차 자음 추이'와 '제2차 자음 추이'를 통해 오늘날의 독일어로 발전하였다. 중세 독일어가 오늘날의 현대 독일어로 발전하고 국가 언어로 사용될 수 있었던 배경에는 종교개혁가이며 히브리어, 그리스어와 라틴어 성경을 독일어로 번역한 루터의 역할이 매우 중요했다. 천주교와 교황에 반대하여 종교개혁을 부르짖었던 루터가 독일이 아닌 영국이나 프랑스에 살았더라면 그는 간단히 처형되었을 것이다. 영국이나 프랑스는 중앙집권 국가였으며 독일은 300개 이상으로 나뉘어 있던 '신성로마제국'이었기 때문이다. 중앙집권 국가에서는 쫓기는 자가 숨을 곳이 없다. 그러나 정치적으로 조각조각 나누어진 '신성로마제국'의 독일에서는 그리 간단하지가 않았다. 황제의 명령도 제후가 따르지 않으면 별 소용이 없었기 때문이다. 보름스(Worms) 제후의 도움을 받은 루터는 바르트부르크(Wartburg)성에 피신한 채 성경 번역에 착수했다. 루터는 특유의 지치지 않는 열정으로 단 11주 만에 신약성경의 번역을 완성하였고, 그 후 10년이 넘는 작업을 통하여 구약 성경의 번역을 완성하였다. 루터는 번역을 할 때 특히 두 가지를 고려했다고 한다. 평민들이 말하는 구어체와 함께 관공서에서 사용하는 독일어를 많이 고려하였다고 한다.

루터가 독일어로 번역한 성경은 1534년에 출간되었고, 루터 생전에 50만 권이 판매되었다고 한다. 베스트셀러 중의 베스트셀러였다. 당시의 성경 한 권 값은 약 1 굴덴이었고, 1 굴덴은 교사의 두 달 치 월급이나 송아지 한 마리를 살 수 있는 돈이었다고 한다. 루터의 영향으로 16세기 말에는 신성로마제국 내의 모든 나라에서 기록용 언어는 루터의 독일어를 사용하였다. 루터는 성경을 독일어로 번역함으로써 후세의 독일인들에게 무엇보다 값진 선물을 남겼다. 독일어는 이후 괴테의 작품, 특히 <젊은 베르테르의 고뇌>를 통해 유럽의 문학 언어로 자리 잡을 수 있었다. 이후 이어진 그림 형제의 동화, 독일어 문법을 현대 문법으로 정리한 두덴(Konrad Duden) 등을 거치면서 오늘날의 현대 독일어로 발전하였다. 현재 하노버 지역에서 사용하는 말이 가장 정확한 독일어로 알려져 있다.

독일어 인구와 독일어를 사용하는 국가

독일어를 모국어로 사용하는 인구는 1억 5백만 정도이며, 제2 언어로 사용하는 인구는 약 8천만 정도로 추산한다. 독일어를 사용하는 국가나 지역은 독일, 오스트리아, 스위스, 리히텐슈타인, 룩셈부르크, 벨기에의 말메디(Malmedy), 이탈리아의 남부 티롤, 프랑스의 알자스-로렌 지역 등이다. 루마니아, 남아프리카, 나미비아의 일부 지역에서도 독일어가 사용되고 있다.

독일어의 특징과 논리성

사실 독일어는 다른 서유럽의 언어와 비교해 볼 때 어렵지 않다. 불어는 시제만 해도 14형태가 있고, 영어는 쉬운 거 같지만 설명이 안 되고 그냥 외워야 되는 문법이 많다. 그건 영어가 게르만어에서 출발했지만 그동안의 역사에서 외부적 영향을 많이 받으면서 변화했기 때문이다. 로마제국의 영국 점령, 1066년 이후에 시작된 프랑스의 영향, 국제언어가 되면서 받은 외부의 영향과 내부적 수용 능력 등이 영어의 발전에 영향을 끼쳤다. 이런 내외부적 요인에 의한 변화를 겪으면서 영어는 불규칙적으로 변화하고 발전하였다. 그러나 독일어는 쓰인 대로 읽으면 되고, 시제는 6개가 있을 뿐이며, 독일어 문법은 웬만하면 설명이 다 된다. 그렇다면 독일어가 어렵게 느껴지는 이유는 무엇일까? 그건 특히 두 가지 이유 때문이다. 첫째는 독일어가 영어나 불어, 스페인어에 비해 정확하며, 이 정확성을 갖추기 위해 요구되는 문법적 요소 때문이다. 독일어는 모든 일반명사가 세 가지 성(性)(남성, 여성, 중성) 중에서 하나의 문법적 성을 가지며, 문법적 성에 따라 명사의 관사가 나누어진다. 관사는 그 유명한 '데르, 데스 뎀, 덴'으로 시작하는 바로 그것이다. 명사는 성과 관사(정관사, 부정관사)에 따라 명사의 격변화, 명사의 단수와 복수 변화를 한다. 그리고 명사를 수식하는 형용사는 명사의 격, 수 및 성에 따라 조금씩 다른 형용사 어미 변화를 한다. 이쯤 되면 단단히 각오를 하고 독일어를 시작한 사람이라도 거의 절망하는 단계에 이른다. 그러나 절망하지 말자. 그리고 절망할 필요도 없다. 오르막은 여기까지이며 그다음부터는 내리막길이다. 그리고 오르막길도 알고 보면 쉽게 오를 수 있는 길이 있기 때문이다. 이 길이 바로 독일어가 가지고 있는 논리성이다. 현상적으로 보면 복잡하게 보이는 요소들도 알고 보면 서로 연결되어 있고 간단한 원리에 기반을 두고 있다. 따라서 기초가 되는 본질적 요소를 터득하고 나면 다른 문법요소들을 '줄줄이 고구마'처럼 서로 연결하여 이해할 수 있다. 그래서 독일어는 논리적이라고 부르며, 이 논리적 특징은 언어의 정확성을 높이는 것이다. 이런 관점에서 볼 때 독일어가 다른 외국어 (유럽의 서유럽의 언어)와 비교하여 어려울 것이 없다. 다음의 문장을 보자.

A man bites a dog.
Einen Mann beisst ein Hund.

첫 번째 영어 문장에서는 '사람이 개를 물었다'로 번역될 수밖에 없지만 동일한 통사구조를 가진 독일어 문장에서는 이런 오역이 불가능하다. 그 이유는 바로 명사의 격을 나타내는 관사 때문이다. Einen이 우리말의 '을, 를'을 의미하는 4격을 나타내기 때문이며, ein이 '는, 은'의 의미를 가진 주격임을 나타내기 때문에 독일어에서는 위 문장을 '사람이 개를 물었다'가 아닌 '개가 사람을 물었다'로 이해할 수 있다.

독일어가 어렵게 느껴지는 둘째 이유는 독일어를 가르치는 교수법과 관련이 있을 것이다. 그동안 우리는 외국어를 배우거나 가르치면서 너무나도 어려운, 무조건 주입식으로 배웠다. 영어는 대학 때까지 10년 이상을 배우지만 영미권 사람들과는 대화가 안 되는 경우도 많다. 영어가 이럴진대 하물며 독일어는 어떠하겠는가? 고등학교 때 배웠던 독일어 시간을 떠올리면 대부분의 학생들이 질리도록 외웠던 '데르, 데스, 뎀, 덴…'을 떠올릴 것이다.

복잡하게 느껴지는 사물의 인과관계도 그 본질을 이해하고 나면 나머지는 저절로 풀리듯이 독일어도 그런 방법으로 배우고 가르치는 교수법을 개발해야 할 것이다. 물론 외국어를 배운다는 건 어려운 일이다. 그러나 좀 복잡하게 느껴지는 문법도 기초와 배경을 이해하고 나면 훨씬 더 쉽고, 나아가 흥미로울 수도 있을 것이다. 독일어가 바로 그럴 수 있는 언어이다.

언어에도 남성, 여성 그리고 중성과 같은 성 개념이 있어요?

독일어의 명사의 문법적 성과 관사:

오늘날 사용되는 대부분의 유럽어는 인도유럽어에서 파생하였다. 그리고 대부분의 서유럽의 언어(독일어, 영어, 불어, 스페인어, 이탈리아어 등)는 관사가 있다. 다만 매우 제한적(영어: the, a/an, 불어: le la, 스페인어: el, la)으로 사용될 뿐이라 별로 어렵지 않게 느껴질 뿐이다. 즉 남성이나 여성 정도만 구분하거나 영어의 the나 a(an) 정도로 사용이 국한된다. 게르만어에 속하는 영어도 고대영어에선 현대 독일어처럼 명사가 남성, 여성 및 중성의 문법적 성을 가졌고 이에 따른 관사를 사용했다. 이때의 성은 자연적 성을 따르기도 하였지만 완전히 임의적으로 사용되기도 하였다. 몇 가지 예를 살펴보자. 오늘날 태양을 뜻하는 'the sun'은 고대영어에선 'sēo sunne'였고, 문법적 성은 여성이었다. 달 'the moon'은 고대영어에선 'se mōna'였고, 남성이었다. 여성 'the woman'은 고대영어에선 'þæt wīf'였고, 중성이었다. 고대영어에서 사용했던 어휘와 명사의 성은 오늘날 현대 독일어와 정확하게 일치한다(sēo sunne/die Sonne, se mōna/der Mond, þæt wīf/das Weib). 영문학을 배우는 영국 대학생과 독일 대학생이 11세기 전에 써진 고대영어 텍스트를 읽으면 독일 학생의 해독능력이 높다고 한다. 그것은 그만큼 고대영어와 현대 독일어의 유사성이 높다는 것이며, 이는 다시 현대의 영어는 게르만어에 속하지만 그 사이에 많은 변화를 겪으면서 게르만어적인 요소를 많이 상실했다는 것을 뜻하기도 한다.

11세기 이후 영어는 라틴어와 프랑스어의 영향을 받으면서 명사의 성과 관사가 사라졌고, 오늘날 남은 것은 남성, 여성, 중성을 나타내는 he, she, it와 정관사와 부정관사를 의미하는 the, a(an) 등이다. 동유럽 사람들이 사용하는 대부분의 슬라브어(폴란드어, 체코어, 러시아어)에는 관사가 없다고 한다.

왜 문법적 성을 사용하는가? 그 배경은?

독일어의 모든 명사는 남성, 여성, 중성 중에서 한 가지의 문법적 성을 가진다. 전체 명사 중에서 남성명사가 34%, 여성명사가 46% 그리고 중성명사가 약 20%를 차지한다. 생물학적 '남자'를 의미하는 der Mann이나 남성의 직업은 남성이며, '여자'를 의미하는 die Frau나 '여의사'와 같이 여성의 직업을 나타내는 명사는 여성이다. 그러나 독일어의 '숟가락'에 해당하는 der Löffel이 왜 남성(der)인지, '포크'에 해당하는 die Gabel이 왜 여성(die)인지 그리고 '나이프'에 해당하는 das Messer가 왜 중성(das)인지는 아무도 모른다. 그냥 그럴 뿐이다.

독일어가 속했던 원조언어인 인도유럽어에서는 '셀 수 있는 것'은 남성으로, 집합명사나 추상명사는 여성으로, 행동이나 과정을 나타내는 명사는 중성으로 정한 관습이 있었을 것으로 추정해 보지만 확인할 수는 없다. 왜냐하면 인도유럽어는 존재했을 것으로 추정하는 언어이며 현재 확인된 역사적 사료가 없기 때문이다.

임의로 정해지는 것 같은 독일어 명사의 문법적 성도 명사의 성격이나 명사의 어미를 보며 그의 문법적 성을 구분하는 쉬운 방법이 있다. 예를 들어 익숙한 노래의 멜로디를 따라 '데어-익-링-오-이스무스-에어…'라고 외우며, 'der, ig, ling, or, ismus, er의 어미로 끝나는 단어는 남성이다.'라고 배우는 것이다. 이것도 외워야 하지만…

게르만어에 속하는 영어는 이렇게 복잡하지 않은 데 왜 유독 독일어만 이런가? 크게 보아 두 가지 이유가 있을 것이다. 첫째 독일어와 영어는 그 발달과정에서 다른 외부적 영향을 받았다. 하지만 독일어는 영어와 다르게 외부의 영향을 비교적 적게 받았고, 게르만어적인 특징을 비교적 많이 유지할 수 있었으며, 둘째는 아마도 불분명하고 '적당한' 상태로 놔두지 못하는 독일인들의 '철저한' 성격에서 오는 것이 아닐까. 그래서 우리는 독일어를 '학문의 언어'라고 하지 않는가?

프랑스어의 부드러움, 영어의 가벼운 악센트와 비교하면 독일어는 자음이 강하기 때문에 발음이 무뚝뚝하다. 그러나 분철이 명확하고 발음이 정확하기 때문에 알아듣기가 쉽다. 이 때문에 연극배우들이 무대에서 대사를 할 때면 또박또박 잘 들린다. 독일가곡이 사랑받는 이유는 무엇인가? 가곡이 가진 내적인 음악성과 함께 강하면서도 분철이 분명한 언어가 멜로디를 따라 노래로 변할 때 주는 특징 때문일 것이다. 어둡고, 본질적이고, 내면을 토로하고, 낭만적이고 운명적이다. 그리고 무엇보다도 잘 들린다.

독일인들의 말은 정확하고 논리적이며 '결과'가 따라야 한다. 독일어는 부문장에서 동사가 제일 마지막에 오기 때문에 끝까지 들어야 진의를 파악할 수 있으며, 말을 시작할 때 이미 끝을 어떻게 맺을까를 알아야 할 정도로 논리적이다. 진지한 토론이나 대담에서는 독일인들의 논리정연한 말솜씨가 빛을 발한다. 수사학에 능란한 정치가의 연설을 들어보면 독일어는 매우 논리정연하고 호소력 있는 언어라는 것을 실감할 수 있다. 생각을 담아내는 언어구조가 명확하며, 말하기 전에 이미 말할 내용을 정리해야 하기 때문이다.

독일어, 어떻게 배우고 가르칠까?

독일어 명사의 문법적 성(남성, 여성, 중성), 성과 격에 따른 관사의 변화, 이에 따른 형용사의 어미 변화, 명사의 단수와 복수의 변화⋯ 인내심이 많은 초보자도 이 정도가 되면 한계에 도달하고 독일어를 포기하거나 머리를 쥐어뜯고 싶은 절망적인 상태가 된다. 우리도 지금까지는 대부분 이런 순서로, 이렇게 배웠다. 그러나 바로 이 고개를 넘으면 독일어는 쉬워진다. '독일어는 울고 들어가서 웃고 나온다'라는 말을 실감할 수 있는 시점이다.

이젠 초보자의 인내심의 한계를 강조하거나 옛날처럼 '데르. 데스. 뎀, 덴…하고 외우고 실제에선 제대로 써 먹지도 못하는 암기식 방법으론 가르쳐서는 안 되며, 독일어를 배우는 초심자를 절망하게 해서도 안 된다. 그러면 무슨 '만병통치약'이 있는가? 외국어를 배우는 데 왕도는 없다. 그러나 도움이 되는 방법들은 많다. 모든 복잡함의 근원이 되는 핵심 내용을 설명하고, 여기에서 출발하여 독일어를 이해하게 하면 된다. 우리는 지금까지 독일어를 이해하고 아는 것이 아니라 인내심의 한계를 시험하며 무한 반복의 방법으로 외워서 알고 있었다. 그러나 외운 것은 자주 반복하지 않으면 곧 사라지고, 그리고 독일어도 사라진다. 그러나 근원을 이해한다면 훨씬 쉽고 오래갈 것이다.

'현대 수학의 아버지'라 불리는 독일의 수학자 가우스의 비결은 수학을 하는 방식을 새롭게 정립한 데 있다. 1부터 100까지의 자연수를 모두 더하기 하라는 숙제를 받고 동료 학생들이 끙끙거리며 문제를 풀고 있을 때 가우스는 일찍 문제를 끝내고 다른 일을 하고 있었다고 한다. 근엄한 수학

선생님이 '왜 문제를 풀지 않고 딴짓을 하느냐'라고 야단을 치자 이미 문제를 다 풀었다며 답은 5,050이라고 말했다. 깜짝 놀란 선생이 어떻게 그 짧은 시간에 문제를 풀었느냐고 묻자 가우스가 설명했다. "100+0=100, 99+1=100, 98+2=100 이런 식으로 49까지 50번이 진행된 후 마지막에 50이 남습니다. 그걸 더하기 하면 5050이 됩니다."라고 대답하였다. 새로운 사고방식이다.

독일어를 배우는 데 이런 '기적'은 없다. 그러나 여러 번 강조했지만 독일어는 논리적이고, 독일인들은 단순한 면이 있다. 아무리 복잡한 것도 그 바탕에는 단순한 논리가 있다. 독일어도 이렇다. 이외에도 요즈음은 복잡한 독일어 문법(문법적 성의 구분법, 형용사 변화, 전치사, 명사의 단수와 복수 구분 등)을 쉽고 재미있게 설명하는 교수법도 많이 개발되었다. 처음부터 기초문법을 무조건 암기식으로 외우는 것이 아니라 독일어의 논리적 특징과 이에 바탕을 둔 핵심 논리를 이해하는 것이 중요하다. 그다음부터는 새로운 내용이나 문법을 핵심에 근거하여 설명하고 이해하면서 연습과 회화를 중심으로 공부하면 크게 어려울 것이 없을 것이다. 이런 방법을 사용하여 독일어를 배우고 가르친다면 '지긋지긋한' 독일어가 어쩌면 매력적으로 느껴질 수 있을 것이다.

딱딱하게 느껴지는 독일어의 자음이나 특히 혀를 굴리는 독일어 'r'이 들어있는 단어(Regen(비), Rad(바퀴), Reis(쌀), rein(순수), rufen(부르다))를 발음하는 건 무척 어렵게 느껴진다. 그러나 우리가 물을 마실 때 목젖에서 구르는 소리 '르르르' 또는 자동차 시동을 걸 때 나는 소리 '부르르르르릉' 또는 자전거 초인종을 누를 때 나는 '따르르르르릉' 등으로 목젖을 굴리다가 '르르르레겐' 하고 발음을 하면 스트레스도 해소되고 어쩌면 정말 비가 올지도 모른다. 독일어는 논리적이어서 어렵고, 그래서 쉬운 언어이다.

10 충격적인 나체 문화,
   알고 보면 저항적이고 '합리적'

　필자가 잘 아는 독일 친구 부부가 있다. 독일을 방문할 때면 빠짐없이 방문하는 친구이다. 어느 겨울날 우리 부부가 쾰른에 사는 그 친구 집을 방문했을 때의 일이다. 필자가 사우나를 좋아하는 걸 알고 있는 독일 친구 부인은 자기 집의 지하실에 설치된 가정용 사우나를 가열시킨 후에 함께 사우나를 하자고 하였다. 사우나는 옷을 벗고 알몸으로 하지 않는가! 그런데 함께 하자고! 함께 들어가자는 말에 화들짝 놀란 내가 정색을 하며 '어떻게 그럴 수 있냐'라고 묻자 독일 친구 부인이 오히려 정색을 하며 물었다. '사우나를 하려고 들어가자는데 뭐가 그렇게 이상하며, 놀라느냐'라는 것이다. 한참이나 문화적인 차이에 대한 이야기가 오고 갔다. 어쨌든 우리는 남자 둘이 먼저 하고 나중에 집사람과 친구 부인이 하고 나온 적이 있다.

이처럼 독일인들은 좀 자유롭게 신체 노출을 하며, 그리고 이러한 노출에 대하여 관대한 편이다. 대중 사우나, 수영장, 해변에는 나체족들을 위한 지역이나 정해진 시간이 따로 있으며, 이들은 아주 자연스럽게 나체로 해변을 산책하거나 사우나를 즐긴다. 햇볕이 내리쬐는 여름날에 뮌헨의 도심에 있는 '영국 공원'(Englischer Garten)에 가보라. 공원을 가로질러 흐르는 강가에서 일광욕을 즐기는 적지 않은 나체족들을 발견할 수 있을 것이다.

우리의 상식으로는 이해가 되지 않는다. 어떻게 이런 일들이 가능할까? 독일인들이 유독 괴상한 취미를 가진 사람들이며, 윤리적으로 문란한 사람들인가? 그들의 나체 문화의 사회-문화적 배경은 무엇인가? 아래에서는 도른/바그너(Dorn/Wagner, 152쪽 이하)의 논지를 참고하면서 나체 문화의 유래를 살펴보자.

'나체주의' 또는 '나체 문화'로 불리는 독일의 FKK(FreiKörperKultur)의 시작은 19세기 말로 거슬러 올라가며, 그 출발은 사회 비판적 배경에서 시작되었음을 알 수 있다: 독일에서의 산업화와 도시화는 유럽의 다른 나라들에 비하여 늦게 시작되었으며, 그런 만큼 사회는 더 빠르게 변화하였다. 독일이 제국으로 통일되는 1871년의 도시인구를 살펴볼 때 2,000명 이하의 인구를 가진 마을이나 도시가 전체의 67% 정도나 되었다. 그러나 1910년에는 무려 27%나 줄어든 40%로 감소하였다. 반대로 10만 명 이상의 인구가 사는 도시는 5%에서 20%로 수직으로 상승하였다. 이렇게 급변한 사회노동 환경 속에서 독일의 농부들은 이제 보리수 그늘 아래에서 시원한 맥주를 마시며 일과 후의 휴식을 보내는 것이 아니다. 도시의 공장에서 노동을 하며, 평균 5명 정도의 자식들과 함께 대도시 뒷골목의 좁은 지하 방에서 생활해야 했다. 급변하는 산업화 및 대도시화에 따라 독일의 중산층들은 '오염된 도시로부터 탈출, 좁은 골목에서 탈출, 관료주의와 산업사회에서 탈출, 기술과 자본경제로부터 탈출'을 외치며 외부로 눈길을 돌렸다.

1880년대에는 '삶의 개혁'이라는 슬로건 아래 다양한 대안 운동이 생겨났다. 이런 대안 운동 중에는 새로운 문명과 이 문명이 가져온 질병을 비판하면서 극단의 방향전환을 통하여 새로운 구원을 바라는 운동이 있었다. '자연으로 돌아가자'라는 루소의 주장은 그 어느 곳보다 독일에서 반향이 컸다. 이런 사회-문화적 환경 속에서 거추장스러운 옷을 벗어버림으로써 육체와 정신, 우주와 인간, 부자와 빈자 사이의 간극을 좁힐 수 있다는 생각이 생겨나기 시작했다. 이런 배경에서 독일의 '나체 문화'는 하나의 대안적 문화 운동, 사회운동으로 시작되었음을 알 수 있다.

신념에 의한 최초의 나체주의자는 화가였던 디펜바흐(Karl Wilhelm Diefenbach)였다. 장티푸스로 오른쪽 팔이 불구가 된 그는 자연치료법과 채식이 자신을 낫게 했을 것이라고 믿었다. 텁수룩하게 수염을 기른 그는 수도사와 같은 외투를 걸친 채 맨발로 뮌헨 시내를 다니면서 자신의 신념을 설파했다. 그는 1887년에 자신을 따르는 사람들을 모아 공동체를 설립했다. 그의 공동체에서는 육식, 흡연, 술, 사유재산, 시민사회의 제도에 따른 결혼 등이 금지되었고, 그 대신에 빛, 공기, 태양, 나체, 경쾌함이 넘치는 신체문화가 장려되었다. 1900년에는 문명에 반대하는 예술인 거주지가 스위스의 '몽 베리타' 언덕에 조성되었다. 평화주의자와 무정부주의자, 나체주의자와 표현 무용가, 인지학의 주창자와 정신분석학자, 비건주의자와 채식주의자들이 주류를 이루었다. 이들 사이의 평화는 항상 불안정한 면이 없지 않았지만 이들의 거주지는 1920년까지는 공존하였다. 저명한 철학자 블로흐(Ernst Bloch), 작가 하우푸트만(Gerhart Hauptmann), 헤세(Hermann Hesse) 등이 이 운동에 참여하였다.

문명에 지친 사람들이나 대도시의 사람들은 하루에 다만 몇 시간 동안이라도 옷을 벗는 자유로움을 원했다. 벗은 피부는 우주와의 소통을 의미했고, 나체를 통하여 새롭게 태어나고, 이를 통해 정신과 육체가 하나가 되는 경험을 할 수 있다고 생각했다. 평소에도 그리움에 대한 동경이 있는 독일인은 나체 상태에서는 이 그리움이 더 자유롭게 나타난다고 생각했을 것이다. 권위적이고 보수주의적이었던 빌헬름 황제 시대에 이런 '반문명적 철학'은 이해되거나 용인되기 어려웠고, 나체주의자들의 모임은 주로 '금지된 장소'에서 이루어졌다. 이들은 1차 대전 후에서야 자기들만의 장소를 가질 수 있었다. '독일 나체 문화주의자들의 장소'를 베를린의 모체너 강(Motzener See) 남쪽에서 처음으로 마련할 수 있었다. 물론 이 장소는 일반 사람들이 관음증의 유혹에 빠지지 않도록 판자 울타리를 통하여 차단되었다.

목사였다가 나중에 나체주의자가 된 바이데만(Magnus Weidemann)도 있었다. 그는 1차 대전 후 성직을 버리고 쥘트(Sylt) 섬으로 건너가 사진기사 생활을 하였다. 나중에는 나체주의자들의 기관지 <기쁨, 독일의 내면성을 위한 월간지>의 공동편집자가 되었고 성경의 자연주의적 구원의 역사를 설파했다. 사회주의적 나체주의 대표로는 코흐(Adolf Koch)가 있다. 그는 바이마르 공화국 시절에 나체 단체를 창립했으며, 이 클럽은 회원 수만 7만에 이를 정도로 성장했다. 코흐에게 중요했던 건 '노동으로 지친 몸'을 힐링과 균형스포츠를 통해 해방하는 것이었다. 사무직이나 육체 노동자들이 휴일에 옷을 벗어던지고 햇빛을 쬐며 자연 속을 거닐 때 그들은 의복, 사회적 위치, 소유, 증오 등의 모든 차별과 차이에서 해방된다고 생각했다. 적어도 이때만큼은 자유와 자연의 인간으로서 자유스러운 인간들 속에서 함께 있다고 생각했다. 빛이 독일민족 속에 더 깊이 파고들면 들수록 독일민족은 총체적 형제애로 뭉칠 수 있다고 생각했다. 그러나 모든 인간이 형제가 될 수 있다는 희망은 이루어지지 않았다. 예컨대 운게비터(Richard Ungewitter) 같은 사람은 국수주의적 나체주의를 신봉했다. 그는 나체주의자였지만 "유대인, 검둥이 또는 다른 열등한 종족은 어떤 관점에서도 독약이다"라고 인종주의적 선동을 멈추지 않았다.

나체 문화 운동은 히틀러의 나치 독일이 등장하면서 급격하게 위축되었다. 국가사회주의자들, 즉 나치들은 신속하고 강한 제제를 통하여 나체 문화 운동에 종지부를 찍었다. 내무부 장관이었던 프릭크(Wilhelm Frick)는 1933년 3월에 "소위 말하는 나체 문화 운동은 독일 문화와 윤리에 대한 큰 위협이다. 여성들에겐 자연적인 수치심을 없애고, 남성들에겐 여성들에 대한 존경심을 빼앗는다."라고 발언하였다. 이 발언이 있은 후 독일의 모든 나체주의자 해변이나 장소는 나치 돌격대와 나치-청년대에 의해 파괴되었다.

2차 대전이 끝나면서 사정이 조금씩 호전되었다. 코흐는 황폐화한 베를린에서 '신체문화를 위한 연구소'를 1946년에 개원했으며, 서독에서는 1949년에 나체 문화 전국조직이 결성되었다. 1953년에는 나체 문화-청년조직이 결성되었다.

1968년에는 전 유럽을 휩쓴 '68 학생운동'을 통하여 나체 문화는 또 한 번 획기적인 계기를 마련한다. 그들이 속한 공동체, 공동하우스, 어린이집 등을 통하여 나체 문화는 다시

한번 사회 비판적 성격을 가지면서 확산하였다.

여기서 잠시 전후 독일 사회 전반에 걸쳐 큰 영향을 미친 '68 학생운동'을 살펴보자.

이 운동은 67-68년 사이에 미국, 영국, 프랑스와 특히 독일에서 일어난 진보-좌파 중심의 학생운동이었다. 독일 대학생과 젊은 층들은 67년까지만 해도 비정치적이었다. 그러나 당시의 기민당과 사민당으로 이루어진 대연정 정부가 도입한 '국가비상법'을 통하여 정치화되는 계기를 맞이하였다. 이때의 대학생들의 부모 세대는 대부분 제2차 세계대전에 참여했거나 독일 나치에 가담한 세대들이었지만 자신들이 저지른 과거의 역사에 대하여 침묵하였으며, 나치에 동조했던 많은 수의 교수들이 1945년 이후에도 대학의 강단에서 가르치며 정치에 참여하고 있었다. 대표적 정치인으로는 68-69년에 연방 수상을 지낸 키징거(Kurt Georg Kiesinger)였다. 그는 나치 독일 시절에 나치 정당의 당원이었고, 독일이 패망하는 45년까지 외무성의 고위간부로 근무한 인물이었다. 이외에도 많은 나치 동조자들이 재계, 학계, 정치계 등에서 활동하고 있었다.

대학생들의 요구는 대학의 민주화, 나치 전력이 있는 정치인과 교수들의 퇴출, 권위적 사회의 개혁, 베트남 전쟁의 종식, 여성해방 및 성 개방 운동 등이었다. 대학생들은 정부와 의회가 입법하려는 '국가비상법'(국가 비상시 발동되는 법으로서 그 주 내용은 기본법의 일부 무력화, 군대 투입, 행정부 주도의 정치 등)을 히틀러가 1933년에 의회를 무력화시키고 독재를 시작한 수권법(Ermächtigungsgesetz)으로 이해하였다. 이에 치열한 반대 투쟁을 벌였고, 이를 위해 '의회 외부 야당'(APO, Außerparalamentarische Opposition)이라는 전국규모의 저항단체를 결성했다. 이를 통해 '독일 사회주의 학생연맹'(SDS, Sozialistische Deutscher Studentenbund)이 결성되었다. 67년에 독일을 방문한 이란의 왕 팔레비(Pahlavi)의 방문을 반대하는 데모에 참여하였던 학생(Benno Ohnesorg)이 경찰이 쏜 총에 맞아 사망하는 사고가 있었다. 가해자가 무죄로 석방되자 저항운동은 걷잡을 수 없는 들불처럼 전국적으로 퍼져나갔다. 68년 4월에는 학생운동의 지도자였던 두치케(Rudi Dutschke)가 총격(수년 후 후유증으로 사망)으로 치명상을 입으면서 서독 사상 최대의 데모와 시가전을 방불케 하는 극렬한 저항이 있었다. 1969년에 사회민주당과 자유민주당의 연정을 통하여 빌리 브란트가 수상이 되면서 사회적 문제를 정치적으로 수용하기 시작하였다. 이로써 학생운동은 서서히 힘을 잃게 되었다. 이때 브란트는 "우리는 이제 더 많은 민주주의를 감행할 것이다"라는 구호로써 서독 사회의 민주화의 서막을 알렸다.

이 이후 학생운동은 점점 약화하였지만 그 영향은 다양한 분야에서 나타나기 시작했다. 소수이지만 일부는 '적군파'(RAF)로 알려진 테러단체로 극렬화되었다. 또 다른 일부는 사회 및 문화 운동의 영역으로 나아갔다. 서베를린에서 형성되어 '꼼뮤네'로 알려진 사회-문화 운동을 시작하였다. 이들은 전통적 주거형태, 전통적 가치관 및 가족관에 반대하여 새로운 주거형태, 새로운 가족 형태를 주장하며, 공동생활을 하였고 나중에는 성의 자유화를 주장하며 공동생활을 하였다. 그러나 이런 운동은 시간이 지나면서 마약을 사용하거나 로큰롤 등의 음악에 깊이 빠지는 모습으로 변질되었다.

'68 학생운동'은 서독을 정치, 문화-사회적으로 근본적으로 변화시킨 대규모 사회문화 운동이었다. '68 운동'에 참여했던 많은 사람들이 서독의 정치-문화 제도를 내부에서 개혁하려고 하였다. 이러한 개혁 운동과 학생운동의 전통에서 78년에 결성되고 오늘날에는 독일의 주요정당으로 부상한 것이 바로 녹색당이다.

위에서 살펴보았듯이 우리에게 특이하게 느껴지는 독일의 나체문화는 그 시작을 살펴볼 때 일종의 문화 운동과 저항운동에서 출발하였음을 알 수 있다.

사우나를 하기 위해 알몸으로 사우나 실에 들어가는 건 오늘날의 독일인들에게 매우 자연스러운 일이다. 물론 사우나를 즐기게 된 배경에는 독일 특유의 춥고 음습한 날씨도 한몫을 하였을 것이다. 그러나 오늘날의 독일인들은 위생적인 이유 때문에라도 그렇게 한다. 수영복을 입고 사우나에 있을 경우에는 흐르는 땀과 노폐물이 수영복으로 흡수되고, 이 경우 특히 세균이 번식하기 좋은 환경의 사우나 실에서 세균이 급격하게 증식된다. 이런 상태로 수영복을 입고 사우나나 수영장에 들어가는 건 매우 비위생적이라고 생각한다. 또한 남녀를 위한 두 개의 사우나를 짓는 건 경제적으로도 비경제적이라고 생각을 한다. 그래서 독일인들은 샤워를 한 후 깨끗한 알몸으로 사우나를 하는 것이 더 좋고 더 위생적이라고 생각한다. 사우나 실에 들어가면 땀이 나무 바닥에 떨어지는 것을 방지하기 위하여 큰 수건을 바닥에 깔고 그 위에 앉거나 눕는다. 사우나 실에서도 발동되는 독일인의 '합리성'이다.

독일인들은 어릴 때부터 잠을 잘 때는 속옷을 다 벗고, 잠옷만 입고 자는 습관이 있다. 필자가 유학을 할 때 두 딸 아이를 유치원에 보냈다. 그러나 어느 날 확인한 것은 점심 후 낮잠을 잘 때 속옷을 모두 벗기고 잠옷만 입은 채 잠을 재운다는 것이었다. 화들짝 놀란 우리 부부는 우리 애들이 유치원에서 낮잠을 잘 때는 속옷을 입힌 채 재워달라고 일부러 부탁을 하기도 했다. 문화의 차이인가? 물론 문화의 차이이다. <문명화 과정>을 쓴 독일의 사회철학자 엘리아스에 의

하면, 16세기까지만 해도 짧은 바지만 입은 아버지가 거의 벌거벗은 부인과 아이들을 데리고 골목을 가로질러 공중목욕탕으로 뛰어가는 모습은 흔히 볼 수 있는 일이었다고 한다. 오늘날의 관점에서 볼 때 '진풍경'이지만 당시에는 흔한 일이었다. 이런 모습은 17세기와 18세기 이후 점차 사라졌다고 한다. 수면습관에서도 이런 모습을 볼 수 있다고 한다. 모든 사람들은 잠자러 가기 전 매일 저녁 옷을 완전히 벗었다고 한다. 이런 습관이 바뀌기 시작한 것은 잠잘 때만 입는 잠옷이 등장하면서부터라고 한다(엘리아스, 328).

독일에서 남녀혼탕 사우나가 가능하고 나체 문화가 사회-문화적으로 가능한 이유는 여러 가지가 있을 것이다. 중세에까지 거슬러 올라가는 문화적 배경도 있을 것이다. 그러나 오늘날의 나체 문화의 출발은 저항적 문화 운동에서 시작되었다는 부분이다. 오늘날은 가족 단위의 문화, 경제적 계산, 어릴 적부터의 교육, 독일인들의 위생 관념, 항상 습하고 음습한 기후와의 연관성 속에서 이해될 수 있을 것이다.

독일인들은 사우나에서 옷을 벗은 이성의 신체를 관음적으로 훔쳐보지 않는다. 이제 독일인들에겐 해변, 강변, 강이 흐르는 공원 또는 사우나에서 나체로 일광욕을 즐기거나 사우나를 하는 것이 낯선 것이 아니라 기호의 문제가 되었다. 나체를 즐기는 사람보다 나체를 훔쳐보거나 빤히 쳐다보는 행동이 오히려 더 안 좋은 행동이 될 것이다.

11 독일 여성, ‘쓰리 케이’에서 메르켈 수상으로

　독일의 문호 괴테의 대표작품인 <파우스트>의 마지막 구
절은 “영원히 여성적인 것이 우리를 이끌어 올린다.”이다.
독일에서의 ‘여성적 요소’는 무엇이며, ‘여성’의 위상은 어
떠한가?

　독일 문학에서 나타나는 여성상은 크게 세 가지 범주로
구분해 볼 수 있다. 첫째는 순결한 소녀, 둘째는 현모양처
그리고 마지막으로는 존경할 만한 고귀한 신분의 여성이다.
다시 괴테의 작품을 예로서 설명해 보면, 순결한 소녀는
<파우스트 Ⅰ>에 등장하는 여주인공 그레첸, 현모양처는
<젊은 베르테르의 수난>에서의 로테 그리고 고귀한 신분의
여성은 <파우스트 Ⅱ>에 등장하는 헬레나 같은 여성들이다.
다른 서유럽 국가의 문학에서 나타나는 네 번째 여성상, 즉
‘치명적 여자’라는 뜻을 가진 팜므 파탈(Femme fatale)은 독

일의 여성상에서 그리 두드러지게 나타나지 않는다. 독일의 전설적인 여배우 말레네 디트리히(Marlene Dietrich)는 육감적인 방법으로 남자들을 유혹하여 파멸시키는 여성이 아니라 냉정하면서도 주체적인 여성으로 이해된다. 독일 텔레비전 프로그램도 비슷한 경향을 보인다. 2차 대전 후에 많이 방영된 '전원극'이나 '향토극'에서 나타난 주인공에게서도 메릴린 먼로처럼 성적 매력을 풍기는 여성은 없다. 이런 여성 타입은 독일적 여성상과는 거리가 있다. 또한 독일에서는 영국의 엘리자베스 여왕 I세, 빅토리아 여왕 등과 비견될 만한 인물이 없다. 전후의 독일에서 가장 유명하고 세계적인 영향력을 가진 연방 수상 메르켈도 '뛰어난 정치인'보다는 '마미 메르켈'로 상징화되고 있다.

영국에선 이미 18세기에 여성해방운동이 왕성하게 진행되었으며, 프랑스에서는 정치와 문화영역에서 여성의 역할이 매우 활발하였다. 독일의 여성들이 권리와 발언권이 없는 것은 아니지만 영국과 프랑스에 비해선 훨씬 낙후되었다. 독일 여성들이 최초로 선거권을 부여받은 것은 1차 대전의 패전으로 군주 독일제국이 폐지되고 '바이마르 공화국'이 수립된 해인 1919년 1월 19일이었다. 2차 대전 전까지만 하여도 독일 여성의 이상향은 '현모양처'였다. 독일 여성들이 가정주부로서, 어머니로서 누리는 위상은 높았다. 그러나 그 높은 위상이 여성들이 공공의 삶으로 나가는 데 오히려 방해물이 되었다. 영국의 '레이디'(Lady)와 프랑스의 '담'(Dame)은 사회적 맥락에서 연상되지만 독일의 '여성'(Frau)은 가족과 가정 그리고 '모성애'와 관련되어 연상된다. 이것은 우리가 '전형적 독일적 요소'에서 살펴본 '고향'과 '안락함' 등과 연결된다고 볼 수 있다. 1957년에는 독일의 헌법에 해당하는 '기본법'에 '남녀평등법'이 명시됨으로써 법률적인 관점에서의 남녀 간의 불평등은 소멸하였다.

2019년 7월에 독일의 언론에 게재된 사진 한 장은 오늘날의 독일 여성의 위상을 상징적으로 대변해 주고 있다. 이 사진에는 세 명의 여성이 나란히 포즈를 취하고 있다. 2005년부터 2020년 현재까지 4선을 거치면서 15년째 독일연방 수상을 계속하고 있는 메르켈, 유럽연합을 대표하는 '유럽집행위원회'의 집행위원장 우르줄라 폰데어 라이엔(von der Leyen), 독일 여당인 기민당의 대표이자 독일 국방부 장관인 크람프 카렌바워(Kramp-Karrenbauer)이다. 독일과 유럽연합의 정치계에서 가장 큰 영향력을 행사하는 사람들이 모두 여성 정치인들이다. 이 한 장의 사진은 독일에서 여성이 차지하는 역할을 대변하고 있다. 그러나 독일 여성들은 이런 적극적 역할을 할 수 있을 때까지 많은 고난을 극복하고서야 오늘날의 위상을 쟁취할 수 있었다. 아래에서는 팔레첵 교수(Paletschek)의 논문을 참고하여 20세기 이후 독일 여성상 변화를 단계별로 살펴보자.

산업화의 초기(1900-1930)

독일에선 여성의 사회적 지위를 논할 때 항상 등장하는 상투적 표현이 있다. 바로 '쓰리 케이'이다. 육아(Kinder), 부엌(Küche), 교회(Kirche)를 뜻하는 말로서 모든 낱말이 케이(K)로 시작하기 때문에 붙여진 이름이다. 이 '쓰리 케이'가 독일과 국제 여성 운동사에서 처음 등장한 것은 1900년대 즈음이며, 이 상투적 표현은 독일의 여성들이 처한 위상의 낙후성을 대변하고 있다. 여성은 개인적이며 수동적이고, 인내하는 사람이다. 동시에 감성적이며, 윤리적으로나 도덕적으로 높은 위치에 있다. 그리고 가족에 헌신해야 하고 가정을 지키는 인물이어야 한다. 반면에 남성은 능동적으로 행동하는 이성적 인물이다. 남성들은 정치, 국가, 경제와 같은 공공의 영역에 종사한다. 독일의 시민사회에 널리 퍼진 여성과 남성의 역할분담과 이상적 모델이었다. 물론 이런 역할에 충실하려면 그런 조건을 갖추어야 할 것이다. 우선은 여성들이 직업을 통해 가정경제에 기여하는 것이 필요 없을 정도로 충분한 경제적 능력을 남자가 갖고 있어야 했다. 그 대신에 여성들은 규모 있는 살림살이를 통해 가정경제의 중심이 되었으며, 자녀교육의 중요성과 함께 이와 관련된 여성들의 역할이 강조되었다.

그러나 다른 한편으론 여성들의 노동이 포기될 수 없는

중요한 부분이기도 하였다. 이런 현상은 특히 소득이 낮은 계층으로 갈수록 더욱 심화되어 나타났다. 농촌사회에서 필요한 비축물의 관리, 닭과 같은 작은 가축들의 사육, 가정 살림이나 판매를 위한 가축 생산물들의 가공, 버터 생산, 맥주 생산, 옷감 생산 등은 여성들이 도맡아야 하는 중요한 노동이었다. 도시사회에서는 가정부, 청소부, 웨이터, 소상인, 일용직 노동자 등이 도시에 거주하는 여성 노동자들이 떠맡아야 했던 고달픈 역할들이었다. 농촌사회나 도시사회에서 생활하는 저소득층의 가정에서는 남성 혼자만의 경제활동으로는 가정을 경제적으로 꾸려가는 것이 가능하지 않았기 때문이었다. 농업, 가사노동, 수공업 부분에서는 여성의 도움은 꼭 필요하였다. 이런 상황에서 교회는 여성들이 그나마 적극적으로 활동할 수 있는 '사회적' 영역이었다. 교회는 한편으론 여성의 종속성과 열등성을 강조하였고 다른 한편으로 여성들의 활동에 의존하는 이중적 모습을 보였다. 여성들에게 강조된 사랑, 헌신, 겸손, 종속 등의 개념은 교회의 이상과 일치하였으며, 서로 보완적인 관계에 있었기 때문이었다. 교회공동체를 넘어서는 사회참여는 여성들에게 허락된 교회의 공간 내에서만 가능하였다. 전체적으로 볼 때 교회는 여성들의 사회적 필요 욕구를 충족시키거나 확대해주기보다는 여성들의 활동공간을 제한하는 역할을 하였다.

물론 소수이긴 하지만 19세기에도 궁정이나 귀족 가정에서는 정치적 영향력을 가졌거나 또는 요구한 여성들도 있었다. 이들은 여성수도원 원장, 많은 유산을 상속 받는 여성, 후견인 역할을 하는 여성, 여성 작가, 학자 등이었다. 그러나 이런 경우는 극히 예외적인 현상이었다. 1900년까지만 해도 독일 여성은 특별한 허가를 받거나 외국대학에서 공부를 하지 않는 한 독일 대학에 입학할 수 없었다. 아무런 제약이 없는 대학입학은 1919년부터서야 가능하였다. 1848년의 실패한 혁명 후 시행된 규정에 따르면 여성들은 1908년까지는 정치적 클럽에 가입하는 것이 금지되었다. 왜냐하면 여성들은 감성적이기 때문에 정치에서 요구하는 이성적이고 합리적인 판단을 할 수 없고, 정치적 행위는 남성들에 의해서 훌륭하게 대변되고 있다고 생각했기 때문이다.

'쓰리 케이' 시대(1930-1970)

1933년에 히틀러가 집권하면서 여성들의 위상은 모순적인 상황으로 접어든다. 한편으론 '육아, 부엌, 교회'로 집약된 전통적 여성상이 강조되었지만 다른 한편으로는 여성의 사회적이며 생산적 역할이 강조되었기 때문이다. 특히 전통적인 여성의 역할, 즉 가정주부와 아이를 낳는 어머니로서의 역할이 강조되고 또한 강요되었다. 그러나 동시에 다른 역할도 강조되었다. 전쟁을 준비하는 과정에서 그리고 2차 대전이 발발하면서 여성들이 수행하는 생산 및 직업 활동은 점점 더 중요해졌다. 1939년에는 53%, 1944년에는 57%의 여성들이 직업 활동을 하였으며, 이 중에 많은 여성들이 군수공장에서 일하였다. 이로써 독일 여성들은 나치 독일에서 '현모양처'로서 피해자일 뿐만 아니라 강요된 '부역자'의 역할을 할 수밖에 없는 모순적인 상황에 빠지게 되었다.

독일이 무조건 항복을 선언한 1945년 이후 독일의 재건 운동이 시작되었다. 남자들이 절대적으로 부족한 상황에서 여성들의 역할이 강조되었다. 특히 폐허의 잿더미 위에서 독일의 경제를 재건한 데는 소위 '폐허 부인'(Trümmerfrau)들의 역할이 컸다. 이들은 한편으론 가정을 책임져야 했고, 다른 한편으로는 폐허의 잿더미에서 힘든 노동을 해야 했다. 전후의 독일 여성들은 노동부에 노동신고를 해야 했고, '폐허 부인'들은 고된 노동의 대가로 육류 100 그램(일당), 빵 500 그램(일당), 시급 70 페니히, 지방 400 그램(월)을 배급받았다.

전쟁 직후의 생존의 문제가 조금씩 해결되고, 독일경제가 다시 회복되는 1960년대에 들어오면서 여성의 역할이 사회적 이슈가 되었다. 특히 여성과 남성으로 구분된 이중적 성윤리와 가정에서의 남녀의 역할이 사회적 이슈가 되었다. 남성들의 성적인 자유는 용인되는 데 비하여 여성들에겐 이런 자유를 엄격하게 제한하는 것에 대한 이중적 윤리가 문제가 되었다. 이런 문제 제기에도 불구하고 가정 살림, 가족, 육아를 담당해야 하는 여성들의 역할이 사회적으로 주목을 받거나 사회적 이슈가 된 적은 한 번도 없었다. 50년대의 여성 정책에서의 여성의 모습은 '현모양처'와 같은 가정주부와 어머니의 모습으로 환원되는 듯한 조짐마저 보였다. 직업은 아직 미혼이거나 아이가 없는 기혼여성들만이 가지는 것으로 생각되었으며, 이마저도 여성의 특성에 적절한 직업 분야로 한정되는 경우가 대부분이었다. 가족부담에 대한 세금혜택, 어린이 수당, 기혼부부 세금 우대 등을 통하여 한편으론 출산율을 높이고 다른 한편으론 자녀를 가진 여성들의 직업 선택을 도와주는 지원이 특정 분야로 제한되기도 하였다.

여성들이 직업을 가진 비율은 1960년에는 49%에서 1991년에는 58%로 상승했다. 이 중에는 파트타임 직업도 많았다. 1957년에 남녀평등법이 통과될 때 특히 교계에서 반대가 있었다. 교리에 따르면 남성은 부인과 자식에 대한 가장이기 때문이며, 여성의 직업 활동은 가정과 가정 살림에 대한 여성의 의무를 충실히 수행하는 전제하에서 용인되었기 때문이다. 남녀평등법이 통과되기 전까지만 하여도 결혼한 여성은 자신이 지참한 재산에 대한 권한을 제대로 행사할 수 없었고, 남편이 대신 행사하였다.

전통적 역할과 새로운 여성상(1971-1990)

80년대와 90년대로 진입하면서 '쓰리 케이' 모델은 비판과 저항에 직면하게 된다. 가정 살림, 육아 교육, 전통적이나 창의적-교회 활동은 여성들이 활동할 수 있는 영역이었지만 동시에 여성들이 무언가를 선택하고, 자신의 삶에 대하여 결정을 내리고, 활동할 가능성을 제한하는 역할을 하였기 때문이다. '쓰리 케이'는 이제 한 단계 발전하여 '포 케이'가 되었다. '커리어'(Karriere)에 해당하는 K가 하나 더 추가되었기 때문이다. 전통적인 여성상인 '쓰리 케이'를 포기하지 않은 채 자신의 직업 분야에서 성공을 거두는 여성상, 즉 '슈퍼우먼'이 새로운 모델로 등장한 것이다. 50년대에 유행하던 3단계 모델, 즉 출산 때까지의 직업 활동, 출산 후 휴직, 재취업으로 이어지는 모델이나 60년대에 선호되었던 파트타임 직업은 더 이상 시대에 맞지 않는 고루한 것으로 인식되기 시작하였다. 여성은 일종의 '슈퍼우먼'이 되어야 했다.

'68 학생운동'은 여성의 전통적 역할에 문제를 제기하였고 새로운 여성상을 정립하는 데 결정적인 역할을 하였다. 1967-68년 동안 서독 사회를 뜨겁게 달구었던 '68 학생운동'은 독일 사회 전반을 민주화하는 데 큰 역할을 한 사건일 뿐만 아니라 독일을 서유럽 사회에 편입시키는 성공적 운동이었다. 68운동을 정치적 반란, 문화적 혁명, 세대 간의 단절 등으로 보느냐가 중요한 것이 아니다. 공개적 저항을 통하여 사회적 변화가 가능했으며, 이것은 다시 독일 시민들의 삶 속에 뿌리내렸다는 것이 중요하다. 권위주의의 부정, 독일의 오늘날의 민주주의, 평화운동과 환경운동, 여성운동(70년대까지만 하여도 부인이 은행 계좌를 개설할 때는 남편의 동의가 필요했다), 소수자 권리 운동, 성의 자유화, 대학의 개혁과 민주화 등은 68운동의 성과이다. 오늘의 독일은 68운동 없이는 불가능하였으며, 68 학생운동은 당시의 서독 사회를 정치, 문화-사회적으로 근본적으로 변화시켰다('68 학생운동'에 대해선 이 책의 '나체 문화'의 해당 부분 참고).

현대의 독일 여성, 90년대 이후

오늘날의 독일 여성은 남성들보다 더 객관적이며 행동력이 있는 여성으로 그려진다. 이런 현상은 경제나 정치 분야 및 다른 사회 분야에서도 두드러지게 나타난다. 경제 분야를 살펴보자. 20-64세의 여성 중에서 75%가 직업을 가지고 있으며, 노동인구는 1천8백4십만이다. 동일한 연령대에 속하는 남자들의 직업률은 83%이다. 유럽연합의 회원국 중에서 세 번째로 높은 숫자이다. 동일한 직업에서의 남녀 간의 임금 차이는 6% 정도라고 한다.

정치 분야에서도 여성들의 역할도 매우 적극적이다. 2020

년 현재의 독일 정부에는 가장 많은 여성 장관들이 활동하고 있다. 독일 내각의 44%가 여성으로서 남성이 9명, 여성 장관이 7명이다. 독일의회에서의 여성의 비율은 30%이다. 약 150명의 외국 주재 독일대사 중에서 20명의 여성 대사가 활동하고 있다. 메르켈 총리가 2005년부터 현재까지 연방 수상으로 활동하고 있다. 여성 수상, 유럽연합을 대표하는 집행위원장으로서의 독일 여성인 폰 데어 라이엔(von der Leyen), 독일 여당인 기민당의 당 대표 크람프 카렌바우어(Kramp-Karrenbauer)는 여성으로서 여당인 기민당의 당 대표와 국방부 장관을 겸직하고 있다. 이외 사회 전반에서 여성들의 활약은 눈에 띈다. 올림픽에서도 여성 선수들이 메달을 획득하는 빈도가 높으며, 드라마에서 등장하는 '형사 반장'의 수도 많아지고, 텔레비전 프로그램의 사회자는 여성들이 더 많다. 정치인들의 수도 점점 늘어나고 있다. 2019년에 여성으로서 최초로 유럽연합 집행위원장에 선출된 폰 데 라이엔이 7명의 자녀를 두었다는 것이 큰 화제가 되었다. 정치를 하면서도 7명의 자녀를 출산한 모성애가 강한 어머니로서의 역할이 강하게 부각되었다. 영국, 프랑스, 미국과 비교해 볼 때 여성이 모성애적인 요소와 연결되는 것은 독일인들이 갖는 보호받음에 대한 뿌리 깊은 그리움 때문일 것이다.

'라인강의 기적'으로 불리는 독일의 재건 이후 고급인력에 대한 수요가 급증하면서 많은 대학들이 설립되었다. 이런 변화에 따른 혜택을 가장 많이 받은 사회계층이 저소득층과 여성들이다. 독일의 여성들은 높은 교육률을 자랑한다. 현재 독일 대학에서의 여학생 비율이 40%를 넘어서고 있으며, 박사학위를 받는 사람 중에 약 45%가 여성학자들이다. 그러나 아직도 사회의 리더그룹에서 차지하는 여성의 비율은 낮은 편이라고 한다. 대학에서 가장 높은 대우를 받는 정교수 중에서 88%가 남성 교수들이며, 약 200개가 넘은 독일 최고의 기업에서 여성이 대표이사를 맡은 곳은 6곳뿐이라고 한다. 그러나 2016년부터 시행된 남녀평등법에 따라 이사회의 여성 비율이 30%가 되어야 하므로 점진적으로 높아질 것을 기대한다.

오늘날 독일에서의 여성들의 위상은 매우 높으며, 여성들은 사회 각계각층에서 활동적인 역할을 하고 있다. 이런 사실은 오랜 기간 여성들이 노력한 투쟁의 결과이며, 독일 사회의 발전에 기여한 독일 여성들에 대한 사회적 인정이며, 미래로 향해 나아가는 역사적 교훈과 사회적 합의의 결과이다.

12 이성적 사랑과 개방적 성 문화

'독일인의 사랑'이라고 할 때 사람들은 무엇을 연상할까? 괴테의 <젊은 베르테르의 고뇌>의 비극적 사랑이나 막스 뮐러의 <독일인의 사랑>에 나타나는 지고지순한 사랑을 떠올릴 수 있을 것이다. 그것은 어디까지나 문학에서 나타난 사랑이며, 현실에서의 사랑은 다를 수 있다.

사랑과 성 문화는 각 문화권마다 다른 경우가 많다.

사랑과 성에 대한 생각과 행동은 많은 경우 무의식적으로 이루어지며, 잘못하면 오해를 불러일으키기도 한다. 2차 대전 후에는 미국 군인과 영국 여성들 사이에 이루어진 결혼과 커플이 많았다고 한다. 이들 사이에서도 문화적 차이로 인한 갈등과 오해가 많았다. 미국문화에서는 키스는 매우 흔한 신체접촉이다. 처음으로 만난 이성들도 상대적으로 이른 시간 안에 키스를 한다. 그러나 영국문화에서는 키스를 하기까지 적지 않은 시간이 걸린다. 미국 군인은 처음 만나서도 키스를 할 수 있다고 생각하지만 영국 여성은 이런 미국 남성을 너무 성급하고 많은 단계를 건너뛰었다고 생각했다. 영국 여성은 키스를 허락할 경우엔 바로 그다음 단계로 이어지는 더욱 은밀한 신체접촉이 잇따른다고 생각한 반면에 이제 겨우 시작 단계에 있다고 생각한 미국 군인은 영국 여성들의 생각에 대하여 놀랐다고 한다.

오늘의 독일인들은 어디에서 파트너를 만나고 어떻게 사랑을 할까?

2012년에 진행한 알렌스바흐(Allensbach) 여론조사기관에 따르면 독일인들 중에서 2%는 인터넷을 통해 파트너를 알게 되었다고 한다. 30세 이하의 독일인들은 인터넷이나 페이스북을 통해 파트너를 만난 경우가 거의 10%에 가깝다고 한다. 온라인을 통한 소개와 만남은 증가추세에 있음을 알 수 있다. 이런 추세에도 불구하고 만남의 순위를 살펴보면, 1위는 역시 옛날 방식이라고 한다. 즉 친구나 지인을 통해 파트너를 사귀는 기회가 27%라고 한다. 친구의 생일파티, 파자마 파티(파자마를 입고 밤새 즐기는 파티로서 주로 어리거나 젊은 층에서 이루어진다), 요즈음은 좀 유행이 지난 방법이지만 DVD-나이트 등을 통해 만난다. 2위는 카페, 디스코텍, 맥줏집 등의 장소에서 파트너를 만나며, 약 16%가 된다. 16-29세 사이의 젊은 층에서는 거의 25%에 육박한다.

3위는 직장에서 만나는 경우이다. 11% 정도가 직장에서 파트너를 만났다고 한다. 4위는 동호회, 스포츠클럽, 휴가 등을 통해 만났다고 한다. 이외에도 학교, 교육을 받으면서 만났다고 하는 경우도 많았다.

어디서 자신의 파트너를 만났는지 그 통계를 보면 다음과 같다:

(퍼센트를 나타내는 수치 중에 오른쪽의 수치는 만난 지 아직 5년이 지나지 않은, 즉 상대적으로 젊은 커플들의 통계이다)

1. 친구나 지인, 가족의 소개를 통한 만남: 27-23%

2. 맥줏집, 디스코텍 등의 저녁 외출을 통한 만남: 16-17%

3. 직장에서의 만남: 11-13%

4. 이웃에서 만난 경우: 6-2%

5. 취미 등 공동의 관심사를 통한 만남(스포츠 제외): 6-2%

6. 스포츠, 스포츠클럽을 통한 만남: 5-4%

7. 휴가 중에 만남: 5-4%

8. 교육기관이나 대학에서 만난 경우: 4-5%

9. 초중고등학교에서 만난 경우: 4%

10. 인터넷과 연결된 소개소를 통한 만남: 2-6%

11. 옥토버 페스트, 콘서트와 같은 대형 축제를 통해 만난 경우: 2%

12, 신문에 난 파트너 구인 광고를 통한 만남: 2-4%

13. 페이스북이나 인터넷 등의 SNS를 통한 만남: 2-10%

14. 카페에서 만난 경우: 1%

15. 전철, 버스, 비행기 등에서 만난 경우: 1%

16. 기타: 2%

17. 무응답: 5-1%

가장 오래되었으면서도 가장 일반적인 경우는 친구나 지인의 소개로 파트너를 만나는 것이다. 젊은 층으로 갈수록 인터넷, 소셜 네트워크 서비스(sns) 등을 통해 파트너를 찾는 경우가 높으며, 이런 경향은 증가추세에 있음을 알 수 있다. 다른 통계에 따르면 젊은 층에서는 온라인(tinder: 미국이나 캐나다 등에서 젊은 남녀가 만나는 연애 앱 웹사이트), 페이스북을 통해 파트너를 만나는 경우가 거의 30%에 가깝다는 통계도 있다.

독일의 젊은 남녀가 데이트를 할 때는 어떤 코스를 밟을까?

독일인들은 위에서 언급한 장소에서 마음에 드는 사람을 만났을 때 공격적으로 다가가기보다는 적절한 기회를 기다리는 편이다. 적절한 기회가 있으면 자연스럽게 다가가 전화번호를 묻거나 호감이 있다는 조심스러운 표현을 하며,

데이트 신청을 한다. 약속 장소는 레스토랑, 바, 극장 등 다양한 장소가 가능할 것이다. 미국인들이라면 여자를 초대하고, 차로 데려올 것이며, 레스토랑이나 바 등에서 만나 식사를 한 후 남자가 계산을 하고 여자를 집까지 바래다 줄 것이다. 그리고 마지막으로는 여자의 집 앞에서 헤어지려고 할 때 여자가 집으로 들어오라고 하는지 아니면 다음 번 데이트 약속을 하든지 할 것이다. 이에 비하여 독일의 젊은이들은 독립적이며, 개인적이며 따라서 어떤 정형화된 절차나 짜인 틀이 없다.

독일 여성들에게 지나친 친절을 베풀면 이들은 오히려 불편해할 것이고, 지나친 배려를 받는다는 느낌을 가질 것이다. 둘이 만나 나누는 대화의 내용도 매우 다양하다. 독일인들은 지나친 칭찬이나 소위 '립 서비스'를 잘 하지 않거나 못하는 편이다. 독일인들의 대화법은 에둘러 표현하기보다는 직접적이고, 미사여구를 사용하기보다는 진지한 대화를 하기 때문이다. 이성 간의 만남에서 너무 재미 없는 대화가 아니냐고 반문할 수 있지만 독일인들은 이런 대화에 흥미를 느끼는 거 같다. 독일인들은 연애도 이성적으로 그리고 토론을 하면서 하는 거 같다. 참 이상하지만 그렇다. 헤어질 때도 주로 만난 약속 장소나 지하철역 등에서 헤어지거나 남자가 차가 있을 경우에는 여성을 집까지 배웅해 주기도 한다. 데이터 비용은 남자가 내거나 또는 각자 부담하는 경우도 많다. 왜냐하면 여자들은 지나친 부담감을 가지기 싫어하며, 남자에게 빚지지 않으려는 마음이 있기 때문이다. 이는 남녀평등의 인식이 남녀 모두에게 있기 때문일 것이다.

첫 만남 후 다시 만날지를 결정할 때 소위 밀고 당기는 '밀당'을 별로 하지 않는다. 독일인들은 남녀 간의 연애에 대하여 지나치게 이상적이거나 낭만적으로 이상화하지 않는 편이다. 두 사람이 서로에 대해 호감을 느낄 경우에는 솔직하게 말할 것이다. 호감이 없을 때도 비교적 솔직하게, 상대방의 마음을 크게 다치지 않는 범위 내에서 자기 생각을 전달한다. 이런 것도 솔직한 아니면 사랑을 하면서도 이성적인 독일인들의 심성과도 연관이 있을 것이다.

서로에게 호감을 느낄 땐 만남은 지속된다. 오랫동안 연인관계를 유지할지라도 결혼을 전제로 하지는 않는다. 몇 년씩 사귀더라도 반드시 결혼으로 이어지는 것은 아니며, 언제든지 헤어질 수 있다. 독일의 젊은이들이 데이트를 할 때는 만나서 식사하고 영화나 연극을 보고 커피를 마시는 것과 같은 어떤 정형화된 코스가 있는 건 아니다. 이들은 개인적 성향이 강하기 때문에 그야말로 본인들이 좋아하고 원하는 걸 한다.

이성을 사귈 때는 소위 '양다리' 걸치는 일은 하지 않는 편이다. 서로가 원하는 것에 대하여 의견이 분명하기 때문에 이견이 있을 때는 솔직하고 정직한 대화를 나눈다. 이런 과정을 통해 이견을 조율하며 서로가 이해하고 좋아할 수 있는 방법으로 타협을 한다. 성숙하고 현실적인 모습이 강하다. 아래의 내용은 독일인들이 추천하는 '데이트를 위한 몇 가지 팁'이다(Bayerlein, 80쪽). 이 내용을 살펴보면 이들은 '달콤한' 데이트와 뜨거운 사랑마저도 토론 위주이고 이성적임을 알 수 있다.

"데이트를 위한 팁 몇 가지"

1. 처음 만날 때 어느 곳을 만날 장소로 정하는 것이 중요하다. 첫 만남으로 영화관을 정하는 것은 별로 추천할 일이 아니다. 왜냐하면 영화관에서는 대화를 할 수 없으며, 이로써 상대방을 알 수 있는 기회를 놓치기 때문이다. 따라서 첫 만남의 장소로는 조용하고 분위기 있는 카페, 레스토랑 또는 분위기 있는 공원이나 대화가 가능한 산책 장소일 것이다. 영화관은 나중에 가도 된다.

2. 대화는 우선 서로에게 부담이 되지 않는 주제로 하는 것이 좋다. 서로의 긴장을 완화하기 위하여 날씨 등의 가벼운 주제로 시작하는 것이 좋다.

3. 조금 피상적인 주제를 벗어나 좀 더 진지한 주제로 옮겨갈 수 있다. 상대방의 관심 주제, 취미, 가치관 등에 대하여 대화를 나눈다.

4. 이때 중요한 것은 상대방의 말을 경청한다는 것이다.

상대방이 무슨 말을 하는지 주의 깊게 경청할 필요가 있으며, 때때로 당신의 생각을 보완할 수 있을 것이다. 이때는 자연스럽게 대화하고 행동하는 것이 중요하다.

독일인들의 성

독일인들은 성에 대하여 비교적 개방적인 편이다. '68 학생운동'을 전후하여 일어난 6-70년대의 자유화와 '성 혁명'을 거치면서 개방적이며 비교적 자유로운 성문화를 형성하였다. 젊은이들은 18세가 넘으면 대개 부모에게서 독립하여 따로 산다. 이때 연인이 생기면 자유롭게 동거하기도 하고 헤어지기도 한다. 결혼을 하기 전에 동거를 통하여 서로의 장단점을 확인하거나 결혼을 하지 않고 오랜 기간 동거하기도 한다. 남녀 간의 성을 금기시하기보다는 오히려 건강하고 정상적인 요소로 본다. 호감이 가는 이성 간의 만남이 반복되면 함께 잠자리를 하는 건 그리 예외적인 일은 아니다. 그러나 간혹 결혼하기 전까지는 순결을 지켜야 한다고 주장하는 젊은이들도 있다. '별종'이라기보다는 그만큼 다양하고 개인의 생각이 존중되는 사회의 모습이라고 볼 수 있을 것이다.

독일 학생들은, 주마다 조금씩 다르긴 하지만 우리식으로 볼 때 초등학교 4, 5, 6학년 그리고 우리의 중학교 2학년에 해당하는 8학년 정도가 되면 성교육을 받는다. 구동독에서는 성교육이 1947년부터 시작되었다. 서독에서는 1969년에 성교육에 관한 교재가 만들어졌고, 1992년부터는 법적으로 필수교과목이 되었다. 저학년 때는 생물학 시간 등을 통해 남녀의 신체 발달과 차이에 대하여 교육을 받으며, 고학년이 되면 성교육을 받는다. 성교육을 할 때는 가능한 한 '옳다' 또는 '나쁘다' 등의 윤리적인 판단을 개입시키지 않는다. 그리고 성에 관한 잘못된 인식이나 수치심 또는 이로 인한 죄의식 등을 전달하지도 않는다. 성은 인간이 가진 건강하고 자연스러운 본능임을 알려준다. 그러나 성은 인권 및 생명과 관련된 문제이기 때문에 책임 있게 행동해야 한다는 것을 강조한다. 독일 학생들은 이런 성교육을 통하여 성에 관한 건강하고 정상적인 의식을 갖게 된다. 남녀가 서로에 대한 차이를 인정하고 이 속에서 서로에 대한 존중심을 배운다. 성교육과 강한 자의식으로 인해 성추행이나 성폭력 같은 일은 잘 일어나지 않는다.

독일에서는 '허리띠 아래 부분에 대해선 말하지 않는다' 라는 사회적 불문율이 있다. 개인의 사생활, 특히 남녀 관계에 대해서는 왈가왈부하지 않는다는 뜻이다. 그러나 이 말이 독일에서는 성범죄 등이 용인된다는 뜻은 결코 아니다. 독일에서의 남녀 관계는 대등한 인격 관계를 전제로 하므로 일방적인 관계는 원천적으로 불가능하다. 그런 만큼 성인들의 성 문제는 각자의 판단과 책임으로 이루어지는 것이다. 다만 사랑과 성은 개인의 사생활이라는 인식이 강하기 때문에 사생활의 문제에는 개입하지 않으며, 이것을 이중적인 잣대로 정쟁화하지 않는다는 의미이다. 예컨대 독일 총리(1998-2005)이었던 슈뢰더가 다섯 번이나 결혼을 했지만 이 문제가 정치인으로서의 그에게 전혀 문제가 되지 않는 것도 이런 배경에서 이해가 된다.

피임 교육

독일에서의 낙태 수술은 법적으로 엄격하게 금지되어 있다. 그만큼 낙태 수술이 가능한 경우도 매우 제한적이다. 성폭력에 의한 임신, 산모의 생명이 위독한 경우 등에 한하여 극히 제한적으로 허가되며, 그것도 임신 12주 내에서만 가능하다. 위에서도 잠시 언급하였지만 성은 인간의 생명과 관계가 있기 때문이며, 독일의 헌법에 해당하는 기본법 제1조에서 천명한 인간의 존엄을 최고의 헌법적 가치로 여기기 때문이다. 따라서 독일인들의 가족계획이나 피임은 철저하다. 독일에서는 콘돔이나 피임약을 쉽게 구할 수 있다. 콘돔은 화장실의 자동판매대에서도 구입할 수 있으며, 콘돔사용을 권장하는 광고는 버스 정류장 등 공공의 장소에서도 자주 볼 수 있다.

여성들의 50%는 일명 '필레'(Pille)라 불리는 피임약으로 피임을 하며, 피임약은 의사의 처방이 있어야 구입할 수 있다. 의사는 개별 여성에게 맞는 피임약을 처방해 주며, 이 처방전으로 피임약을 약국에서 구입한다. 피임약은 보험이 적용되지 않으며 본인이 스스로 부담해야 한다. 일찍부터 시작되는 철저한 성교육 덕분인지 독일에서의 청소년의 임신율은 매우 낮다고 한다. 그러나 아주 가끔이지만 아직 앳된 티가 가시지 않은 젊은 엄마·아빠들을 볼 수 있다. 그러나 이들도 당당하고 자연스럽게 함께 살아간다.

13 '엉덩이'를 선호하는 독일 욕설, 왜 그럴까?

우리는 일상생활에서 욕을 하고 또 들으며 살아간다. 독일인들도 마찬가지이다. '바보'(Idiot), '완전 바보'(Vollidiot), '더러운 녀석'(Mistkerl), '짜증 나는 녀석'(Nervesäge), '게으른 놈'(Faulpelz) 등의 표현은 그래도 무난한 편이다. 독일의 욕 어휘 목록에 따르면 약 1,850개의 욕이 있다. 하지만 욕에 관해 공공연하게 말하는 것은 소위 '점잖은' 문화에서는 잘 다루지 않는다. 그러나 사회학이나 언어심리학의 관점에서 볼 때 욕은 매우 중요한 기능을 수행하고 있다. 욕 문화를 학술적으로 연구하는 분야를 욕설학(Malediktologie)이라고 한다. 아래에서는 욕설의 구조와 그의 사회-문화적 기능을 설명하고 독일 욕설의 특징을 문화사적인 관점에서 살펴보자.

욕설의 언어적 구조와 사회적 기능

욕설은 인간 특유의 행동이다. 웃음이나 울음처럼 심리적 억압의 해소와 분출 그리고 해방을 위한 언어 행동이기 때문이다. 동물들은 상징적 행동을 가능하게 하는 언어가 없다. 그래서 욕설을 하고 싶어도 할 수 없다. 그들은 그저 물리적으로 공격을 하거나 도망가는 방법밖에 모른다. 사람들은 분노, 공포, 부끄러움, 혐오 등을 욕설이라는 언어적 매체를 통해 분출하고 감소시킬 수 있다. 저주를 퍼붓거나 욕설을 하는 건 감정을 분출하고 금기를 깨는 것이며, 물리적이며 신체적 폭력을 대체하는 것이다. 욕설은 억제된 감정을 폭발적으로 분출하는 것이기 때문에 욕설을 할 때는 자신의 감정을 가장 잘 드러낼 수 있는 모국어나 자신의 방언으로 하는 것이 효과적이다. 왜냐하면 자신의 감정을 마음껏 담아 가장 잘 분출할 수 있기 때문이다. 서로가 잘 알지 못하는 외국어로 욕설을 한다면 그 효과는 아마도 크게 감소할 것이다.

욕설을 하는 건 금기와도 밀접한 관계에 있다. 왜냐하면 욕설을 하기 위해선 감정을 분출하거나 상대방의 감정을 건드려야 하며, 사회의 금기를 건드릴 때 이런 효과가 가장 높기 때문이다. 마치 풍선이 터지기 직전까지 내부압력이 상승하였다가 터질 때 나오는 효과처럼 욕설도 이렇게 작동될 때 가장 효과적이다. 욕설은 고통, 공포, 부끄러움, 혐오, 금기가 작동되는 영역이어야 하며, 이 영역에서 방출되는 방어에너지가 욕설이다. 따라서 욕설의 사회-문화적 기능은 공격성을 완화하는 것이며, 분노와 불만을 물리적 폭력 대신 언어적으로 방출하는 것이다.

욕설의 기저 영역의 변화

유럽문화에서 욕설이 나타나는 기저 영역은 대부분 비슷하다. 그것은 마녀/악마와 같은 종교 영역, 성과 섹스의 영역, 배설영역, 죽음의 영역들로서 대부분 사회적 금기가 작동하는 곳이다.

중세부터 18세기의 계몽시대까지는 대부분의 욕설이 신 또는 악마와 관련된 것으로서 종교적 영역에서 유래하였다. 그러다가 17세기에는 종교적 영역과 관련된 욕설에 대한 제재가 시작되었다. 예컨대 1621년에 베른에서 공포된 지침에 따르면 종교적 영역이나 하나님 또는 신과 연관된 욕설을 금지하고 있다. 이 지침의 목적은 두 가지이다. 첫째는 종교적 서약, 법정에서의 서약, 계약 시의 서약 등이 가진 지배적이며 제의적 도구로서의 역할을 보호하고 이런 역할의 남용을 예방하고자 하였다. 왜냐하면 누군가가 분노에 휩싸여 모순적인 서약이나 맹세를 한다면 이것은 종교적 서약을 세속화하고 권위를 떨어뜨리는 결과를 가져오기 때문이다. 둘째는 기독교적 서약의 순수성을 지키려고 하였다. 신의 이름으로 욕설을 하거나 저주를 발설하면 한편으론 신의 존재를 인정하는 것이지만 다른 한편으론 신의 권위를 실추시키며, 신으로부터 부여받은 세속적 권력을 위협하는 것이기 때문이었다. 18세기 이후부터 저주나 욕설은 그 주술적 위력을 상실하기 시작했다. 이런 변화는 저주나 욕설의 대상이 인간의 신체 부분, 특히 인간 신체의 하체 부분으로 옮겨졌기 때문이다. 이때부터 섹스나 배설물이 등장한다. 성교하다(fuck), 똥(Shit), 똥(Scheisse), 하늘 엉덩이(Himmelarsch), 엉덩이 낯짝(Arschgesicht) 등과 같은 욕설이다. 이런 욕은 우리말로 모두 '*팔놈', '개새끼' 등의 비속어로 옮길 수 있는 욕들이다.

이런 변화는 종교의 세속화와도 관련이 있다. 현대로 옮겨오면서 종교적 권위는 점차 약해지고 일상의 영역에서 종교가 차지하는 부분이 많이 사라졌다. 이와 함께 19세기와 20세기로 접어들면서 시민사회는 인간의 신체 부위에서 특히 '구멍'이 있는 부분과 배설물을 금기시하는 방향으로 욕설의 기저 영역을 옮겼기 때문이다. 이것은 인간의 신체를 세속화하고 물체화하는 결과를 가져왔다. 즉 인간은 배변 기관과 소변 기관 사이의 어디쯤에서 태어난다는 것을 연상시켰기 때문이다. 부정적인 종교관의 관점에서 인간을 이해하거나 매우 현실적인 관점에서 인간상을 이해하는 경향이 나타나기 시작한 것이다.

국가별로 욕설이 나타나는 기저 영역, 독일

욕이 나타날 수 있는 영역 중에서 어떤 영역이 자주 사용
되는지는 국가마다 다르다. 이는 욕설도 그 욕설이 사용되
는 나라의 사회-문화적 배경에서 이해되어야 한다는 것을
의미한다. 러시아에서의 욕설의 영역은 주로 종교적 영역이
나 근친상간의 영역이다. 영국과 미국에서는 대부분 성이나
섹스의 영역이 욕설의 기저 영역이다.

러시아인, 포르투갈인, 터키인, 네덜란드인, 영국인들이
욕설을 할 때는 성적인 영역을 사용한다. 그러나 독일인과
오스트리아 인들은 주로 대변영역을 사용하는 특징이 있다.
스위스인도 유사한 모습을 보인다. 독일에서는 욕설의 영역
이 똥/대변 영역으로서 구체적으로는 배설물이나 '똥구멍'
을 의미한다. 다음의 어휘들도 욕설로 사용될 때는 비슷한 의
미를 가진다. '샤이세'(Scheisse, 똥), '카케'(Kacke, 똥), '아쉬로
크'(Arschloch, 똥구멍)와 괴테의 <괴츠 폰 베를링엔>의 3막에 나
오는 '내 똥구멍이나 핥아라!'(Leck mich am Arsch) 등이다. 독
일인들이 항문 부분의 욕설을 통해 감정을 해소하는 걸 보면
그들에게 항문 부분이 특히 금기된 부분이라는 것을 짐작할
수 있다. 성적인 영역과 관련된 욕설은 부정적인 면이 많지

만 그러나 긍정적인 면도 있다. 우리가 메릴린 먼로를 '섹스심볼'이라고 할 때는 긍정적인 의미에서 사용한다. 그리고 성적인 영역에서의 욕설은 대부분이 여성을 대상으로 한다. 그러나 배변은 남성과 여성을 구분하지 않으며, 항상 부정적인 의미를 가진다.

욕설 문화에 있어서 독일인들이 '샤이세'(똥)의 마이스터가 된 이유가 있을까? 이건 어쩌면 종교개혁가 루터의 영향 때문인지도 모른다. 루터는 천주교를 비판하면서, 특히 당시의 교황을 비판하거나 욕할 때 자주 인간의 배설영역이나 수간자(獸姦者) 또는 남색자로 표현하기도 하였다. 프로이트의 이론에 따르면 항문 영역으로 경향이 있는 사람은 지나칠 정도로 질서를 강조하며, 순종적이며, 권위적이라고 한다. 어쩌면 독일인들에 대하여 말하고 있는 것 같기도 하다. 항문 영역을 강조하는 배경에는 위생과 청결을 강조하는 면이 있다고 한다. 이런 현상을 두고 미국의 학자는 독일인들은 그의 심리적 발달과정에서 아직 배변의 영역에 머물러있다거나 독일인들은 순수와 광기를 이런 방법으로 치환한다는 주장이 있지만 이는 매우 주관적이고 악의적이기까지 하다. 이런 주장이 그 타당성을 가지려면 성적인 영역에서 욕설을 가져오는 미국인이나 다른 나라의 사람들은 그들의 발달과정이 아직 성적인 영역에 머물러있다는 주장을 수용해야 할 것이다.

독일 지식인들의 계층에서는 욕설을 사용하는 것이 일반적이지 않다. 그러나 예를 들어 스페인에서는 대학의 교수들도 여성이 없을 때에는 '걸쭉한' 욕을 하기도 한다. 독일인들은 교육수준이 높은 계층일수록 자신의 감정을 억제하고 자제하는 훈련을 많이 받았다고 볼 수 있다. 그러나 교육수준이 높은 계층일수록 자신의 분노와 감정을 욕이 아니다른 방법으로, 예를 들어 스포츠, 문화 활동 등을 통해 해소할 가능성이 더 많이 있기 때문일 것이다. 그리고 직접 욕을 하지는 않으면서 특정한 욕을 연상하게 하는 방법이 있다. 예컨대 '지, 아름로이히터!'(당신, 양촛대!, Sie, Armleuchter)(원래의 의미는 여러 개의 양초를 꽂을 수 있는 촛대를 의미한다)라고 상대방을 부를 때는 원래의 의미보다는 욕으로 사용된다. 특히 군대에서 많이 사용되는 욕이다. Armleuchter는 3음절로 구성된 단어로서 첫음절에 강세가 주어진 단어이다. 첫 번째 철자는 A로 시작하고 중간철자는 L로 시작한다. 'Arschlöcher'('똥구멍 새끼')라는 욕도 발음과 어휘구성에서 동일한 구조를 가지고 있다.

Arsch/löch/er
Arm/leuch/ter

따라서 Sie, Armleuchter라고 할 때는 상대방에게 직접 욕을 하지는 않지만 그 어휘가 가진 구조적 유사성으로 인해 '똥구멍 새끼'(Arschlöcher)라는 욕을 연상하는 것이 가능하다. 어쩌면 더욱 교묘한 욕이다.

욕설의 기저 영역의 설명

영국인들은 욕설을 할 때 왜 성적 영역의 금기를 깨려는 반면에 독일인들은 왜 배설영역의 혐오경계를 깨려는 것일까? 부끄러움과 혐오는 인간이 생존의 보호 본능으로 느끼는 공포와 고통 이외에 추가로 개발한 사회적 보호 체계이며 감정이다. 성적 영역과 관계되는 부끄러움은 서로를 성적 공격으로부터 보호하며, 자신만의 내부세계를 형성하는 걸 가능하게 한다. 그러나 배변의 영역과 관계된 혐오는 사람이 질서와 위생 관념을 가지게 하며, 이로써 원만한 공동의 삶을 가능하게 한다. 자신의 생존을 위하여 다른 사회 또는 국가와 끝없이 싸워야 하는 사회에서는 어쩌면 배변과 관련된 혐오영역이 중요한 부분을 차지할 것이다. 왜냐하면 혐오, 즉 질서와 위생이 사회나 공동체를 결속시키는 힘이 강하기 때문이다. 그러나 이런 외부적 억압을 받지 않는 사회는 내부적 압박에 대하여 성적인 내부세계를 형성하려고 할 것이다. 어쩌면 이런 이유로 9개의 나라들과 국경을 함께하며, 온통 '적에 의해 포위되었다'라는 실존적 위협을 느꼈던 독일이 질서와 위생에 우위를 두었다면, 보호된 섬에 있는 영국은 풍속의 윤리에 강조점을 두었을 지도 모른다. 이 윤리의식은 물론 청교도 의식과도 연결되었을 것이다 (Gelfert, 172 쪽). 이외에도 독일인들이 배변의 영역에서 욕설을 가져오는 것은 그들의 심성적 특성과 부합하는 것으로 이해할 수 있다. 독일인들은 에둘러 표현하기보다는 직접 표현하며, 정직하게 또는 '우직하게' 표현하는 경향이 강하기 때문이다. 또한 독일인들의 욕설 문화가 이미 중세 때부터 성적인 방향보다는 배변의 방향으로 나아갔고, 이로써 더욱 확대되었기 때문이다.

최근의 경향

지난 세기를 거치면서 섹스, 생식기나 성적인 신체 영역은 금기 영역에서 벗어나 거의 '일상의 영역'이 되었다고 볼 수 있다. 19세기까지만 하여도 여성이 있는 자리에서 교양 있는 남성이 '다리'라는 어휘를 사용하는 것이 적절치 않다고 생각했을 정도이다. 하지만 오늘날 인간의 성 기관을 언급하는 것은 더 이상 예의에 어긋나는 것이 되지 않는다. 오늘날의 텔레비전 토크쇼나 인터넷에서는 비속어적인 표현이 점점 늘어나고 있음을 확인할 수 있다. 이런 현상은 욕설의 인플레이션과 디플레이션을 동시에 가져왔다. 왜냐하면 저주나 욕설은 그것이 금기의 영역을 훼손하거나 금지된 영역을 건드릴 때 비로소 그 효과가 뛰어나기 때문이다. 그러나 영어권에서 이제 Fuck!, Shit! 등은 거의 일상의 영역에서 사용하는 말이 되었다. 오늘날에는 많이 변했지만 영국과 미국에서는 아직도 풍속의 윤리를 독일보다는 더 강조하며, 독일에서도 금기의 압박은 훨씬 감소하였지만 욕설의 언어적 제의는 아직 남아있다.

오늘날의 저주나 욕설은 어느 방향으로 향하는가?

남성만을 모욕하거나 욕을 할 때는 그의 가족을 언급하며 모욕을 주는 경향이 많다. 2006년의 축구 월드컵 대회 때 프랑스 공격수인 지단(Zidane)이 경기 도중에 이탈리아의 수비수 마테라치(Marco Materazzi)의 가슴을 머리로 강하게 들이받아 퇴장당한 적이 있다. 마테라치가 지단의 옷을 잡아당기며 공격을 방해하자 지단이 "내 상의가 그렇게도 좋으면 경기 끝나고 가져도 좋아!"라고 빈정대며 말하자 마테라치는 "나는 너의 누이동생 창녀가 더 좋아!"라고 말했다고 한다. 이에 화가 난 지단이 마테라치의 가슴을 머리로 공격했다고 한다. 마테라치의 치졸한 언행이었지만 남자를 모욕하거나 남자에게 욕을 하는 방법이 잘 드러난 사건이라고 할 수 있다. 전통적 사회에서 여동생을 보호해야 하는 오빠에게 그 여동생을 성적으로 희롱하거나

농락하는 언어는 매우 효과적이지만 동시에 위험한 일이기 때문
이다.

오늘날 영어권에서 사용하는 가장 부정적인 표현은 'nigger'(깜
둥이'), 독일어권에서는 '카나케'(Kanake)', '베힌데르터'(behindert)
등이다. '카나케'는 원래 남태평양에 위치한 뉴 칼레도니아 섬의
원주민을 지칭하는 말이었지만 70년대 이후 독일어권에서는 주로
아랍권, 동유럽권 또는 터키에서 온 젊은 외국인 노동자를 비하적
으로 표현할 때 사용한다. '베힌데르터'는 신체적 장애가 있는 장
애우를 뜻하지만 동시에 '정신이 이상하다'라는 의미에서 욕으로
사용되고 있다.

욕설은 자신이 느끼는 분노나 공격성을 상쇄하는 언어적
표현이다. 그러나 욕설의 이런 사회적 기능이 사회적 약자
나 소수자에게 향할 때는 욕설은 원래의 기능을 상실하고
전혀 다른 차원으로 옮겨 간다. 인종주의적 욕설은 매우 위
험하며 파괴적인 이유가 여기에 있다. 동시에 이런 욕설을
법적으로 제재하는 건 오히려 욕설의 효과를 더 증가하는
역효과를 가져올 수도 있다. 오늘날 독일에서 가장 문제가
될 수 있는 욕설은 유대인에 대한 욕설이다. 독일의 역사와
관련되어 있기 때문에 금기시되는 욕설이다. 매우 신중하고
조심스러운 접근법이 필요할 것이다.

14 엄숙한 독일인이 '고삐 풀리는' 날, 풍자와 일탈의 카니발

'독일' 하면 떠올리는 것은 '맥주', '자동차' 등과 함께 '질서'를 떠올린다. 그러나 우리가 일반적으로 알고 있는 독일인과 전혀 다른 모습을 볼 때가 있다. 그건 바로 카니발 때이다. 카니발은 우리가 일반적으로 알고 있는 브라질, 미국의 뉴올리언스에만 있는 것이 아니라 '근엄하고 질서 있는' 독일에도 있다는 것을 알게 된다. 먹고, 마시고, 노래하고 춤추며 떠들고… 그야말로 '일탈과 광란'의 모습이다.

독일인들에게 카니발은 '다섯 번째 계절'이라고 부를 정도로 사회-문화적 의미가 큰 축제이다. 독일인들이 금과옥조로 여기는 질서에서 벗어나 일탈을 즐기며 억압되었던 욕구를 방출할 수 있기 때문이다. 이와 함께 카니발은 종교적, 상업적, 사회 비판적 그리고 문화-역사적 차원에서 중요한 역할을 한다. 카니발 철이 되면 독일은 그야말로 '광란의 나라'로 바뀐다. 남녀노소 가리지 않고 모든 사람들이 가장을 하고 길거리로 몰려나오며, 길거리에는 가장행렬이 끝없이 이어진다. 관공서는 일찍 문을 닫거나 아예 문을 열지 않으며, 광대와 바보로 분장한 사람들이 정부청사나 관공서를 '점령'하고 1일 천하를 선포한다. 사람들은 먹고, 마시고, 노래하고 춤추며 마음껏 일탈의 시간을 보낸다. 거의 일주일 정도를 이렇게 지낸다. 이때를 전후하여 소위 '사생아'가 가장 많이 생긴다는 말이 있을 정도이다. 독일 중부의 라인란트 지방의 카니발, 매년 9월과 10월에 열리는 '옥토버 페스트', 1989년에 시작되어 2010년까지 거행되었던 '러브 퍼레이드' 등을 떠올리면 분위기를 짐작할 수 있을 것이다.

전통, 권력, 즐거움, 유희, 명성, 평등, 전설과 신화, 정치, 반란, 지배, 해방구 등의 모든 개념이 카니발 현상과 연결될 수 있다. 수백 년이 넘게 유지되는 지속성과 오늘날까지 유지되는 그의 특징은 어디서 온 것일까?

카니발은 한편으론 푸짐한 먹고 마실 거리를 의미하며, 다른 한편으로는 일상으로부터의 일탈, 춤, 음악, 행렬, 가면 등을 의미한다. 카니발은 제한적이지만 기존의 세계에 대한 대안적 세계를 나타내며, 따라서 실재적이며 정상적인 것의 일부인 동시에 이에 대한 반영으로 볼 수 있다. 축제는 기존의 질서에 대한 저항이면서도 바로 이 질서에 대한 기여이기도 하다. 하나의 대안적 현실로서, 도피로서, 일상의 강요에 대한 탈출로서, 제의를 통한 무질서와 저항으로서, 사회적 평등에 대한 꿈으로서, 또는 억압을 발산하기 위해 꼭 필요한 환기통으로서의 역할을 하는 것이 카니발의 중요한 기능이다. 이런 요소와 함께 오늘날의 카니발을 살펴볼 때 여기에는 도시화, 민족화, 민주화 등의 요소도 함께 있음을 알수 있다. 아래에서는 쉬베트 교수의 논문(Schwedt)과 함께 다른 문헌들을 참고하며 카니발의 탄생과 발전과정을 살펴보자.

카니발의 역사, 금식 기간으로서의 사순절

독일 중부에 위치한 라인란트 지방의 카니발은 매년 11월 11일 11시 11분 11초에 그 시작이 선포된다. 그러나 축제 행사는 11월과 성탄절이 있는 12월을 지나 이듬해 2월에 본격적으로 시작된다. 최고조에 이르는 것은 2월의 소위 '여인들의 축제의 밤' 또는 '여인들의 목요일'(Weiberfastnacht)이라 불리는 목요일에 시작되어 '장미 월요일'(Rosenmontag)까지이며, 카니발은 '재의 수요일'(Aschermittwoch)의 자정에 끝난다. '장미 월요일'이라는 명칭에 관한 유래는 두 가지이다. 첫째는 교황이 그 해에 공로가 있는 사람에게 노란 장미를 선물로 준 데서 유래했다는 설과 다른 하나는 'rosen'의 원래의 의미는 '날뛰다'(rasen) 라는 단어에서 유래했다는 것이다. 사순절이 시작되기 전날, 즉 '머리에 재를 뒤집어쓰고 참회를 한다'라는 의미에서 유래된 '재의 수요일' 자정에 카니발은 끝나고 이후부터 40일 간의 금식 기간, 즉 사순절로 들어선다. 예수가 광야에서 40일을 금식했다는 성경에 따라 진행되는 사순절 동안에는 육류, 버터, 치즈, 우유, 계란 등을 먹는 것이 금지된다. 이런 풍습은 11세기에 교회에서 확정했다. 그러나 개신교에서는 루터 이후 이런 제식을 폐지했지만 천주교에서는 아직 지키고 있다. 물론 개신교도들도 부활절을 앞두고는 육식을 피한다.

'여인들의 목요일'은 여성이 세상의 주인이 되는 날이다. 남성 중심의 사회와 억압에서 풀려나와 이날 하루만이라도 남자와 동등한 위상을 가지거나 남성보다 우월한 위상을 가진다. 여자들이 왕궁이나 시청을 '점령'하여 '접수'하고 1일 천하를 누린다. 여자들은 가위를 들고 다니며, 남성을 상징하는 넥타이를 자른다. 남자의 넥타이를 자를 경우에는 그 남자의 뺨에 키스를 해 준다. '장미의 월요일'에는 다양한 인물이나 주제를 풍자화한 가장행렬이 이어진다. 주로 지난해에 정치적 또는 사회-문화적으로 이슈가 되었던 뉴스나 인물을 풍자적으로 그리며, 비판적으로 표현한다. 이때 뿌려지는 초콜릿, 사탕, 장난감, 꽃 등이 무려 수백 톤이 넘는다고 한다.

카니발의 시작이 어디이며, 그의 뿌리는 무엇인가?

가장 오래된 카니발의 역사는 기원전 3,000년 전에 메소포타미아 지역에서부터 시작되었다고 한다. 로마 시대에 접어들면서 로마인들은 포도주의 신인 바쿠스를 숭배하기 위한 축제를 벌였다. 그러다가 추운 겨울을 앞두고 '겨울의 악령'을 쫓아내기 위한 축제가 있었다. 이후 카니발은 천주교에서 일반 대중들의 불만을 분출하고 해소할 수 있는 일종의 분출구로 용인되면서 허가되었다.

독일에서 카니발이라는 낱말이 확산하는 시기는 18세기 이후부터이다. '카니발'(Karneval)이라는 명칭은 '육식을 금한다'라는 의미의 라틴어 카르네바레(carnelevare)에서 유래하였고, '파스트 나흐트'(Fastnacht)는 금식을 앞둔 저녁이라는 의미이다. 카니발의 또 다른 표현인 '파싱'(Fashing)은 중세 독일어 '파샹크'(vaschanc)에서 유래한 것으로서 마지막 '맥주를 따르다'라는 의미이다.

독일에서의 카니발은 사료에 따르면 13세기에 시작되었다. 금식일 전에 푸짐하게 먹고, 마시는 풍습은 독일의 코블렌츠(Koblenz)에서 시작되었다고 한다. 이런 현상에는 여러 가지 이유가 있겠지만 특히 두 가지 요소가 중요했던 것으로 생각된다. 첫째는 부활절을 앞두고 시작되는 금식 규칙이 오늘날의 우리가 생각할 수 없을 만큼 엄격하였다. 따라서 금식 기간을 견디기 위해서는 몸에 필요한 영양분을 충분히 비축해 두어야 했기 때문이다. 둘째는 부패할 수 있는 육류, 계란, 버터, 치즈, 음료수와 주류 등은 사전에 소비되어야 했기 때문이다. 그러나 축제를 위한 핵심적 요소는 기존의 세계가 전도된, 유희적 세계였다. 특히 특징적인 것은 왕의 유희, 새로운 왕국이었다. 주인은 노예로, 여자는 남자로, 젊은 청년은 아가씨나 노인으로, 잘 생긴 사람은 추남추녀로, 인간은 가면을 쓴 악마로, 낮은 밤으로, 밤은 낮으로 변하는 전도된 세상이었다. 이런 축제 때에는 가면을 쓰는 것이 허용되었다. 가면을 쓰거나 축제 의상을 입을 때의 주제는 원칙적으로는 제한이 없었다. 그래도 자주 등장하거나 선호되는 인물들은 왕, 여왕, 공주, 해적, 광대, 기사, 마녀, 요정, 드래곤, 흡혈귀, 비밀 정보원, 매춘녀 등이다.

라인란트 카니발의 탄생과 그의 영향

오늘날 우리가 알고 있는 카니발이 탄생하는 데 결정적 역할을 한 것은 바로 쾰른의 '쾰른 올림퍼스 위원회'이다.6) 쾰른이 카니발의 산실이 된 데에는 그럴 만한 사회-정치적 배경이 있었다. 쾰른의 시민들은 재정 능력을 갖추었고 높은 수준의 교육을 받았지만 그들에게는 자신을 표현할 수

---

6) '쾰른 올림퍼스 위원회 Olympische Gesellschaft zu Köln'는 우리가 알고 있는 오늘날의 '올림픽' 또는 이와 관련된 위원회와는 무관한 것이다. 19세기 초반의 쾰른에는 정신적이며 경제적 영향력이 높은 엘리트를 중심으로 사회단체가 구성되었고, 이들은 라인강이 내려 보이는 바이에른 탑의 넓은 홀에서 모임을 가졌다. 마치 세상을 내려다보는 그리스 올림퍼스에 있는 신처럼 쾰른을 내려다본다는 의미에서 바로 '쾰른 올림퍼스 위원회 Olympische Gesellschaft zu Köln'라는 이름을 갖게 되었다.

있는 기회나 사회-정치적 영향력이 없었다. 특히 빈 회의 (Wiener Kongress)[7] 이후에 쾰른은 프로이센에 귀속되면서 프로이센의 도시가 되었다. 쾰른 사람들은 프로이센의 공무원과 군인 그리고 군국주의적 경향을 좋아하지 않았다. 쾰른의 영광은 사라지고 시민계급의 정치력도 약화되었다. 쾰른이 속한 라인 지방의 프로이센 행정청은 1822년에 코블렌츠(Koblenz)로 자리를 옮겨 잡았고, 인근 도시인 본(Bonn)에는 1818년에 프로이센이 설립한 대학이 자리 잡았다. 이런 상황에서 쾰른의 시민계급은 두 가지를 실행했다. 첫째는 그들이 자랑하며 자부심을 느끼는 쾰른 대성당을 완공하는 계획을 실행하는 것이며, 둘째는 현대적 카니발을 발명한 것이다.

정치적으로 위축되고 약화된 분위기에서 쾰른 시민들은 카니발을 자신들의 의지와 정치적 의견을 표현할 수 있는 무대로 생각했다. 카니발은 시민계급의 필요에 따라 변화되었고 개혁되었으며, 마침내 1823년에 시민적 카니발이 탄생하기에 이른다. 광대와 바보로 변장한 하층민들이 거리에서 벌이는 행사가 너무 무절제하다고 생각한 시민계급의 엘리트들은 매년 바뀌는 주제 아래 치러지는 잘 조직된 가두행렬로 이 행사를 대체하려고 했다. 카니발 준비위원회가 구

---

7) 나폴레옹을 최종적으로 격퇴한 뒤에 유럽의 국가들이 빈에 모여 유럽국가들의 국경을 논의하고 구획한 회의이다. 1814년 9월 18일부터 다음 해 6월 9일까지 지속하였으며, 유럽의 200여 개 국가, 영주, 제후, 도시의 대표들이 모인 회의이다

성되었고, 이 위원회는 오늘날까지 이어져 오고 있다.

카니발을 주도한 사람들은 모든 계급에서 나온 대표들이 아니었다. 정신적으로나 경제적으로 상류층에 속하는 사람들과 올림퍼스 위원회의 회원들이 주축이 되어 출발했다. 1823년에 퀼른에서 카니발위원회가 출범하자 이를 모델로 하여 코블렌츠(Koblenz), 뒤셀도르프(Düsseldorf), 본(Bonn), 아헨(Aachen), 마인츠(Mainz) 등에서 유사한 형태의 축제가 조직되기 시작하였다.

'30년 전쟁' 이후 카니발은 주로 천주교 지역에서 치러지던 것으로 생각되었다. 그러나 퀼른에서 시작된 새로운 형태는 단숨에 신·구교 지역을 넘어 확산하였다. 도시의 시민계층은 카니발을 자신들의 사회-정치적 욕구를 표현하는 창구로 만들었으며, 자신들의 주장과 생각을 전파하기 위한 장소로 이용하였다. 신·구교의 여부는 전혀 문제가 되지 않을 정도로 자신을 표현하려는 욕구가 강했다. 이런 현상은 정치적 영향력이 없던 교양 시민들이 문학에서 탈출구를 찾았듯이 카니발도 정치적 영향력이 없던 시민계급이 자신들의 주장과 욕구를 발산하기 위한 창구로 이용했던 것이다.

이후 카니발은 점점 더 정치적 성향을 띄게 된다. 이런 발전의 대표적 예가 1846년 마인츠의 카니발에서 일어난 인형의 화형식이었다. 화형된 인형은 검열을 의미하는 것이었으며, 검열을 폐지하라는 시민계급의 강렬한 요구가 분출된 것이었다. 카니발은 이로써 자유, 민주주의, 독일의 소국가 극복 등의 정치적 요구를 강하게 나타내기 시작하였다. 카니발이 정치화되는 과정에서 1844년에는 뒤셀도르프의 카니발위원회가 금지되기도 하였다. 이처럼 카니발과 독일에서의 민주주의의 발전은 불가분의 관계에서 발전하였다. 프로이센은 1850년에 집회와 결사의 자유를 허락하고, 이로써 모든 곳에서 축제가 가능하게 되었다. 카니발은 원래는 정치적 대안 세계로 출발하였지만 이후에는 국가를 문화적으로 지탱하는 버팀목으로서 국가적 행사가 되었으며, 제국을 위한 균형추 역할을 하게 되었다. 황제는 카니발의 명예 회원이 되었고, 그도 카니발에 참여하여 구호를 함께 외치기도 하였다.

퀼른에서 시작된 카니발은 독일의 라인 지방에만 국한되지 않았다. 1894년에는 뮌헨, 1863년에는 카셀(Kassel), 1872년에는 함부르크에 카니발위원회가 구성되었다. 베를린에서는 1872년에 '라인랜드의 클럽'이 결성되었고, 오늘날의 베를린에는 16개의 카니발위원회가 있을 정도로 발전하였다. 스위스의 바젤, 취리히, 오스트리아에서도 유사한 형태의 카니발위원회가 구성되고 축제가 진행되었다. 1859년에는 뉴욕에 '마인츠 카니발 클럽'(Manizer Carneval Verein)이 결성되었고, 이를 주도한 사람들 중 대부분은 1848년의 혁명 이후에 미국으로 망명한 독일인들이었다.

나치 독일 시대

나치 독일 시기에는 축제와 관련하여 게르만적 원천이 강조되고 국가의 정체성을 고양하는 관점에서 선전되었다. 나치의 선전과 선동에는 적지 않은 숫자의 독일민속학자들이 참여하였다. 1937년에는 '독일 카니발 연맹'(Bund deutscher Karneval)이 결성되면서 카니발이 전국적으로 조직되고 통제되었다. 나치 독일의 선전성 장관이었던 괴벨스(Göbbels)도 참여하였다. 적지 않은 숫자의 카니발의 광대들도 나치 독일의 이데올로기에 순응하였으며, 카니발은 '독일민족의 축제'로, 반유대주의를 발산하는 도구로 이용되었다. 그러나 동시에 저항이 있었고, 조직화하는 데 반대한 예도 있었다. 나치 독일 시대의 카니발은 두 가지 상반된 모습을 보였다.

유럽의 축제로(1945~)

1945년 전쟁 직후의 독일에는 폐허, 배고픔, 위기, 죽음에 대한 공포 등이 도처에 널려 있었고, 일상의 삶은 아직 전쟁의 쇼크에서 벗어나지 못하고 있었다. 그러나 이런 상황에서도 1946년에는 카니발을 부흥시키려는 움직임이 나타났다. 46년에는 '마인츠의 밤'이 진행되었고, 쾰른에서는 정식 카니발 행렬은 아니었지만 즉흥적으로 이루어진 '장미의 월요일' 가두행렬이 있었다.

1953년에는 '독일 카니발 연맹'이 재결성되었으며, 70년대 중반에는 이 연맹에 속한 지부가 1,400개나 될 정도로 옛 조직이 복구되었다. 통독 이전의 동독에도 1989년에는 약 1,000개의 카니발 클럽이 있었으며, 이 클럽들은 통독 후에 '독일 카니발 연맹'(BDK)에 가입하였다. 현재 '독일 카니발 연맹'(BDK)에는 약 4,000개의 카니발 클럽이 활동을 하고 있다. 독일은 도이칠란트가 아니라 '바보들의 나라'인 나렌란트(Narrenland)라고 해도 과언이 아닐 정도이다.

이제 카니발은 라인 지방과 독일의 경계를 넘어 유럽으로 확산하는 추세를 보인다. 벨기에, 프랑스, 네덜란드, 오스트리아, 리히텐슈타인의 카니발 단체가 모여 '바보 유럽공동체, NEG(Närrische Europäische Gemeinschaft)를 결성하였다. 70년대 초반에는 취리히에 '사육제 풍습의 중앙사무국'(Zentralbüro für fasrnachtliches Brauchtum)이 문을 열었고, 이 사무국은 1982년에 독일의 마인츠로 이전하였다.

오늘날도 카니발 기간이 도래하면 쾰른, 마인츠 등의 도시는 '광대들과 바보들이 주인이 되는 광란의 도시'로 변한다. 10월이 되면 '뮌헨의 카니발'이라고 볼 수 있는 '옥토버페스트'가 열리는 뮌헨은 축제의 도시로 변한다.

'러브 퍼레이드', '현대적' 카니발?

1989년에 150명의 테크노 음악팬들이 베를린의 쿠담 거리에 모여 테크노 뮤지션 마티아스 로아히(Roeingh, 가명: 닥터 모테 Dr. Motte)의 생일을 축하하는 시내 퍼레이드를 벌였다. 이들이 내건 구호는 '평화, 기쁨, 팬케이크'였다. 이 퍼레이드는 문화 운동으로 출발하였지만 곧 정치적 의미를 함의한 축제로 탈바꿈하였다. '평화'는 군비축소와 함께 인간관계의 평화를 의미하여, '기쁨'은 상호소통의 도구로서의 춤과 음악을 의미하며, 마지막으로 '케이크'는 먹거리의 정의로운 분배를 의미하였다. 이후 해마다 퍼레이드가 개최되었고 참가자는 급증했다. 젊음을 만끽하고 자유를 마음껏 누릴 수 있는 행사로 알려지면서, 2008년에는 약 160만 명이 참가하는 등 국제적인 음악 및 문화축제로 자리 잡았다.

그러나 해가 갈수록 행사가 대형화되고 이에 따른 비판도 만만치 않았다. 우선은 지나친 상업화이었다. 개인 상업방송에 중계권을 넘기면서 지나친 중계료를 요구한다든지, 행사가 대형화되면서 초기의 순수한 문화 운동의 성격은 사라지고 상업화된 대형 이벤트로 변질되는 등의 문제가 발생하였다. 온갖 폭리와 가짜들이 판을 치는 암표 장수들이 등장하였다. 방송진행자의 마약 복용, 퍼레이드에 참여하는 참가자들도 순수한 아마추어가 아닌 유흥업계에 종사하는 소위

'전문직 여성들'의 등장 등이 사회적 문제가 되었다. 특히 축제 기간 중 마약 복용이나 일탈적 섹스 등이 문제가 되었다. 환경단체들은 엄청난 쓰레기로 행사장 주변의 생태계가 위협을 받는 지경까지 이르게 되었다고 비판을 하였다.

2001년부터는 정치 집회로 인정받지 못하고 상업행사로 개최되면서 주최 측도 비용을 분담하게 되었다. 2010년 7월에는 러브 퍼레이드가 루르 지방에 있는 두이스부르크(Duisburg)에서 개최되었다, 수많은 참가자들이 한꺼번에 행사장으로 몰리면서 입구 근처에 있던 사람들이 인파에 떠밀려 21명이 압사당하고, 500여 명 이상이 다치는 비극적인 대형참사가 발생하였다. 상업화된 대형 이벤트, 행사를 유치하려는 지방정부의 욕심, 안전 불감증 등이 어우러져 빚은 대형 인재였다. 이후 주최 측은 '러브 퍼레이드'를 영구히 중단하기로 결정하였다.

'러브 퍼레이드', 실패한 현대적 카니발인가? '러브 퍼레이드'는 독일인들이 가진 '일탈적 욕망'이 분출된 현대적 사건으로 볼 수 있을까?

15 우리에겐 낯선 독일인의 일상문화, 관행과 관습

  각 나라별로 또는 문화별로 독특한 관행과 관습이 있다. 이런 관습은 사소한 것에서부터 시작하여 실수할 경우에는 난감한 일이 벌어질 수 있는 일들까지 다양하다. 필자가 유학 시절에 학과의 여교수님으로부터 헌책을 선물 받은 적이 있다. 이 책 속에는 카드도 함께 들어있었는데 그 카드에는 '이 책이 학업에 도움이 되면 좋겠어요'라는 내용과 함께 카드의 말미에 "그대의 에리카로부터"(Von Deiner Erika)라고 적혀있었다. 이 카드를 받은 나는 심히 당황스러웠고 가슴이 두근거렸다. '그대의 에리카로부터'라니? 이분이 나를 좋아한다는 말인가, 도대체 이 무슨 황당한 상황인가?'라고 혼자서 고민을 했던 적이 있다. 독일인들은 편지의 말미에 우리가 흔히 쓰는 '홍길동 드림'과 같은 표현 대신에 '당신의 홍길동으로부터' 또는 '당신의 사랑하는 홍길동으로부터'라는 관행적 표현을 쓴다는 걸 나중에서야 알고 가슴을 쓸어내린 적이 있다.

아래에서는 독일의 일상생활에서 일어날 수 있는 소소한 관행과 관습을 살펴보자.

전문가를 우대하는 호칭

독일인들을 다른 사람들을 호칭할 때 영어의 Mr, Mrs, Miss에 해당하는 Herr, Frau를 사용한다. 그리고 이름 앞에 직함을 넣어 부르는 경우가 많다. 특히 박사학위가 있거나 공적인 직급이 있을 경우엔 이름 앞에 박사나 직급 등의 호칭을 넣어 부르는 게 일반적이다. '박사 뮐러님', '교수 슈미트님', '주임의사 슈나이더님' 등으로 직함을 넣어 부른다. 독일에서 박사학위를 취득한 사람은 운전면허증과 같은 공식적인 신분증에도 '박사' 타이틀을 명기할 수 있다. 그건 그 분야의 전문가라는 사실을 인정하고 존중하며, 또 그만큼의 전문지식을 기대하고 있기 때문일 것이다. 우리나라의 조직문화에서 사용하는 직급 호칭과는 좀 다른 면이 있다.

독일에서는 제1차 세계대전 후인 1918년에 귀족제도를 법적으로 폐지했다. 그러나 귀족 출신일 경우에는 여전히 이름 앞에 귀족 호칭을 사용하기도 한다. 귀족 출신에게 이런 호칭을 붙이지 않고 부르면 매우 언짢아하거나 아예 못 들은 척 하고 무시하는 경우도 있다. 귀족 호칭으로는 프린츠(Prinz 또는 Prinzessin 왕자 또는 공주), 헤르쪽(Herzogin 또는 Herzogin, 공작 또는 공작부인), 그라프(Graf 또는 Gräfin, 백작 또는 백작부인), von(…곳의 영주) 등이 있다. 귀족 호칭의 사용을 법적으로는 폐지했지만 일상의 생활에서 여전히 쓰이는 것을 볼 때 귀족 출신 계층의 보수성을 느낄 수 있다.

닭살 돋는 애칭

독일에서는 가족이나 친밀한 관계에서는 경어를 사용하지 않고 평칭을 사용한다. 어머니에 대한 애칭으로는 마마(Mama), 마미(Mami), 무티(Mutti) 등이 있다. 독일의 여수상 메르켈을 '국민 무티'라고 부른 것도 친근감의 표현일 것이다. 아버지를 부를 땐 파파(Papa), 파피(Papi) 등 다양하다. 남자가 여자 연인을 부를 때는 샷츠(Schatz, '보물'), 마우스(Maus, '쥐'), 마우지(Mausi, '생쥐'), 쥐세(Süße, '달콤함') 등으로 부르며, 여자가 남자 연인을 부를 땐 샷츠, 하제 또는 하지(Hase 또는 Hasi, '토끼'), 베르헨(Bärchen, '새끼 곰') 등으로 부르며 애정을 표현한다. 형제나 자매 간에도 '형' 또는 '언니'와 같은 호칭 대신에 이름을 부르거나 '형제' 또는 '자매'로 부른다. 연령별 서열이 없는 문화이기 때문이다. 굳이 나이 많은 형이나 자매를 표현해야 할 경우에는 '나이가 많은'이라는 수식어를 사용한다.

신용카드보다는 현금을

우리나라에서는 신용카드의 사용이 일반화되어 있다. 천 원 단위의 물건을 사면서도 카드를 내밀지만 가게 주인은 당연히 받아들인다. 그러나 독일에서는 상황이 좀 다르다. 카페, 레스토랑이나 동네 가게에서는 물론이고 백화점에서도 신용카드를 별로 선호하지 않는 곳도 있다. 카드를 내밀면 카드리더기가 없다고 거부하는 곳도 많다. 현금을 많이 갖고 다니지 않는 독일인들이 카드를 선호할 거 같은데 왜 현금을 선호하는 지 그 이유는 분명하지 않다. 아마도 오랫동안 서독인들의 자부심이었던 '독일 마르크'에 대한 향수와 두 번의 세계대전을 겪으면서 경험한 극심한 인플레이션 때문에 언제나 사용할 수 있는 현금을 선호하게 된 거 같다. 독일을 여행할 때는 지갑에 동전을 포함하여 항상 몇십 유로 정도는 갖고 다니는 것이 곤란한 상황을 피할 수 있다.

레스토랑에서의 팁

레스토랑의 모든 음식 가격에는 서비스 요금이 포함되어 있어 이론적으론 팁을 줄 필요가 없다. 그러나 실제로는 팁을 주는 분위기이다. 팁은 전체 금액의 5-10% 정도이다. 계산을 할 때 거스름돈은 받지 않고 웨이터에게 직접 주는 경우가 많다. 예컨대 계산서의 금액이 13 유로나 17 유로일 경우 15 유로나 20 유로를 주면서 "15" 또는 "20"이라고 말하면 거스름돈은 팁으로 가지라는 뜻으로 알고, 웨이터는 친절하게 '당케'라고 할 것이다. 그러나 서비스가 마음에 들지 않았을 경우에는 굳이 팁을 주지 않아도 된다.

부인보다 집과 자동차를 더 사랑한다는 독일 남편들

독일 남자들은 여가시간에 세 가지를 한다는 말이 있다. 휴가 준비, 가구나 정원 가꾸기 그리고 자동차 세차이다. 주말이면 집의 주차장 앞에서 자동차를 세차하는 모습을 흔히 볼 수 있다. 운전을 하다가 접촉사고가 나거나 조금이라도 긁히면 야단이 난다. 우리 같으면 적당히 합의하고 갈 수 있는 경미한 접촉사고도 독일인들은 보험사 직원을 부르고 '법적'으로 정리를 한 후에야 헤어지는 모습을 볼 수 있다. 오죽하면 독일 남편들은 부인보다 자동차를 더 아낀다는 말이 있을 정도일까. 물건을 아끼고 잘 관리하는 독일인들의 생활습관을 볼 수 있는 부분이다.

서비스 정신을 기대하지 말자

독일 사회에 적응하기 위해서는 몇 가지 심리적 장애물을 극복해야 한다. 그중에 하나는 독일인들의 무뚝뚝함이다. 특히 공공기관에서는 이런 일이 빈번하다. 독일인들은 고객을 대할 때 미소로 대하는 대신에 의무적인 응대, 무표정, 심지어는 노려보는 태도를 보일 때도 있으니 놀라지 말자. 특히 독일의 공무원들은 불친절하기로 소문이 나 있으며, 이들은 아직도 많은 것을 서류로 처리하고 있다. 유학 시절에 체류 연장이나 서류를 처리하기 위해 관청에 가본 사람들은 이들의 불친절함과 무뚝뚝함을 충분히 경험했을 것이다.

그러나 대부분의 독일인들은 대체로 친절하며 선천적으로 불친절하지는 않다. 처음에는 무뚝뚝한 사람도 조금만 사귀면 아주 친절해진다.

과유불급의 선물문화

어느 사회를 막론하고 약간의 호의와 친절, 선물은 사람들의 마음을 부드럽게 한다. 이것은 독일 사회도 마찬가지이다. 그러나 조심할 것은 독일 사회는 과유불급의 사회이다. 지나친 친절은 상대방의 오해를 불러올 수 있기에 금물이다. 선물을 할 때는 선물하는 이유가 타당해야 하며, 선물의 가치가 부담스럽지 않아야 한다. 일반적으로는 초대되었을 때는 맛있는 포도주 한 병, 꽃, 관심 가지는 분야의 작은 선물, 관련 책 등이 적절한 선물이다. 그러나 공무원은 공무와 관련하여서는 볼펜 한 자루도 받지 못한다.

생일을 미리 축하해도 되나요?

우리는 생일을 맞으면 가족이 미역국을 끓여주고 생일선물을 준다. 우리는 생일을 맞은 사람에게 식사를 대접하고 선물을 준다. 그러나 독일은 좀 다르다. 독일인들은 생일을 맞은 사람이 다른 사람을 초대하고 대접을 한다. 이때 초대받은 사람은 선물을 들고 간다. 생일선물을 미리 주거나 생일을 미리 축하하지 않으며, 불가피한 경우엔 생일이 지난 후에 한다. 미리 하면 생일 맞은 사람에게 불행한 일이 생기거나 운명을 거스르는 것으로 생각하기 때문이다. 생일에 만날 수 없다면 지난 후에 주는 것이 낫다. 속설을 믿지 않는 사람들도 이런 생각을 하긴 마찬가지이다. 다만 이유가 좀 '세련'될 뿐이다. 예컨대 예의가 없거나 생일을 기다리는 기대기쁨을 미리 빼앗아서는 안 된다고 말한다.

두 번 하는 결혼식

독일에서의 결혼식은 시청이나 구청과 같은 관공서인 슈탄데스암트(Standesamt)에서 하는 공식 결혼식과 교회나 다른 장소에서 하는 결혼행사 두 가지로 구분된다. 관공서에서의 결혼식은 양가의 부모, 입회인들과 치르는 관례식으로서 호적에 부부로 등록하기 위한 일종의 행정적 절차로서의 결혼식이다. 신랑 신부는 필요한 서류를 갖추어 호적계에 신청을 하고, 접수된 혼인신고는 일정 기간 동안 공시가 된다. 이 과정(Aufgebot)은 결혼에 결격사유가 있는 지 알아보는 결혼 예고기간이다. 이 과정이 끝나면 호적 관련 부서에서 진행하는 결혼식이 진행된다. 이때 신혼부부를 위해 검소하게 장식된 별도의 방이 있는 경우도 있고, 그냥 우리의 동 사무소와 같은 장소에서 결혼의례가 진행되기도 한다. 결혼식 증인을 데려오기도 하며, 화려한 예복을 입거나 청바지를 입거나 그건 자유롭다.

이 결혼식이 있은 후 교회에서 결혼예식을 올릴지 안 올릴지는 각자의 판단에 따른다. 교회에서 하는 결혼식은 가족, 친지, 친구들을 초대하여 즐겁게 놀고 축하하는 잔치의 예식이다. 다만 관공서에서 결혼식을 신고하지 않았다면 교회에서의 결혼식을 치를 수 없다.

실용적인 결혼선물

결혼식 때는 작은 선물을 하는 것이 일반적 관례이다. 우리처럼 축의금 봉투를 들고 식장으로 가는 경우는 거의 없다. 신혼부부의 가까운 친척을 제외한 일반 하객들은 축의금과 같은 돈을 주기보다는 신혼부부가 필요로 하는 물건을 선물하는 경우가 많다. 신혼부부가 새 가정을 꾸리기 위해 필요한 물건의 리스트를 만들어 미리 알리면 축하객들은 이 리스트를 보고 본인들의 형편에 따라 선물하고 싶은 물건을 구입하여 선물한다.

결혼보다 힘들다는 이혼

결혼은 사랑의 결실이기도 하지만 동시에 법적인 절차이기도 하다. 이혼은 더욱 까다로운 법적 절차이며, 법원의 결정으로 이루어진다. 이혼 절차는 매우 복잡하며, 결혼 때보다 훨씬 더 큰 비용이 들기도 한다. 이혼을 원하는 당사자들은 변호사를 통하여 이혼계약서를 작성하는 경우가 대부분이다. 이혼계약서에 포함되는 중요한 내용은 재산(현금, 자동차, 가구, 부동산 등)의 분배, 자식에 대한 양육권, 언제, 어디서, 얼마나 자주 자식들을 만날 수 있는지 등에 대한 합의, 이혼 후의 생활비 및 양육비 등이다.

독일 남성들은 이혼법이 남자들에게 불리하다고 불평을 하는 경우가 많다. 이혼하는 부인이 직장을 다니지 않을 경우엔 남편은 자신의 수입의 상당 부분을 평생 매달 생활비로 지불해야 하기 때문이다. 또 이혼한 부인들 중에는 남자 친구를 사귀거나 사실상의 동거를 하면서도 혼인신고를 하지 않는 경우가 많다고 한다. 이유는 간단하다. 이혼한 전남편으로부터 계속 생활비를 받기 위하여서다. 그래서 독일에서의 이혼은 남자에겐 파산과 같다는 말이 있다. 2018년의 통계에 따르면 이혼율은 32.94%에 이른다고 한다. 결혼한 부부의 1/3이 이혼을 한다.

삶의 곁에 있는 장례식

장례식은 성직자가 집례하며, 가족, 가까운 친지와 친구, 지인들을 중심으로 엄수된다. 공동묘지가 있는 곳에는 대부분 작은 교회가 있다. 영결식은 이곳에서 이루어지며, 조문객들은 영결식이 끝난 후에 가까이 있는 묘지까지 따라간다. 독일의 공동묘지는 우리나라에서처럼 외딴곳에 있는 것이 아니라 도심이나 마을 가까이에 있다. 마을 한복판에 있는 공동묘지는 나무가 우거지고 가족들이 가져다 놓은 꽃들로 마치 잘 가꾼 공원처럼 보인다. 죽음을 금기시하지 않고, 삶과 죽음을 멀리 갈라놓지 않는 독일인들의 심성을 느낄 수 있다.

또 하나의 세금, 종교세

독일 인구 약 8천만 중에서 각각 2천6백만 정도의 신도들이 개신교 또는 천주교에 속한다. 이들은 자신들이 내는 소득세의 8%를 종교세로 낸다. 예컨대 한 달 월급이 3백만 원인 근로자가 30만 원의 소득세를 낸다고 가정할 때 이 근로자는 2만4천 원의 종교세를 낸다. 종교세가 일반 세금과 다른 것은 종교세는 의무가 아니라 선택사항이라는 것이다. 우리처럼 세무서에서 종교세를 원천징수를 하지만 본인이 종교세를 내고 싶지 않을 경우에는 납부를 거부할 수 있다. 이 경우에는 교회에서 집례하는 세례식, 결혼식 또는 장례식 등을 치르지 못할 수 있다.

대부분의 직장인이 종교세를 내기 때문에 독일교회는 매우 부유하며, 독일교회가 세계교회협의회나 자선단체에 납부하는 기여금이 제일 많다고 한다. 그러나 요즈음은 젊은 사람들이 종교세를 거부하는 경우가 많아지면서 독일교회도 재정의 어려움을 느낀다고 한다.

독일에는 금기가 있는가?

권위주의적이지 않고 민주화된 사회일수록 금기가 없는 편이다. 그러나 독일에도 금기가 있으며, 대표적 금기는 세 가지 정도이다. 섹스, 종교, 그리고 유대인에 관한 문제이다. 그러나 섹스와 종교는 이제 터부가 아닌 것 같다. 독일은 성에 대해서는 비교적 개방적이며, 기독교 나라이지만 기독교에 대한 비판도 얼마든지 가능하다. 그러나 독일에는 하나의 금기가 있다. 그건 유대인에 대한 문제이다. 물론 스킨헤드나 극우 신나치들이 공공연하게 반유대인 구호를 외치고 있지만 그건 어디까지나 제한된 영역에서만 가능한 것이다. 책임 있는 정치인이나 공인이 유대인이나 이스라엘에 관하여 잘못 말하면 그는 하루아침에 쫓겨날 수 있다. 독일에서의 유대인 문제는 맑은 하늘에도 언제든지 먹구름을 몰고 와서 소나기를 뿌릴 수 있다. 독일에서 유대인 문제를 언급할 때는 매우 조심하고 신중해야 한다. 가능하면 하지 않는 것이 좋다.

충만한 가정의 계절, 성탄절

독일인들에게 성탄절보다 더 감성을 자극하는 명절은 없다. 성탄절은 그냥 명절이 아니라 하나의 감성적 사건이라는 것을 4주 동안 계속되는 강림절 기간을 통해 알 수 있다. 유럽어 중에서 유일하게 독일어에는 '성탄절 절기를 보낸다'(Es weihnachtet)라는 동사가 따로 있을 정도이다. 성탄절과 부활절을 전후로 자살률이 높다고 하는데 그 이유는 만나는 가족이 없는 사람들이 그만큼 외로움을 더 많이 느끼기 때문이라고 한다.

요즈음은 성탄절에 대한 비판도 많다. 특히 성탄절이 너무 상업화되어 간다는 것이다. 그러나 독일인들에게 성탄절은 이런 비판에도 불구하고 종교적이고, 사색과 성찰의 시간이다. 특히 가족의 행사이다. 독일에서는 가족을 만나 보호받고 있음을 느끼는 시간이며, 내적으로 기쁨을 느끼는 시간이다.

통제 불능의 술 취한 독일인

독일인들에게 질서는 금과옥조이다. 그러나 독일인들이 통제가 안 될 때가 있는데 그건 축구경기와 카니발, 옥토버 페스트와 축제 때이다. 독일인들은 술에 취하면 통제가 안 된다. 90년대까지만 하여도 길거리에서 술 먹고 휘청거리는 사람을 보기가 힘들었다. 그러나 요즈음은 이런 모습을 자주 볼 수 있다고 한다. 사회 전체의 자유화와 함께 억제된 심리의 표출 현상, 즉 억압된 민족주의나 지방주의가 축구나 카니발 등을 통해 발산되는 것이다. 특히 카니발 기간이나 10월에 뮌헨에서 열리는 옥토버 페스트 기간 동안에는 술에 취해 인사불성이 된 독일인들을 자주 볼 수 있다. 술에 취했어도 타인에게 시비를 걸거나 폭력을 행사하는 일은 매우 드물다.

독일인의 성역, 휴가

독일인들이 가장 좋아하는 낱말이 있다. 그건 바로 우얼라웁
(Urlaub, 휴가)이다. 독일인들에게 휴가는 일종의 '성역'이다. 독일
인들이 1년의 행사 중에 가장 중요하게 생각하는 일은 휴가를
계획하는 일이다. 평범한 독일인들은 휴가를 위해 산다고
해도 과언이 아닐 정도로 휴가에 대한 독일인들의 관심과
사랑은 남다르다. 휴가는 부활절을 전후한 휴가, 여름 휴가,
성탄절을 전후한 겨울 휴가로 나누어진다. 독일인들은 대개
햇빛이 넘치는 남쪽으로 휴가를 간다. 그 이유는 독일의 날
씨가 습하고 춥기 때문에 독일인들은 따뜻한 햇살, 푸른 바
다, 야자수 나무와 백사장이 있는 남쪽 나라에 대한 그리움
이 강하다. 괴테는 <미뇽의 노래>에서 "그대는 아는가, 레몬
꽃 피는 남쪽 나라를"이라고 노래한다.

독일인들의 노동시간을 살펴보면, 이들은 1주일에 평균
35시간 노동을 하며, 1년에 평균 30일의 휴가(미국: 12일, 일
본: 10일)를 보낸다. 독일의 근로자들이 즐기는 휴가는 법적
으로 정해진 유급휴가이다. 근로자들이 평균적으로 즐기는
휴가 일수는 근무일만 계산할 때 1년에 약 25-30일 정도이
다. 독일 근로자들이 일하지 않고 즐길 수 있는 최대의 날들
은 휴가(주말을 제외한 25-30일), 법정 공휴일 15일 정도, 52
주의 주말 등을 모두 합산하면 무려 5개월에 해당한다. 독일

근로자들이 여가시간을 주체할 수 없어 어쩔 줄 모른다는
말이 실감이 난다.

식사 때 코를 풀어도 될까요?

독일의 음식은 숟가락으로 떠먹는 음식도 있지만 대부분
칼로 썰어 먹는 음식이 많다. 이때 포크는 왼손에, 나이프는
오른손에 쥐고 고기를 썰거나 자른다. 나이프를 오른손에
쥐는 이유는 고기를 썰거나 자를 때 힘을 쓰기 편하기 때문
이다. 왼손잡이도 나이프를 오른손에 쥔다. 왜냐하면 왼손을
쓸 경우에는 옆 사람의 팔꿈치와 부딪힐 수 있기 때문이다.
고기를 썰 때는 한입에 먹을 만큼의 분량을 썰어 먹는다. 나
이프와 포크가 식사 문화에 등장한 것은 16세기라고 한다.
처음에는 이탈리아에서 사용되다가 프랑스, 그다음에는 영
국과 독일로 전파되었다고 한다. 물론 상류층에서의 일상적
식사 도구가 일반 시민들의 도구가 되기까지는 좀 더 오랜
시간이 지난 후였다고 한다.

독일인들은 음식을 먹을 때 '후루룩'거리거나 '쩝쩝'거리
는 소리를 내지 않는다. 특히 음식을 먹으면서 트림을 하는
건 금물이다. 우리 한국식 예절은 밥상에서 코를 푸는 것은
매우 심한 결례가 되지만, 독일에서는 흉이 되지 않는 것 같
다. 다만 고개를 옆으로 살짝 돌려 푸는 정도의 예의는 필요

할 것이다. 소리를 내지 않고 음식을 먹는 건 우리에겐 약간의 스트레스가 될 수 있지만 조금만 연습하면 곧 적응할 수 있다. 독일에서 길거리를 가다가 침을 뱉는 것도 매우 비위생적 일로 치부된다.

개인 신상에 대하여 질문하지 않기

우리나라에서는 사람을 처음 만났을 때 나이, 고향, 출신 학교, 직업과 직급 등을 묻는 경우가 다반사이다. 서로의 사회적 위치나 나이를 알아야 호칭이나 관계가 정리되기 때문에 필요하다고 생각한다. 그러나 독일에서는 초면에 개인의 신상이나 월급 또는 수입에 대하여 질문하는 것은 예의에 어긋나는 것이다. 개인의 사생활을 존중하는 면이 강하기 때문이다. 수입이나 월급에 관하여 묻지 않는 것은 수입의 차이를 알게 되었을 때 내가 그 사람에게 시기심을 느끼지 않고 또한 나에 대한 그 사람의 시기심을 유발하지 않으려는 의도도 있을 것이다. 독일에선 필요할 경우가 아니면 어린이들의 혈액형을 묻지 않는다. 자칫하면 부모와의 혈연관계를 의심하거나 친자확인용 유전자 검사로 오해할 수 있기 때문이라고 한다.

야박한 인심의 공중 화장실

우리나라만큼 화장실이 깨끗하고 편리한 곳이 없다. 지하철역, 고속도로 휴게소, 시내 곳곳에 있는 카페의 화장실 등등. 그러나 유럽을 여행할 때는 화장실 때문에 낭패를 겪는 경우가 자주 있다. 특히 독일에서는 더욱 그러하다. 우선 공중 화장실이나 일반 화장실이 그리 많지 않다. 공중 화장실에서는 대부분 돈을 받으며, 심지어는 레스토랑에서도 화장실 사용료를 따로 받는 경우가 있다. 식당이나 레스토랑의 화장실 입구에는 보통 작은 받침대 위에 접시가 놓여 있다. 화장실을 사용할 경우에 50센트 정도의 동전을 그 접시에 낸다. 이 돈은 화장실을 관리하는 사람이 수고비로 가지는 것이다. 기차역과 같은 공공시설의 화장실에는 입구에 우리나라 지하철 개찰구에 있는 것과 같은 차단봉이 있고, 이 속에 50센트 또는 1유로의 동전을 넣고 밀고 들어가는 경우가 많다.

독일에서는 화장실을 찾기도 힘들며, 찾아도 무료가 아니니까 항상 50센트 또는 1유로와 같은 동전을 준비하고 있어야 한다. 생리적 욕구를 가지고 돈을 벌려고 한다는 좀 얄미운 생각도 들지만 이것조차도 개인의 문제로 생각하거나 환경문제로 생각하는 독일인들의 생각이 좀 이해되기도 한다. 그래도 인심이 사납다는 생각을 떨쳐버리기 쉽지 않다.

독일에는 동성애가 인정되는가?

독일에서는 2001년부터는 동성애자들도 '등록된 인생 파트너'(eingetragene Lebenspartnerschaft)로서 법적인 지위를 가질 수 있었다. 이 법은 민법상 거의 혼인에 해당하는 위상을 가진다. 예컨대 파트너들은 동일한 성을 사용할 수 있으며, 상대방의 자식을 입양할 수 있는 등의 권리를 가지기 때문이다. 길거리를 가다가 혹시 무지개 색깔의 기(旗)가 창가에 걸려있다면 이 집에는 동성애자들이 살고 있다고 생각해도 좋을 것이다. 2017년 10월 1일 이후부터는 동성애자들도 혼인신고를 할 수 있게 되면서 '등록된 인생 파트너' 법은 폐기되었다.

독일의 수도 베를린의 시장(2001-2014)이었던 보베라이트(Klaus Wowereit)도 성소수자였다. 그는 선거전에 커밍아웃을 했지만 선거에서 승리하였고, 시장은 자신의 인생 반려자와 함께 자주 공식 석상에 나타나기도 하였다. 독일의 많은 유명인(정치인, 연예인, 스포츠 선수, 예술인 등)들 중에는 동성애인들도 많다. 이들 스스로는 물론이거니와 이들을 바라보는 사람들의 시선에도 편견이 없다. 우리 모두와 동일한 사람으로 '정상적'으로 활동하며 사회의 일원으로 함께 살아가는 모습을 볼 수 있다.

주말과 공휴일의 자유시간 보내기

독일에는 1년에 평균 15일 정도의 공휴일이 있다. 이 숫자
는 주마다 조금씩 다르다. 그 이유는 해당하는 주가 개신교
또는 천주교 중심의 주냐에 따라 공휴일 지정이 다르기 때
문이다. 공휴일이 금요일이나 월요일에 있을 때는 '연장된
주말'이라 부른다. 주말과 공휴일은 법정 휴가일에 속하지
않는다. 대부분의 공휴일은 기독교와 관련된 것이다. 물론
오늘날은 기독교적인 배경과 분위기가 많이 사라지기는 하
였지만 말이다.

능동적인 주말의 여가활동으로는 산행과 산책, 축구/테니
스 등의 활동, 음악 활동, 친구/반려견과 산책하기, 친구들과
요리하기, 박물관/수영장 가기, 어린이들과 놀아주기 등이
있다. 많은 사람들은 자동차를 세차하거나, 시장보기, 집 안
청소, 정원 가꾸기 등을 하며 지낸다. 수동적인 주말의 활동
으로는 텔레비전, 영화 감상, 낮잠 자기 등이다.

공사의 구분과 구획 짓기

독일인들은 삶의 중요한 영역들을 꼼꼼하게 구분하는 편
이다. 자신과 타인의 영역을 가능한 한 구분하며, 일은 일터,
가정은 가정을 위한 고유한 공간으로 구분한다. 이런 구획
나누기는 공적 공간과 사적 공간을 확실하게 구분한다. 근

무시간 이후에는 근무와 관련된 일로 전화도 하지 않는다. 급한 일이라도 업무시간 이외에 연락을 하면 매우 싫어한다. 그러니까 항상 미리 계획하고 살 수밖에 없다. 공사의 구분 짓기는 호칭에서도 나타난다. 존칭의 의미인 '지'(Sie)는 존칭이기도 하지만 어느 정도의 거리감을 나타내며, 평칭의 '두'(Du)는 평칭임과 동시에 친근감을 나타내는 것이다. 독일에서 젊은 친구가 나이든 한국인에게 '두'를 사용한다고 해서 '젊은 친구가 나를 무시하고 함부로 말을 놓네'라고 흥분할 필요가 없다. 오히려 친근감의 표현이다.

무서운 신고 정신

독일인들의 신고 정신은 매우 철저하다 못해 무섭다. 이런 신고 정신은 긍정적으로 표현하면 준법정신과 연결되어 있을 것이다. 필자가 유학 시절에 친구들과 함께 버스 정류장에서 버스를 기다린 적이 있다. 겨울의 매서운 바람을 피하려고 옆 건물의 벽에 잠시 기대어 추운 바람을 피하고 있었다. 버스가 채 오기도 전에 어디에선가 경찰차가 나타났고, 차에서 튕겨 나오듯이 뛰어내린 경찰들이 우리에게 달려와 신분증 조사를 했다. 우리가 유학생이며, 잠시 건물 옆에서 추위를 피해 있었다는 설명을 듣고는 그들은 돌아갔다. 우리가 놀란 것은 이때 우리의 모습을 창문을 통해 지켜보던 누군가가 우리의 '이상한' 행동을 보고 경찰에 신고했던 것이다. 독일에서 행동할 때는 어디에선가 누군가가 당신을 보고 있다는 생각을 하고 행동하는 것이 좋다.

현금 계산법

물건 값을 지불하고 거스름돈을 계산하는 방법이 독일은 좀 색다르다. 우리나라에서 6천 원짜리 물건을 사고 만 원을 내면 가게 주인은 '천 원, 이천 원, 삼천 원, 사천 원'으로 계산을 하고 4천 원을 내줄 것이다. 그러나 독일인들은 계산을 할 때 우리처럼 뺄셈을 하는 것이 아니라 덧셈을 한다. 예컨대 위의 경우를 볼 때 물건 값 6천 원에 돈을 보태어 '칠천 원, 팔천 원, 구천 원, 만 원'으로 돈을 한 장씩 내려놓으며 계산을 한다. 우리가 거스름돈을 계산할 때는 머리에서 이미 계산이 끝난 상태에서 그 결과를 액수로 확인하는 것이라면 독일은 돈을 세면서 계산을 하는 것이라 볼 수 있다.

실용적인 패션 감각

독일인들은 패션 감각이 없기로 정평이 나 있다. 그들은 유행에 민감하지도 않으며, 외모에 그리 신경을 쓰지 않는 거 같다. 일반적으로 신발은 편안한 운동화나 간단한 등산화, 옷은 방한복 같은 점퍼를 즐겨 입는다. 패션 감각이 없어서 그런 것이기보다는 짓궂은 날씨 그리고 검소한 생활과 연관이 있을 것이다, 여름에도 진눈깨비가 내리고 옷 속까지 파고드는 냉기와 추위를 느끼는 날씨이기 때문이다. 이런 날씨 때문에 실용성을 강조하다 보니 이런 결과가 생겼을 것이다. 이들은 결혼식이나 파티에 가는 복장도 비교적 검소한 편이다. 여성들은 멋있는 드레스를 입고 목걸이를 두르고 외출을 하지만 이런 옷들은 대부분 5년이나 10년 이상씩 오래된 것이다.

휴식시간의 준수

독일에는 휴식시간(Ruhestunde)을 준수해야 하는 규정이 있다. 이 규정에 따르면 주택가에서는 보통 22:00~7:00 시까지를 소음을 규제하는 휴식시간으로 정해 놓고 있다. 손님 초대나 파티로 인해 늦은 시간까지 소음을 내야 할 경우에는 반드시 사전에 이웃의 양해를 구해야 한다. 그렇지 않은 경우에는 저녁 10시 이후에는 음악 소리를 크게 틀거나 층간소음을 내어서는 안 된다. 이걸 어길 경우에는 누군가가 문밖에서 초인종을 누를 것이고, 그 사람은 이웃의 신고를 받고 출동한 경찰일 확률이 매우 높다.

휴식시간을 준수하는 독일인들의 규정은 일차적으로는 휴식을 취하는 것이 목적이다. 그러나 다른 한편으론 그다음 날에 있을 근무에 지장을 주지 않으려는, 노동의 효과성 때문일 수도 있다. 하루의 분주한 일과가 끝난 후에는 충분한 휴식을 취해야 다음 날도 일과에 충실할 수 있기 때문이다.

독일인들이 지키는 가족 모임

독일인들이 지키는 가족 모임의 날은 대략 생일, 결혼식, 견진성사나 세례식, 새해 첫날, 부활절, 실베스터(Silvester)로 불리는 송년일, 성탄절, 장례식 등이다. 이 중에서도 성탄절이 가족이 모이는 가장 의미 있으면서도 조용한 축제일이다.

행간을 읽을 필요가 없는 독일인들의 직설 화법

독일인들은 대화를 할 때 에둘러 표현하기보다는 직접 표현하길 좋아한다. 그들의 대부분의 일상은 합목적적이며, 삶에 필요한 요소에 맞춘 생활로서 인습이나 체면치레와 같은 형식은 많이 사라졌다. 독일인들은 예의를 갖춘 우회적 방법 없이 꾸밈없이 말하며, 그리고 형식을 그리 중요하게 생각하지 않는다. 이 때문에 독일인들은 너무 직설적이거나 '무례'하다는 인상을 주기도 한다. 주제 중심으로 문제의 핵심을 말하길 선호한다. 독일인들의 정직함, 우직함이 토론에서도 드러나는 경우이거나 부침이 많았던 역사 속에서 격식을 갖추어 에둘러 표현할 수 있는 마음의 여유를 갖지 못한 데서 오는 것일 수도 있다. 어쨌든 독일인들이 말하면 액면 그대로 이해하고 믿으면 된다. 그 말의 의미가 무엇일까를 고민하며 소위 '행간을 읽을' 필요가 없다.

오래전 일이다. 필자가 독일에서 학위를 마치고 귀국한 후 평소에 아는 교수님을 찾아가 귀국 인사를 드린 적이 있다. 그때 교수님이 '요즘 어디에 계시죠?'라고 물으셨고, 필자는 '요즘 삼전동 00번지에 삽니다'라고 답한 적이 있다. 이 대답을 들은 교수님은 매우 당황해하셨지만 나는 영문을 몰라 더욱 당황해한 적이 있다. 그 분은 귀국한 후 어느 대학에서 강의를 하며 지내는가 라는 의미로 물었지만 나는 질문을 곧이곧대로 해석하여 사는 집 주소를 말했던 것이다.

조심스러운 독일인

독일인들을 처음부터 사람을 잘 믿지 않지만 한 번 맺어진 신뢰는 매우 중요하게 생각한다. 따라서 독일인들을 만날 때는 첫인상을 좋게 주는 것이 중요하다. 첫 거래에서는 최상의 서비스와 상품을 제공하는 것이 꼭 필요하다. 독일인들은 '신뢰하는 건 좋은 일이다. 그러나 확인하는 건 더 좋은 일이다'라는 러시아 혁명가 레닌의 말을 자주 인용하기도 한다.

외국에 여행 가서 일광욕만 즐기는 독일인의 여행 욕구와 정주성

독일인들은 평생에 평균 한 번 정도 이사를 한다. 그러나 동일한 주 내에서의 이사는 평균 네 번 정도라고 한다. 이처럼 정주성이 강한 사람들이지만 여름이 되면 전 국민의 반 이상이 다른 지역, 다른 나라, 다른 대륙으로 여행을 떠난다. 3천5백만은 자동차로, 1천2백만은 기차나 버스로, 또 이 정도의 인구가 비행기를 타고 떠난다. 이사를 하지 않는 것, 장기간의 정주관습 그리고 매년 여행을 떠나는 상황은 얼핏 보면 상반된 현상이지만 서로 보완적인 관계라고 볼 수 있다. 우리나라 사람들은 다른 나라로 여행을 할 땐 볼거리를 찾아 바쁘게 장소를 옮겨 다닌다. 독일인들은 많은 경우 한 장소에 오래 머물러 편안함을 즐긴다. 어쩌면 시한부적인 고향이라고 할까. 필자는 독일인들과 함께 이집트 여행을 떠난 적이 있다. 우리 부부는 카이로, 룩소르, 피라미드 등 바쁘게 다니면서 사진을 찍었다. 그러나 독일인들은 2주 내내 나일 강가의 호텔에 머물면서 일광욕만 즐기고 있었다.

가정으로 돌아가는 파이어아벤트

'축제 전날 저녁'이라는 의미를 가진 파이어아벤트(Feierabend)는 하루의 노동이 끝나는 저녁 무렵부터 시작되는 자유시간과 휴식시간을 의미한다. '고향', '아늑함' 등은 지식인들에겐 키치 같은 느낌을 주지만 '파이어아벤트'는 모든 독일인들이 좋아하는 단어이다. 독일인들은 20세기 초까지만 하여도 일주일에 6일 동안 매일 10시간씩 노동을 해야 했다. 노동으로 지친 하루의 일과를 마치고, 보리수 아래에서 시원한 맥주를 한 잔 마시는 건 최대의 보상이었을 것이다. 영국인들은 하루의 일과를 바에서 한 잔의 맥주로 끝내는 경우가 많다고 하지만 대부분의 독일인들은 일과가 끝난 후 가족이 있는 가정으로 돌아간다.

슈뢰더 총리 시절에 일반 상점들의 개장시간을 오후 6시에서 8시 또는 10까지 연장하려고 했을 때 독일인들은 극렬하게 반대했다. 파이어아벤트로 하루의 고된 노동이 끝나고 저녁의 휴식과 평화가 깃드는 시간이었다. 그러나 오늘날도 여전히 이런 의미를 갖고 있지만 동시에 자본주의적인 '자유시간', '여가시간'으로 대체되는 현상이 동시에 나타난다.

즉흥조차도 계획이다

독일에서는 '빨리, 빨리'는 없다. 물건을 하나 주문해도 보통 1-2주가 걸린다. 나는 연구차 자주 독일을 방문한다. 3개월 정도 체류하게 될 때의 문제는 전화와 인터넷의 설치이다. 요즈음은 핸드폰이 있어 유심칩을 교체하면 그만이지만 불과 몇 년 전만 해도 유선으로 된 전화와 인터넷 연결이 필요했다. 신청을 하면 설치할 때까지 보통 4-6 주 정도 걸린다. 그래서 아예 신청 자체를 포기하는 경우도 많았다.

독일인들은 모든 걸 계획하며, 즉흥적으로 처리되는 일이 거의 없다. 심지어는 즉흥적인 일조차도 계획을 하면서 진행한다. 어느 화창한 주말 오전에 친구에게 전화를 걸어 산책을 제안하면 그 친구는 난색을 표할 수 있다. 그 친구는 이미 오후 2시에 공부하고, 3시에 요가하고, 5시에 저녁 먹고, 7시에는 좋아하는 텔레비전 프로그램을 볼 계획을 하고 있기 때문이다.

헷갈리는 독일의 층수 세기

우리는 건물의 층수를 셀 때 제일 밑의 층에서부터 1층, 2층, 3층… 이렇게 센다. 그러나 독일인들은 다르게 센다. 그들은 우리의 1층을 지상층(Erdgeschoss)이라 부른다. 우리의 2층이 그들에겐 1층이 되고, 우리의 3층이 그들에겐 2층이 된다. 예를 들어 독일인들이 "3층으로 올라가세요"라고 할 땐 4층으로 가야 실수를 하지 않는다.

이런 차이는 어디서 오는 걸까? 누구의 층수 세기가 논리적일까? 아니면 그냥 문화의 차이인가?

독일의 자전거 전용도로

독일인들의 교통법규 준수는 널리 정평이 나 있다. 아무도 없는 깜깜한 저녁의 시골길에서도 신호등을 지킨다. 독일의 길은 많은 경우 차도와 인도 사이에 자전거 전용도로가 있으며, 자전거 이용자를 위한 신호등도 따로 있다. 외국인들이 가끔 자전거 전용도로 위를 걸어가거나 이곳에서 신호등을 기다리는 경우가 있다. 이때 자전거를 이용하는 사람들은 매우 싫어하고 때에 따라서는 큰소리로 길 비키라고 소리칠 수도 있다. 이들에게 자전거 전용도로는 차도와 마찬가지이기 때문이다.

볼 키스는 어느 쪽부터?

독일인들은 가까운 친구나 가족을 만나거나 헤어질 때는 가볍게 포옹을 해 주며 볼 키스로 인사를 한다. 이때 양쪽 볼을 번갈아 가며 가볍게 비비고 볼 키스를 나눈다. 근데 어느 쪽을 먼저 내밀어야 하는가? 필자가 오래 전에 대학생 기숙사에 있던 때의 일이다. 멀리 여행을 갔다 4주 정도 후에 돌아온 적이 있었다. 같은 층에 살던 독일 여학생이 반가워하며 가볍게 포옹하며 볼 키스를 해주었다. 당황한 나는 어느 쪽부터 먼저 해야 할지 몰라 허둥대가 그만 서로의 코가 부딪히고만 '사고'가 있었다. 어느 쪽 볼에 먼저 볼 키스를 하는가? 일반적인 순서는 오른쪽 그리고 왼쪽이다. 내가 약간 왼쪽으로 얼굴을 움직인 상태에서 상대방의 오른쪽 볼에 먼저 한 후에 왼쪽 볼에 키스를 한다. 이때 얼굴에 직접 닿지 않도록 주의하거나 아주 가볍게 닿게 하는 것이 좋다. 화장을 한 여성일 수도 있으며, 감기에 걸린 사람일 수도 있기 때문이다. 독일에서는 오른쪽 왼쪽으로 두 번 하지만 스위스나 벨기에 사람들은 세 번을 하며, 프랑스인들은 네 번을 한다고 한다.

건배할 땐 눈을 마주치자

독일에 살다 보면 가까운 독일의 지인들과 함께 맥주를 마시는 경우가 종종 생긴다. 더운 여름날 나무 그늘에 앉아 차가운 한 잔의 맥주를 마시는 즐거움은 그 무엇에 비하랴. 이때 누군가는 잔을 높이 들고 '건배'를 외치며, 건배사를 할 수도 있다. 이럴 땐 서로의 눈을 마주 봐야 한다. 이러지 않을 경우에는 7년 동안 불행한 일이 생기거나 재미없는 섹스를 한다는 속설이 있다. 왜 이런 속설이 생겼는지는 누구도 잘 모른다. 그러나 대부분의 독일인들이 은연중에 지키는 관습이다. 아마도 가까운 지인과 건배를 할 때는 정직하고 솔직한 마음으로 대해야 하며, 이를 위해서 서로의 눈을 쳐다보는 것이 아닐까. 눈은 마음의 창이라고 하지 않는가!

3부

독일 속의 한국과
외국인

16 독일인이 생각하는 한국과 한국인, 17세기부터 현재까지

우리는 다른 나라에 대하여 어떤 특정한 이미지나 선입견을 갖고 있다. 이러한 선입견과 이미지는 역사적 사건들에 의해 만들어지거나 대중 매체 등 다양한 정보에 따라 형성된다. 우리가 독일인을 생각할 때 '라인강의 기적을 이룬 근면한 사람'이라는 이미지나 앞에서 살펴본 '전형적 특징'을 떠올릴 수 있다. 반대로 독일인들이 한국을 생각할 때도 어떤 특정한 이미지들을 연상할 것이다. 그들이 가진 우리나라와 우리에 대한 인식 틀, 즉 한국관은 어떤 것이며, 어떻게 만들어졌을까? 그 과정을 추적해 보자.

우리나라가 유럽, 특히 독일에 알려지는 과정을 최초의 시작부터 단계별로 구분하면 대략 다음과 같다: 17세기 중기에 우리나라가 처음으로 유럽과 독일에 알려진 이후 1883

년에 양국이 수교를 맺는 구한말까지의 약 250년, 일제 강점기, 6.25 전쟁, 63-77년 사이에 독일에 파견된 간호사 및 광부, 79년의 박정희 대통령 피살사건과 이후의 광주 민주화 항쟁, 80년대 초에 '차붐'으로 알려진 차범근 선수의 독일 분데스리가에서의 활약, 88년 올림픽, 2002년의 월드컵, 부정기적으로 그러나 잊을 만하면 반복되는 북한에 의한 군사적 긴장과 전쟁위험에 따른 국제사회의 언론 보도, 삼성 또는 LG 등의 상품을 통한 이미지 개선… 최근에는 k-pop을 통한 '한류 문화' 등이다.

1650년대부터 1910년 사이에 만들어진 한국에 관한 이미지들

거의 3세기에 걸쳐 일어나는 초기의 이미지와 이에 따른 담론은 네 단계로 세분화하여 살펴볼 수 있다.

1) 상상과 허구에 근거한 초기의 한국관(1665-1669)

우리나라가 독일과 유럽에 알려지는 최초의 시기는 17세기 중엽이다. 이때 등장하는 주목할 만한 인물은 세 사람이다. 중국에서 예수회 선교사로 활동하던 이탈리아인 마르티니 마르티노(Martini Martino), 중국 황실의 천문대장으로 활동하던 독일인 아담 샬(Adam Schall) 그리고 조선에 표류하여 13년간 억류되어 있다가 탈출하여 한국에 관한 보고서를

쓴 네덜란드인 헨드릭 하멜(Hendrik Hamel)이다.

마르티니가 1655년 쓴 <새 중국 전도>의 내용은 대부분이 중국에 관한 것이며, 책의 말미에 '조선'에 관한 부분이 라틴어로 소개되고 있다. 이 책은 조선을 유럽에 소개하는 최초의 체계적 보고서이다. 1655년에 출판된 마르티니의 책과 1668년에 출판된 하멜의 책에서는 한국을 동양의 보물섬으로 신비화하거나 야만의 나라로 폄하하고 있으며, 이를 통해 이국에 대한 유럽인의 호기심과 환상을 불러일으킨다. <새 중국 전도>에서 마르티니는 한국을 어둡고 정적인 보물섬으로 묘사하고 있다. 유럽인이 쓴 최초의 한국 체험기인 <하멜 표류기>와 이 책을 편집한 유럽 각국의 편집자들은 원래의 내용에 자신들의 상상을 보태어 한국을 황금이 넘치는 곳, 방탕한 성문화, 미신, 무지가 지배하는 야만의 세계로 그리고 있다.

우리나라가 최초로 유럽에 소개되는 17세기의 유럽인들은 대부분 허구적 상상과 이국에 대한 욕망에 따라 한국관을 만들어 냈다. 그들은 '문명 대 야만'이라는 이분법을 통하여 한편으론 문명, 문화, 과학, 기독교 등으로 구성된 자신들의 정체성을 형성할 수 있었고 다른 한편으로는 전 지구적으로 확산하고 있던 제국주의를 정당화할 수 있었다.

병자호란 이후 청나라에 볼모로 잡혀갔던 소현세자는 당시 청나라의 천문대장을 맡고 있던 독일인 선교사 아담 샬을 만나 친분을 쌓게 된다. 아담 샬은 소현세자에게 천문학 등 유럽의 학문과 문물을 소개하며, 소현세자가 새로운 사고를 하고 새로운 문물을 접하는 데 적지 않은 영향을 미쳤다. 그러나 소현세자는 귀국한 이후 두 달 만에 안타깝게도 의문의 죽음을 맞이하면서 새로운 사고를 펼칠 수 있는 기회를 갖지 못하였다. 애통한 사건이다. 아담 샬은 1665년에 출간한 <역사적 서술>이라는 책에서 조선을 자세히 소개하고 있다. 이 책에는 마르티니나 하멜의 책에서 묘사되었던 허구나 유럽인의 상상력에 근거한 허무맹랑한 내용은 없다. 이 책은 비교적 객관적으로 한국을 소개하며, '우리는 좀 더 서로를 알 필요가 있다'라고 조심스럽게 자신의 의견을 피력하고 있다. 그러나 이런 조심스럽고 객관적인 관점보다는 마르티니와 하멜이 서술한 상상적 내용이 확산되면서 초기의 한국관이 만들어지고, 이것은 이후에 형성되는 '한국관'에 지대한 영향을 미치게 된다.

2) 허구적 상상력에서 객관적 담론으로(18세기 중반-1870)

상상과 욕망의 시선이 지배적이었던 초기의 한국관은 서구의 발전에 따라 '객관적'으로 관찰되면서 하나의 담론으로 전환된다. 이전의 한국관이 문명 대 야만, 기독교 대 이교 등의 이원적이며 대립적인 인식에 근거했다면, 이 시기의 한국관은 소위 '객관적인 근거' 위에서 한국과 한국인을 관찰하는 모습을 보인다. 이를 위해 유럽인들은 한국의 역사, 지리, 문화, 언어, 경제 등 다양한 분야에 대한 자료를 수집하고, 이렇게 모인 '과학적' 자료는 한국에 관한 초기 담론들과 결합하면서 과학적으로 검증된 '객관적 담론'으로 굳어진다. 물론 이때의 '객관성'은 이 시기의 유럽에 널리 퍼진 인종학이나 인종학적 민속학의 이름으로 행해진 것이다. 이런 인종학과 민속학은 사이비 학문으로서 유럽인의 관점에서 '객관적'이며, 유럽인들의 우월성을 정당화하는데 기여하는 것이었다. 사이비 학문으로서 '골상학'을 예로 들어볼 수 있을 것이다. 유럽인과 동양인의 두개골의 형상과 크기를 재고 이에 따라 유럽인의 우월성과 아시아인의 열등성을 추론하는 허무맹랑한 인종학적 이론 등이다.

유럽의 열강들은 자신들의 국력을 과시하고 자국민의 호기심을 끌기 위해 식민지 박람회(1885)를 개최하기도 한다. 이때 특히 유럽인의 관심을 끈 것은 인종 전시회였다. 전시회장의 일정 구역 내에 울타리를 치고 그 안에 아프리카나 동남아시아 지역에서 온 사람들을 마치 동물처럼 가두어 '전시'를 했다. 이렇게 전시된 사람들은 비서구적 인종 전체를 대변하는 '이국적' 이미지로 재현되었다. 오늘날 세계에서 인권을 강조하는 유럽인들이 불과 100여 년 전에 했던 야만적 행동들이다.

3) 식민주의로 발전되는 유럽의 욕망(1870-1880)

19세기에는 한국에 대한 지식의 축적과 학문적 권력을 토대로 다양한 담론이 등장한다. 특히 지식과 권력 그리고 유럽의 팽창주의 정책이 서로 결합하면서 '식민주의' 담론이 가시화된다. 식민주의 담론을 구성하는 주요 인식요소 중하나는 바로 인종주의적 우월성과 이에 근거한 식민주의를 정당화하는 이론이다. 이런 인종주의와 식민주의 이론을 통하여 인종적으로 우월하고 문명화된 유럽인들만이 한국인을 문명의 세계로 인도할 수 있는 주체로 등장하게 된다. 왜냐하면 한국인들은 천혜의 자연조건을 갖추고 있으면서도 이를 개발하지 못한 채 가난한 미개인으로 살아가고 있기때문이다. 따라서 한국을 자신들의 소유로 만들어 개척하는 일은 '문명화된 유럽인'의 소명으로 정당화된다.

4) 식민 지배를 정당화하는 담론의 권력화(~1910)

20세기로의 전환기 때의 한국관은 이제 담론 그 자체로만 머문 것이 아니라 군대, 관료조직 및 국가 제도와 함께 새로운 정치적 권력으로 등장한다. 쇄국정책을 고집하는 한국에 개방 압력을 넣었던 독일인 오페르트(Ernst Jacob Oppert)는 한국의 지정학적 중요성과 열악한 군사력을 언급하면서 노골적으로 한국의 식민지화를 주장하였다.

17세기 중엽에 시작되어 1910년까지의 거의 300년 동안에 유럽인들이 허구적으로 만들어 내거나 부분적 사실에 근거하여 확대 재생산한 중요한 인식요소들은 폐쇄와 쇄국, 억압적인 제도, 가난과 게으름, 타락한 윤리의식, 미신과 우상숭배, 풍부한 지하자원(금), 부패한 제도와 탐관오리, 무기력한 군사력 등이다. 이렇게 만들어진 인식요소들은 한국을 인식하는 유럽인들의 인식틀이 되었으며, 이 담론은 일본의 식민 지배를 용인하거나 정당화하는 결말로 이어진다.

일제 강점기

35년 간의 일제 강점기 동안에는 한국에 관한 관심이 거의 사라진다. 그래도 한국에 관하여 간헐적으로 알려질 때면 주로 일본이나 중국 또는 러시아를 언급하는 맥락에서 부차적으로 언급될 뿐이다. 그나마 간간이 나타나는 소식들도 일본이 자신들의 침략을 정당화하기 위하여 홍보하는 기사들이 대부분이었다.

6.25 전쟁

전쟁이 발발하고 유엔 안보리의 결정에 따라 유엔군이 참전함으로써 우리나라는 국제적 관심 이슈가 되었다. 특히 독일은 분단된 국가로서 이 전쟁을 남다른 관점에서 지켜보았다. 파괴와 죽음, 헐벗고 굶주린 사람들과 전쟁고아, 전쟁의 비참함을 통해 유럽과 독일에 전달된 한국의 이미지는 매우 부정적인 것이었다. 당시 동서 냉전의 중심에 있던 서독은 한국전쟁을 빌미로 군비 무장을 재개하게 된다.

63-77년 사이에 독일에 파견된 간호사 및 광부

서독은 경제적으로 발전하면서 많은 노동력이 필요하였고, 이런 필요에 따라 우리나라는 간호사와 광산근로자들을 독일로 보내게 된다. 파독 근로자는 1963년 12월 22일부터 1977년까지 독일로 갔다. 당시 우리나라는 120여 개의 유엔 가입국 중 인도 다음으로 못사는 나라였다. 이때의 필리핀의 국민소득은 170달러, 태국이 220달러, 우리는 76달러에 불과하던 시절이었다. 나라의 실업률은 23%에 달했다. 대학을 졸업한 많은 고학력자들도 광부로 독일로 갔다. 우리나라는 64년에 와서야 '대망'의 소득 100불을 달성하였다. 이때 우리나라가 경제적으로 발돋움하는 데 크게 이바지한 재정이 바로 파독 간호사와 광부들이 송금한 달러였다고 한다. 1967년에는 수출 총액의 36%가 파독 노동자들이 번 돈이었다. 우리나라의 1인당 국민소득이 1,000 달러를 넘은 것이 1977년이며, '경이로운' 1만 달러를 돌파한 것이 1995년이다.

무뚝뚝한 독일 간호사들에 비하여 비교할 수 없을 정도로 친절한 한국의 간호사들은 독일인들에게 '백의의 천사'로 인식되기에 충분하였고, 일반 독일인들에게 한국에 관한 인간적이며 긍정적인 이미지를 전달하는 데 중요한 역할을 하였다. 이들은 훌륭한 민간 외교 사절들이었다.

79년의 박정희 대통령 피살사건과 이후의 광주 민주화 항쟁

우리나라가 정치적으로 독일 언론의 집중적인 조명을 받은 것은 6.25 전쟁 이후 아마도 이때가 처음이었을 것이다. 대통령이 자신이 믿던 최측근 부하인 중앙정보부장으로부터 총격을 받고 피살되었다는 소식과 관련 뉴스는 거의 2주 가까이 독일 언론의 관심 뉴스로 다루어졌다.

이듬해 80년에 일어난 광주 민주항쟁과 이에 대한 잔인한 유혈진압은 언론통제로 인해 외부나 국제사회에 알려질 수 없었다. 그러나 당시 독일 제1공영방송의 기자였던 위르겐 힌츠페터(Jürgen Hinzpeter)는 광주의 참상을 담은 영상을 숨겨서 반출하였고, 독일 공영방송이 이 영상을 여러 차례 방영함으로써 광주의 참상이 독일을 통해 전 세계에 알려지게 되었다. 광주 항쟁과 진압에 대한 보도 그리고 이와 관련된 독일 및 외국에서의 항의시위는 거의 3주 이상 독일 언론의 관심의 대상이었다.

이때를 전후하여 우리나라는 군사독재를 떨치고 용감히 일어난 민주시민의 나라로 알려지는 계기가 되었다. 광주 항쟁과 관련된 사건은 <택시 운전사>로 영화화되기도 하였다.

80년대 초에 '차붐'으로 알려진 차범근 선수의 활약

박정희 대통령의 피살사건과 광주 민주항쟁은 정치적 사건이었고, 이에 대한 언론의 관심도 곧 식어갔지만 이때를 전후하여 오랫동안 독일 대중들에게 각인되는 사건이 하나 있다. 그건 바로 1978년부터 80년대 말까지 독일의 분데스리가에서 활약했던 축구선수 차범근의 활약이었다. 당시만 하여도 독일 축구선수 중에 동양인이 거의 없었다. 이때 나타난 초라한 동양인이 매주 말 열리는 분데스리가에서 골을 넣으면서 그에 대한 인기는 치솟았다. 당연히 그의 나라인 한국에 관해서도 일반 독일인들이 인지하는 계기가 되었다. 그는 독일에 있는 10년 동안에 300회 이상의 경기를 치렀고 121개의 골을 성공했다고 한다.

88년 올림픽

1988년 9월에서 10월 초까지 2주간 열린 '88 올림픽'은 우리나라를 독일을 비롯하여 전 세계에 알리는 중요한 사건이었다. 2주 동안 거의 매일 올림픽에 관한 뉴스가 방영되었고, 우리나라는 2주 내내 독일 언론이 주목하는 대상이었다. 정치적으로는 아직 군부독재의 시대였지만 그러나 우리나라는 88올림픽을 전후하여 경제적으로 발전되어 잘 사는 나라, 질서 있는, 깨끗한 나라라는 이미지를 갖게 되었다.

2002년의 월드컵

4강의 신화를 이룩한 월드컵 경기를 통하여 우리나라는 정치, 경제 문화적으로도 선진국임을 독일과 유럽에 알리는 계기가 되었다. 특히 우리나라가 독일과 치른 4강전을 통해 우리나라에 대한 독일인들의 관심은 더욱 높아졌다.

삼성과 LG 제품을 통한 이미지 제고

우리나라의 상품 중에는 전 세계시장에서 인기 있는 상품으로, 믿을 수 있고 질 좋은 상품으로 여겨지는 상품들이 많다. 이 중에서도 특히 삼성과 LG 제품에 대한 평판은 매우 좋은 편이며, 고급 브랜드라는 이미지를 갖고 있다(물론 적지 않은 독일 사람들이 이 상품들이 일본 것이라고 오해하는 경우도 많다). 핸드폰과 같은 정밀제품과 가전제품 분야에서의 이런 좋은 호평은 우리나라 사람들이 옛날에 '메이드 인 저머니'에 대해 가졌던 그런 이미지를 만들고 있다.

북한에 의한 군사적 긴장과 전쟁위협 및 핵무기 등에 따른 국제사회의 언론 보도

어렵게 쌓아 올린 우리나라에 대한 긍정적인 이미지를 일시에 무너뜨리고 위험한 나라로 인식하게 하는 요소는 바로 북한의 도발과 북한과의 군사적 긴장 관계이다. 휴전 이후 있었던 크고 작은 군사적 긴장과 충돌은 매번 중요한 뉴스로 독일 사회에 전달되었다. 특히 독일은 1990년에 통일을 이루기 전에는 동독과 대치 상태에 있었고, 따라서 안전에 대해 매우 민감하게 반응하였다. 한국에서 일어나는 크고 작은 군사적 충돌은 독일인들에게는 그 자체로서 큰 사건이었다. 이런 긴장 관계는 현재도 지속되고 있으며, 특히 2018-9년 이후 지속되는 핵실험과 북한의 핵무장은 독일인들에게 한국은 때에 따라서는 매우 위험한 나라일 수 있다는 이미지를 전달하고 있다.

k-pop을 통한 '한류 문화'의 전달

최근에는 케이팝을 통하여 유럽의 젊은이들에게 한류 문화가 퍼져가고 있다. 특히 10대와 20대 초반의 청소년들이 케이팝에 대하여 열광하면서 우리나라의 이미지가 문화적인 측면에서 유럽과 독일에 전파되는 계기가 마련되고 있다. 가수 싸이의 '강남스타일'이나 방탄소년단의 활동은 매우 긍정적인 역할을 하고 있다. 그러나 대중문화의 인기와 한 나라의 문화적 위상이 반드시 직결되지는

않는 거 같다.

종합

우리나라가 독일에 최초로 알려진 17세기 중엽부터 오늘날까지의 과정을 살펴볼 때 우리나라가 독일의 집중적인 관심의 대상이 된 적은 별로 없다. 다만 간헐적으로 일어나는 '큰 사건'을 통하여 단기간 집중적인 관심의 대상이 되었다가 다시 사라지는 경우가 대부분이었다. 그러나 우리나라가 그들의 관심에서 완전히 떠난 적도 또한 없는 거 같다. 우리나라는 유럽인의 관심의 주변부에 머물러있다가 필요하면 소환되는 방식으로 그들의 관심의 대상이 되었다.

우리를 인식하는 그들의 패러다임의 변화를 시대별로 구분할 때 크게 세 단계로 종합해 볼 수 있을 것이다. 첫째는 17세기부터 시작하여 일제가 우리를 강제로 침탈하는 20세기 초까지이다. 이때 우리를 인지하는 독일인들의 시각은 식민주의의 관점에서 크게 벗어나지 않는다. 두 번째 단계는 해방 이후부터 6.25 전쟁을 겪는 지난 세기의 70년대까지로 볼 수 있다. 이 시기의 우리나라는 가난한 독재국가로 인식되었다. 우리나라에 관한 독일인들의 인식이 긍정적으로 바뀌게 되는 시기는 70년대 이후부터라고 볼 수 있다. 간호사와 광부로 파독된 한국인들에 의해 인간적인 교류가 시작되면서 한국에 관한 관심이 개인적인 차원에서 출발하여 점차 확산하기 시작하였다. 세 번째 단계는 특히 두 가지 사건을 통하여 긍정적 인식전환을 하는 계기가 마련되었다. 첫째는 70년대 이후부터 시작된 한국의 경제성장이며, 둘째는 80년대에 시작된 민주화 운동이 그것이다. 88년의 올림픽과 2002년의 월드컵을 거치면서 한국에 대한 인지도가 더욱 높아지고 정치적인 민주화와 함께 긍정적인 이미지가 더욱 고양되는 방향으로 바뀌었다. 그러나 북한이라는 변수는 일종의 복병으로 상존하고 있으며, 이로 인한 군사적 긴장은 우리가 어렵게 쌓아 올린 긍정적 이미지를 하루아침에 '전쟁 위험 국가'로 만들 수 있다.

오늘날의 OECD 회원국으로서 한국의 위상, 삼성과 LG를 통한 이미지 제고, 최근에 일어난 K-팝, 2020년의 코로나 사태에 대한 투명하면서도 안정적 대처 등으로 인하여 이제 우리나라는 부러워하는 나라가 되었다. 이런 긍정적인 평가에도 불구하고 일부 시선은 우리나라를 문화적 발전 없이 갑자기 잘살게 된 '졸부'로 폄하하는 시기 어린 시선도 있다.

한 나라에 대한 이미지는 하루아침에 만들어지는 것이 아니다. 오랜 시간을 거치면서 정치적 민주화, 경제적 위상 및 문화적 수준과 위상에 따라 천천히 형성된다는 것을 유념할 필요가 있다.

17 독일의 외국인 정책,
독일에 사는 외국인과 생활의 전략

독일에서의 외국인

독일에서는 누가 독일인이며, 누가 외국인인가? 어떤 외국인들이, 얼마나 살고 있나? 독일의 외국인 정책의 기조는 무엇인가? 독일에서 사는 외국인들은 어떤 경험을 하며, 어떻게 살아갈까?

독일 통계청에 따르면 2018년 12월 31일 현재 독일에 체류하는 외국인의 숫자는 1천9십만 명으로서 독일 전체 인구 8천2백만 명의 약 13%에 달한다. 2019년 현재 영국에는 전체 인구의 9.26%, 프랑스에서는 7.29%가 외국인이라고 한다. 독일의 외국인 비율이 상대적으로 높은 것은 유럽연합의 확대로 동구권, 특히 폴란드, 루마니아, 불가리아 등에서 많은 수의 인구가 유입되고, 난민 정책으로 많은 수의 난민을 수용한 결과이다.

외국인 숫자를 국가별 순위로 보면 터키(148만), 폴란드(86만), 시리아(75만), 루마니아(70만), 이탈리아(64만), 크로아티아(40만), 그리스(36만), 불가리아(34만), 아프가니스탄(26만), 러시아(25만) 등이다. 이들 중에 베를린에 22%, 뮌헨에 27%, 함부르크에 17%, 쾰른에 21%, 프랑크푸르트에 30%로 외국인이 분포되어 거주하고 있다. 구동독에 속하는 드레스덴에는 8%, 라이프치히에는 9%의 인구비율로 외국인이 살고 있으며, 이 비율은 구서독 지역의 숫자와 비교해 볼 때 현저히 낮은 편이다. 외국인들은 구동독 지역보다는 구서독 지역을 선호하는 것을 보여준다. 외국인들의 평균 연령은 38세로서 독일인 평균 연령 45세보다 낮은 편이다.

독일에서의 한국인

독일 통계청이 제시한 정확한 숫자는 없다. 한국인 여권을 소지하고 독일에 체류하고 있는 한국인 숫자는 2018년 12월 31일 현재 36,230명이라고 한다. 이로써 재독 한국인 숫자는 세계적인 분포로 볼 때 14위에 있으며, 서유럽에서는 영국에 이어 두 번째로 많은 숫자이다. 한독 간의 인적교류는 1950년 대에 간헐적으로 있었으며, 1960년 대에 광부와 간호사들이 독일로 파견되면서 본격화되었다. 당시 서독

정부가 한국의 인력을 받아들인 것은 경제적인 이유와 함께 분단국에 대한 서독의 지원을 표현하기 위해서였다고 한다.

연대별로 살펴본 독일의 외국인 정책

독일제국(1871-1918)

이 시대의 외국인 정책은 서독의 초기 외국인 정책과 유사한 면이 있다. 외국인 노동자를 고용한 후 일정 기간이 지나면 본국으로 돌려보내는 일종의 '순환정책'이었다. 외국인 노동자들은 독일제국이 농업 국가에서 산·공업 국가로 발전하는데 많은 기여를 하였다.

나치 독일(1933-1945)

나치 정당이 정권을 장악한 1933년 6월에는 약 75만 명의 외국인 노동자가 있었다고 한다. 이들 중에 많은 숫자는 농업과 군수산업에 투입되거나 본국으로 귀국하였으며, 일부는 강제수용소에 보내졌다고 한다.

1945년 이후의 독일

45년 이후 현재까지 진행되는 독일의 외국인 정책은 크게 보아 5단계로 나누어진다.

제1기(1955-1973)

독일 정부가 외국인 노동자를 처음으로 고용하기 시작한 것은 1955년에 이탈리아와 맺은 협약에서부터이다. 제1기는 외국인 노동자를 수용하기 시작하는 1955년에서 수용정책을 폐지하는 1973년까지의 시기이다. 이 시기에 독일로 온 외국인 노동자들은 아직도 공식적으론 '손님 노동자'(Gastarbeiter)라고 불린다.

제2기: 1973-1979

외국인 정책의 안정화 단계로서 외국인 노동자의 유입을 최소화하면서 본국으로의 귀국을 장려하였다. 사회적 동화 정책과 외국인 노동자 가족의 유입 등이 동시에 진행되었다. 5년간 범법 사유 없이 독일에 체류한 외국인에게는 무기한 체류를 허가하였고, 8년 이상 범법 사유 없이 체류한 외국인에게는 체류 권한을 신청할 수 있는 자격을 부여하였다.

제3기: 1979-1980

동화정책이 기조를 이룬 시기이다. 이미 독일에 와서 사는 '손님 노동자'는 더 이상의 외국인 손님 노동자가 아니라 '이민자'로 간주해야 한다는 인식의 전환이었다. 독일에서 태어나거나 어린 시절부터 독일에서 교육을 받은 이민자 2

세는 특히 그러하며, 따라서 독일 국적을 취득할 수 있는 기회를 주어야 한다는 인식과 정책의 변화가 나타난 시기였다.

제4기: 외국인 정책의 전환(1981-2000)

외국인 정책이 국내 정치와 어울리면서 많은 변화를 겪는 시기이다. 독일 국내적으로는 증가하는 실업률, 독일의 통일, 급증하는 난민과 망명자 등의 문제가 한꺼번에 등장하는 시기이다. 일부 극우 정당들이 외국인 혐오정책으로 독일의회에 진입하며, 무책임한 정치적 선동을 하는 시기이다.

2000년에는 IT 분야에 고급인력이 부족해지면서 관련 분야에 종사하는 고급 외국인 인력들에 한시적으로 노동 및 체류 허가를 인정하는 '그린 카드' 정책을 시작했지만 반응은 그리 좋지 않았다.

제5기: 2000년 이후의 상황

독일은 1987년과 2001년 사이에 대표적인 이민 국가인 캐나다, 오스트레일리아보다 더 많은 외국인들을 수용하였다. 그런데도 독일은 '이민 국가'가 아니라고 하였다. 1991년 말에는 독일의 기사당이 드레스덴의 전당대회에서 '독일은 이민 국가가 아니다'라는 부분을 삭제하였다.

메르켈 수상은 2016-17년 사이에 획기적인 난민 정책을 시행하였다. 유럽연합 내의 다른 국가들이 고작 몇천 명 또는 몇만 명 정도의 난민을 수용할 때 독일 정부는 무려 117만 명의 난민을 수용하였다. 이로 인하여 메르켈 수상은 많은 비판을 받았지만 2017년에 4차 연임에 성공함으로써 독일국민들의 승인을 받았다.

속인법과 속지법

누가 독일인인가?

예전에는 독일에서 아무리 오래 살아도 부모 중의 한 사람이라도 독일인이 아니면 독일 국적을 취득할 수 없었다. 독일은 자신을 이민 국가로 생각하지 않았으며, 독일의 시민권은 '혈통'에 기반을 두고 있다. 독일은 속지법이 아니라 속인법에 따라 국적을 부여하였던 것이다. 2005년에 와서야 새 이민법과 국적취득법이 통과되었으며, 이때 제정된 외국인 관련법은 독일의 외국인 정책에 많은 변화를 가져왔다.

2000년에 제정된 법에 따라 독일에서 출생한 외국인 자녀는 자동으로 독일 국적을 취득할 수 있게 되었다. 물론 이 경우에도 부모 중 한 사람이 합법적이고 지속해서 독일에서 8년 이상 체류하고 무기한 체류 허가증을 소지하고 있을 때 가능하다. 이 경우 외에 독일 국적을 취득할 수 있는 조건은 다음과 같다. 독일에서 합법적이며 지속해서 8년 이상 거주하고, 무기한 체류 허가를 소지하고 있으며, 정부의 지원 없이 생활할 수 있는 재정적 능력과 함께 독일어 및 독일 문화와 역사에 관한 지식 등이 전제될 때 독일 국적을 취득할 수 있게 되었다. 이런 동화정책의 주요 요소로는 독일어 능력, 법질서 준수, 독일의 문화와 역사에 대한 지식 등이 강조된다.

체류 허가와 노동허가

우리나라 국민이 독일을 방문하고자 할 때는 입국비자가 필요 없으며, 90일까지 독일과 유럽연합에 속한 국가에 체류할 수 있다. 90일을 초과하여 체류하고자 할 때는 체류 허가를 받아야 한다.

독일에서 노동허가를 받기는 쉽지 않다. 이를 위해서는 몇 가지 기본적인 전제가 있다. 그건 합법적 체류 허가, 구체적인 직장, 독일 노동시장에 대한 부정적 효과가 없을 때, 독일국민이나 유럽연합 회원국의 사람이 없을 때, 노동조건이 독일 근로자의 조건과 동일할 때 등의 기본 전제가 있으며, 이 전제가 충족되었을 때 원칙적으로 노동허가를 받을 수 있다.

구체적인 조건은 입국목적, 노동의 조건 및 유형에 따라 다르기 때문에 개별 상황에 따라 확인해야 한다. 확인할 수 있는 곳은 주한 독일대사관이나 주독 한국대사관을 통하여

문의할 수 있다.

독일에서의 외국인 생활

독일경제를 발전시키는 데 소위 '손님 노동자'라고 불리는 외국인들이 기여한 바는 매우 크다. 오늘의 독일 사회를 유지하는 데도 외국인 노동자들의 역할이 중요하다. 독일 사회도 이런 기여를 인정하지만 그 인정이 외국인에 대한 독일 사회의 시선을 크게 달라지게 했다고 보기에는 어려운 면이 있다. 독일인들은 평생을 독일에서 살았어도 순수 혈통이 아니면 독일인으로 인정하기를 거부하는 경향이 있다. 독일어권 작가 프리쉬(M. Frisch)는 "우리가 필요했던 건 노동력이었다. 그러나 인간이 왔다"라고 말하며, 독일의 외국인 정책의 중심을 '사람 중심'으로 전환할 것을 요구하기도 하였다.

독일에서 살다 보면 외국인에게도 서열이 있다는 것을 피부로 느낄 때가 있다. 독일인들이 차별하는 '외국인'은 대부분 비북유럽계 외국인으로서 주로 아프리카, 남아메리카, 아시아 그리고 유럽연합 내에서도 동유럽권에서 온 외국인들이다. 독일에서는 영어가 인기가 있어서 영어를 모국어로 쓰는 사람을 낮춰 보지 않는 경향이 있는 것도 이와 연관이 있을 것이다. 그러나 외국인 차별도 일상적인 삶에서는 거의 느끼지 못한다. 그렇다고 해서 외국인 차별이 없는 것은 아니며, 사회 곳곳에서 무의식적으로 느낄 수 있다. 독일에서 살려면 가끔 이런 기분 나쁜 감정을 느낄 때가 있다는 것을 감수해야 할 것이다. 그러나 외국인이기 때문에 일상의 생활에서 위험을 느끼는 일은 거의 없으며, 치명적인 형태로 나타나는 스킨헤드족이나 신나치주의자들과 만나는 일은 현실에서는 거의 없다. 사람들이 극우파 신나치주의자들을 가장 많이 보는 곳은 아마도 텔레비전 화면에서이다.

독일이 겪은 불행한 역사는 독일인들에게 깊은 반성의 기회를 주었다. 그렇지만 이런 역사적 교훈이 모든 사람들에게 역사적 교훈을 주고 그들의 생각에 영향을 미친 건 아니다. 여론조사에 따르면 독일인의 15%는 반외국인 성향을 보였고, 15%는 '반유대주의자'라고 한다. 물론 신나치주의 등 극우파에 소속되거나 동조하는 독일인이 극소수인 것은 사실이다. 그리고 대부분의 독일인들이 나치주의자들의 과격성은 거부한다. 그러나 외국인에 대한 감정에 있어서는 어느 정도 동조하고 있다는 것을 짐작할 수 있다. 최근 구동독권에서의 반외국인에 대한 정서가 높아지고 있으며, 2019년 10월 구동독의 도시 할레(Halle)에서 일어난 유대인 회당 습격 미수사건, 2020년 2월에 일어난 독일 하나우(Hanau) 도시에서 9명의 외국계 독일인이 살해당한 총격사건, 소위 '독일을 위한 대안'(AfD)이라는 극우 정당의 의회 진출 등은 매우 우려스러운 사건들이다. 우리나라의 국정원에 해당하는 독일연방헌법보호청(Bundesamt für Verfassungsschütz)에 따르면 2018년 현재 극우주의자(인종주의자, 국수주의자, 반유대주의자, 반이슬람주의자, 반민주주의자 등)의 숫자는 24,100명에 이른다고 한다. 전체 인구의 0.029%이다. 그러나 비록 극소수의 비율이지만 2만 명이 넘는다는 사실은 우려스럽다. 한 사람이라도 큰 범죄를 일으킬 수 있기 때문이다.

그러나 걱정할 필요가 없다. 사법기관은 이들을 상당히 정확하게 파악하고 있는 것 같다. 그리고 독일만큼 자신들의 역사에 대하여 반성하고 끝없이 성찰하며 극복한 나라도 없다. 독일인들은 생각에만 그치지 않고 행동으로 실천하고 있다. 절대다수의 독일인들이 외국인에게 친절하며, 외국인과 함께 살기를 원하는 것 또한 사실이다. 오늘날의 세계는 어느 나라도 외국인 없이는 살 수 없다. 독일은 국경 없는 유럽연합과 글로벌 시대를 선도하는 나라이다.

외국인으로서 독일에서 살기 위한 몇 가지 전략

외국인이 독일에서 생활하기 위해 가장 중요하고 필요한 것은 전문성과 자신감이다. 그리고 이를 적극적으로 표현하는 것이다. 특히 어릴 때부터 자신을 절제하고 나서지 않는 것을 미덕으로 배운 우리는 이 사실을 더 기억할 필요가 있다. 독일 사회는 전문성과 자신을 통제할 수 있는 자제력을 갖춘 사람을 존중하고 보상하며, 외국인이라도 전문지식을 갖춘 사람을 인정한다.

독일 사람과 대화할 때는 예의의 표시로 눈을 아래로 두지 말고, 상대방의 눈을 피하지 않고 힘차게 악수하는 게 좋다. 약하게 악수하면 자신감이 없거나 내면이 약한 사람으로 비칠 수 있기 때문이다. 그렇다고 상대방을 노려볼 필요는 없을 것이다.

독일에 살다 보면 독일인들은 상냥하지도 않으며, 모든 걸 다 안다는 투의 오만함을 보이는 경우도 가끔 접한다. 물론 좀 친해지거나 서로 간에 신뢰가 쌓이면 매우 호의적으로 바뀌고 외국인들에게 마음을 연다. 그러나 독일에 살려면 알아두어야 할 요소가 있다. 그건 독일에서는 적극성이나 심지어는 공격적으로 느껴질 정도의 태도가 보상을 받을 수 있다는 것이다. 이 말은 반대로 표현할 때 체면을 지키거나 갈등을 피하려고 취하는 소극적 행동이 때로는 전문성이 없거나 자신감이 없는 나약함으로 받아들여질 수 있다는 것이다. 적절하게 대처하는 방법은 무엇인가? 확실한 대응책은 '눈에는 눈', '이에는 이'의 방법이다. 독일인이 소리치면 나도 크게 소리치고, 독일인의 주장의 허점을 찾아내어 내가 더 크게 주장하는 것이다. 오만하게 구는 독일인에게는 역시 '오만'하게 행동하는 것이다. 독일인의 이런 태도는 어디서 연유할까? 오만한 태도가 불안감이나 전문성의 부족, 압박감을 감추는 방법도 되기 때문이다. 그러나 이때도 원칙이 있다. 공격적인 상대방을 안심시키면서 관심과 호의를 보여주고, 가능한 문제는 풀어주면 그 독일인은 다음부터는 당신을 좋아할 것이다. 그리고 정말 중요한 것이 하나 있다. 내가 큰소리 칠 때는 분명한 논리와 명분을 갖고 해야 한다. 그렇지 않을 때에는 정말 낭패를 당할 수도 있다.

독일에서의 다문화 운동은 90년대 이후 외국인에 행해진 공격들에 대한 반작용과 유럽연합의 확대와 함께 꾸준히 확산하고 있다. 따라서 외국인이 독일 사회에 완전히 동화되기도 어렵고, 불가능할지도 모른다. 그리고 완전히 동화될 필요도 없다고 생각한다. 독일 사회를 풍요롭고 다양하게 할 수 있는 자신의 특성, 전문지식, 관점을 제시하는 게 훨씬 더 좋을 것이다. 좀 더 다양한 다문화사회를 향하여 그리고 전문성과 자신감을 가진 채 당당하게.

필자가 유학을 할 때의 일이다. 당시 이미 오래 전에 독일에 유학 왔던 선배 부부가 있었고, 그 부부에게는 중학교에 다니는 딸이 한 명 있었다. 이 딸은 어릴 때부터 독일 생활을 했기 때문에 독일어를 완벽한 모국어로 구사하였다. 그녀의 생각도 '독일식'이었고 자신은 '거의 독일인'이라고 생각했다. 그러던 어느 날 학교를 마치고 친구들과 함께 집으로 돌아가는 버스에서 검표원이 다른 승객들은 지나치고 유독 이 학생에게 다가와 '너, 차표!'라며 매우 퉁명스럽고 투박한 독일어로 차표 제시를 요구하였다. 이에 화가 난 딸이 '왜 나에게만 차표 요구를 하느냐, 이건 부당하다'라고 항의하였지만 소용이 없었다. 이 딸은 이 '정체성의 충격'을 벗어나는 데 적지 않은 시간이 걸렸지만 이후 자기가 독일에서 살아가는 한국인이라는 것을 자각하게 되었다.

4부

독일의 교육,
통일,
유럽의 통합으로

18 모두에게 동일한 기회를 주는,
모두가 행복한 독일의 교육

독일교육의 특징

독일은 유치원에서부터 대학까지 등록금이 없으며 모두 무상이다. 심지어는 박사학위 과정도 무상이다. 교육은 요람에서 무덤까지 무상이다. 초중등학교에서는 조기교육도 선행학습도 없다. 과외가 없는 건 당연한 일이다. 학교에서 보는 시험에 사지선다형과 같은 객관식 시험 같은 것도 없다. 학생들은 주입식 교육을 받는 것이 아니라 발표, 토론, 그룹 활동 등을 통한 창의적이며 비판적 교육을 받는다. 대학에 들어가기 위한 입학시험 같은 것은 없다. 인문계 고등학교를 성공적으로 졸업한 졸업장만 있으면 어느 대학이든지 입학이 가능하다. 그러나 독일 대학은 들어가기는 쉬워도 졸업하기는 어렵다. 10년을 다녀도 필요한 학점을 이수하지 못하거나 필요한 성적을 취득하지 못하면 졸업을 못한다. 대학생들은 등록금을 내지 않을 뿐만 아니라 생활비까지 지원 받으며 공부를 한다. 독일의 대학에는 서열이 없으며, 미국을 비롯한 일부 나라들이 주도하는 세계 대학 순위 같은 것에는 별로 관심이 없는 거 같다. 그런데도 모든 대학은 세계 수준급이다. 청소년부터 백발이 성성한 노인들까지 평생 배우고 자신을 개발할 수 있는 교육이 가능하다. 그리고 모두가 인간으로서의 품격을 누리며 살 수 있는 교육을 추구하며 실천한다.

  우리가 독일의 학교와 교육에 관하여 듣는 이야기들이며, 모두가 맞는 말들이다. 어떻게 이런 일이 가능할까? 우리로서는 꿈같은 이야기이다.

  독일교육의 특징은 한 마디로 국가가 교육을 책임지고 관리하는 체제이다. 그리고 학생은 본인의 능력과 적성에 따라 자신의 미래를 스스로 선택하고 구현하는 것이다. 국가의 책임은 국민 모두에게 동일한 교육의 기회와 자신을 개발할 수 있는 찬스를 최대한 보장하는 것이다. 이 기회를 개인이 어떻게 활용하는지는 개인의 노력, 성향과 자유의지에 달려있다. 책임 있는 민주시민으로서의 인성과 자질을 함양하고, 학생 개인의 행복을 추구할 수 있는 능력을 키우며, 고도의 전문성과 지식을 갖춘 인재를 양성하는 것이 교육의 목표이다. 우리의 헌법에 해당하는 독일 기본법 제1조는 "인간의 존엄은 불가침하다"(Die Würde des Menschen ist unantastbar.)라고 명시되어 있다. 헌법의 제1조가 '인간'에 맞춰져 있다. 독일의 교육도 이 헌법정신에 따라 시행된다. 우리나라의 헌법 제1조는 "대한민국은 민주공화국이다"로 시작한다. 우리는 정치체제로 시작하지만 독일은 인간을 중심으로 헌법을 시작한다. 아마도 나치 독일을 겪으면서 그 어떤 가치도 인간의 존엄성보다 더 우선하는 것은 없다는 것을 역사에서 배웠기 때문일 것이다.

문화 주권

독일은 16개의 주로 구성된 연방공화국이다. 1871년에 독일이 제국으로 통일되기 전에는 수 많은 작은 나라들로 구성된 '신성로마제국'이었다. 이런 역사적 배경과 전통에 따라서 독일의 개별 주들은 아직도 많은 영역에서 자율권을 행사하고 있으며, 특히 교육과 문화 부분에서는 '문화 주권'을 행사한다. 이 '문화 주권'(Kulturhoheit)은 우리나라의 헌법에 해당하는 '기본법'에 명시되어 있다. 이 주권이 행사되는 영역은 언어, 교육(초등, 중등, 고등교육 과정), 라디오, 텔레비전, 예술 분야이다. 독일에서는 교육부 장관이 17명이라고 볼 수 있다. 16개 주에서 교육 부분을 담당하는 주 정부의 장관과 연방정부의 장관이 있기 때문이다. 연방정부의 장관은 연방정부 차원의 교육과 연구 및 주 정부의 교육을 '교육부 장관 위원회'에서 조정하고 협의한다. 주별로 행사되는 문화 주권에 따라 기초학교나 중등교육기관의 기간이 다른 경우도 있다. 예를 들어 대부분의 주에서는 우리의 초등교육에 해당하는 기초교육 기간이 4년이지만 베를린이나 브란덴부르크 주에서는 기초교육 기간이 4년이 아니라 6년이다.

'문화 주권'에 따른 교육의 자율권은 장단점을 갖고 있다. 장점은 주마다 전통과 역사에 따라 특색있는 다양한 교육을 할 수 있다는 것이며, 단점은 주 정부의 정치적 성향에 따라 교육이 영향을 받을 수 있다는 것이다. 그 일례로서 중등학교의 제도에 관한 정책을 들 수 있다. 진보적이며 노동자 계층의 지지를 받는 사민당(SPD)이 집권하는 주에서는 중등교육과정으로서 게잠트슐레(Gesamtschule)를 선호하지만 보수 정당인 기민당(CDU)이 우세한 지역에서는 전통적인 김나지움(Gymnasium)을 선호하는 것이다. 일반적으로 볼 때 김나지움의 졸업생들이 좀 더 우수한 성적을 나타낸다는 연구도 있다. 바로 이런 문제를 연방 차원에서 논의하여 조정하는 곳이 '교육부 장관 위원회'이다.

교육기관의 발전

중세에는 교육을 담당하는 기관이 세 곳이었다. 첫째는 교회와 수도원 등에서 신학교를 설립하여 후속세대를 양성하고, 귀족이나 상류층의 자녀들을 교육하였다. 이 제도는 11세기에 접어들면서 대학의 설립으로 이어진다. 둘째는 기사계층이 후속세대를 양성하는 교육기관이 있었고, 마지막으로는 1,100년 경부터 길드와 같은 동업조합에서 마이스터가 도제를 양성하는 직업교육기관이 있었다. 오늘날의 전문 직업교육에 해당할 것이다.

중세 후기와 종교개혁을 지나면서 일반인들을 위한 교육이 시작되었다. 유럽 최초의 대학은 1088년에 설립된 이탈리아의 볼로냐 대학이다. 18세기 이후에는 도시와 농촌에 거주하는 어린이들에게까지 교육이 점차로 확대되었다. 프로이센에서는 1763년에 어린이들을 위한 교육이 법적으로 의무화되었다. 18세기부터 독일에서는 많은 대학들이 설립되었다. 이때 독일어권 영역에는 약 50개의 대학이 있었다.

여성들은 1893년에 칼스루에(Karlsruhe)에 처음으로 여자 김나지움이 설립되면서 대학입학자격을 취득할 수 있게 되었고, 제약이 없는 대학입학 자격은 1919년부터서야 가능할 수 있었다.

교육의 4단계와 단계별 학교 유형

독일의 교육은 크게 네 단계로 구성되어 있다. 아래에서
는 단계별 특징과 학교 유형을 살펴보자.

1단계 영역(Primärbereich)

우리의 초등학교에 해당하는 기초학교(Grundschule)가 1단
계 영역에 해당하며, 이 학교는 4년제이다. 연방주의 '문화
주권'에 따라 베를린 주와 부란덴부르크 주에서는 6년제이다.

기초학교(Grundschule)

3-5세의 어린이들이 유치원(Kindergarten)을 마치고 6세가
되면 기초학교로 입학한다. 기초학교는 4년제이다. 특이한
것은 한 분의 담임선생님이 1학년부터 졸업하는 4학년까지
4년 내내 학생을 가르치며 거의 '부모'처럼 학생을 돌본다
는 것이다. 4년 내내 한 분의 선생님이 학생을 가르치기 때
문에 담임선생님이 부모보다 학생의 발달상황, 지적능력, 적
성 등을 더 알 수도 있다. 기본적으로 가르치는 내용은 읽
기, 쓰기, 계산하기 등이며, 이외에도 음악, 영어, 자연, 생물
등을 가르친다. 지식을 전달하며 경쟁심을 유발하기보다는
교육의 기초가 되는 기본을 차근차근하게 가르치며, 인성을

배우는 교육의 첫 단계이다.

2단계 1영역: 중등교육 1단계(Sekundärbereich I)

기본학교(Hauptschule), 실업학교(Realshule) 그리고 김나지움의 9학년까지의 교육을 말한다. 독일에서 학년을 계산할 때는 기초학교의 1학년에서부터 시작하여 중등과정을 졸업하는 전체과정까지를 포함한다. 예컨대 10학년이면 우리의 고등학교 1학년에 해당한다.

기초학교에서 중등교육과정으로의 진학 때 내려지는 중요한 결정

기초학교를 졸업한 학생은 세 유형의 중등학교(기본학교, 실업학교, 김나지움) 중에서 하나의 학교를 배정받아 진학한다. 이때 어떤 유형의 중등학교로 진학할지를 결정한다. 이 결정은 학생의 미래에 결정적인 영향을 미치는 중요한 결정이다. 결정을 할 때는 세 가지 요소가 중요하다. 첫째는 학생의 성적과 성향, 담임선생님의 판단과 제안 그리고 부모의 의견과 바람이다. 이 세 가지 요소를 종합하여 최종 결정을 한다. 이때 중요한 것은 첫 번째와 둘째 요소일 것이다. 세 유형 중의 한 학교를 다니다가 성적이 우수하거나 열등하면 다른 유형의 학교로 옮길 수 있다.

독일교육의 장단점을 논할 때 이 부분이 쟁점이 되기도 한다. 기초학교 4년을 마치고 중등과정의 어떤 학교를 가느냐에 따라 그 학생의 인생진로가 결정된다고 해도 과언이 아니기 때문이다. 김나지움을 가는 학생은 대학진학을 목표로 공부를 하기 때문이며, 기본학교나 실업학교를 가는 학생은 수공업 분야나 서비스 분야의 하위 단계나 중간 단계의 직업을 목표로 공부와 직업교육을 받기 때문이다. 예를 들어 김나지움에서 가르치는 수학은 철학에 바탕을 두고 가르친다면 기본학교에서는 계산능력을 중심으로 가르친다. 김나지움에서 가르치는 영어는 셰익스피어의 작품을 읽는다면 기본학교에서 가르치는 영어는 실무적인 회화 중심의 교육일 것이다.

학생의 미래와 인생에 심대한 영향을 미치는 결정이 너무 일찍 이루어진다는 데 대하여 찬반 의견이 분분하다. 그러나 이런 제도는 독일교육의 특징으로서 모든 국민이 수용하는 제도이다. 또한 오랫동안의 시행을 통하여 그 효과가 검증되었다고 독일인들은 생각하고 있는 것 같다. 엄격한 교육과정과 다단계의 시험과정(1차 임용고사, 2차 임용고사 등)을 거쳐 배출된 선생님의 객관적이고 공정한 평가에 대한 신뢰도 이 제도를 유지하는 결정적인 이유 중의 하나이다.

기본학교(Hauptschule)

기본학교는 중등과정에서의 가장 낮은 단계로 5년제 학교이다. 상업이나 실업 분야 또는 생활과 밀접한 관련이 있는 수공예 분야의 직업교육을 학업과 병행하면서 가르치는, 실용적인 직업을 준비하는 과정이다. 졸업 후에는 2단계 중등교육기관인 직업학교(Berufsschule)로 진학하여 이론과 직업교육을 받는다. 이때의 직업교육은 산업체에서 받는다. 전체 학생 중에서 약 17%가 기본학교를 졸업한다. 직업교육을 받을 수 있는 직종도 다양하다: 도장공, 식품가게 판매원, 건물청소, 도축업, 빵 굽는 사람, 함석공, 미장공, 자동차 정비사, 이발사 또는 미용사, 운전기사, 기타 수공업 분야 등이다.

의무교육 기간

기본학교 과정을 마치면 최소 의무교육 기간인 9년을 이수한 것이다. 독일에서의 의무교육은 '문화 주권'에 따라 주별로 조금씩 다르다. 대부분이 9-10년을 의무교육 기간으로 정하며, 이외에도 3년 간의 직업교육을 의무로 정하고 있다. 이 모든 과정을 마치면 18세의 나이로 접어든다.

실업학교(Realschule)

실업학교는 기본학교와 김나지움의 중간 단계로 상업이

나 실업 분야에서 중견 단계의 직업을 준비하는 6년제 학교이다. 기본학교보다는 좀 더 높은 이론을 가르치며, 책임성과 함께 인간관계와 요구되는 자질을 배우는 곳이다. 학교를 졸업하면 직업전문학교(Berufsfachschule)나 전문상위학교(Fachoberschule)로 진학하여 학업과 실습을 병행하면서 실용적이거나 행정 및 사무 분야의 직업을 준비한다. 상급 직업계 학교로의 진학을 준비할 수도 있는 학교이다. 제2외국어를 배우며, 기본학교보다는 좀 더 수준 높은 내용을 가르친다. 전체 학생 중에서 약 44%가 실업학교를 졸업한 후 직업교육을 받는다.

직업교육을 받을 수 있는 직종도 매우 다양하다: 간호사, 가정설비 정비사(냉난방 등), 제철-광산 수리기사, 안경사, 자동화 전문기사, 자동차 영업판매원, 제과사, 은행원, 굴삭기 등의 중장비 관련 전문기사, 건축자재 검사관, 목제공, 양조사, 책 제본사, 도서 판매원, 무대 화가, 실험실 조수, 보석세공사, 전기공, 청소년 지도사, 미디어 및 정보 분야의 전문기사, 오수 처리 전문기사 등등이다.

마이스터(Meister, 匠人) 과정

독일이 자랑하는 마이스터가 되기 위해서는 몇 가지 과정을 더 거쳐야 한다. 직업전문학교나 전문상위학교를 졸업한 학생은 해당 산업체에 취업하여 약 3~4년 정도의 도제과정을 거쳐 숙련된 기능공이 된다. 이후 전문기술자로서 경험을 쌓은 후 마이스터 교육과정에 등록할 수 있다. 마이스터 교육과정은 1~2년 간의 전일제 또는 3년 반 정도의 파트타임 과정이 있으며, 교육과정을 마치고 시험에 합격하면 자격증을 취득할 수 있다. 마이스터 시험은 실기와 기술은 물론이고 경영, 마케팅, 교육 등 마이스터로서 갖춰야 할 리더십과 소양 분야도 포함한다. 이 모든 과정을 마치면 30대 전후에 마이스터가 될 수 있다. 마이스터는 자신 소유의 식당, 제과점, 푸줏간 등을 개업할 수 있다. 마이스터로서의 소명의식과 능력은 '메이드 인 저머니' 신화를 이어가는 원동력 중의 하나이다.

2단계 2영역: 중등교육 2단계(Sekundärbereich Ⅱ)

중등과정의 10학년 이상의 상위과정을 말한다. 일반중등교육과정 이외에도 '야간 김나지움', '칼리지' 등이 있다. 이 과정은 성인이 된 사람들이 나중에라도 대학입학자격을 취득할 수 있는 기회를 제공하는 성인을 위한 중등 상위 교육과정이다.

김나지움(Gymnasium)

대학진학을 목표로 폭넓고 깊이 있는 학업을 중시하는 중등교육과정이다. 8년제 또는 일부 주에 따라서는 9년 과정의 중등과정의 인문계 학교이다. 이 학교를 졸업하면 대학입학 자격을 부여하는 소위 '아비투어'(Abitur)를 취득하며, 별도의 입학시험 없이 대학에 진학한다. 따라서 일반대학에서 공부할 수 있는 수학능력을 배양하고 준비하는 과정이다. 대부분의 학생들이 대학에 진학을 하지만 일부는 회사를 다니면서 그 회사가 운영하는 학교에서 대학에 상응하는 교육을 받을 수 있다. 전체 학생 중에서 약 1/3이 김나지움을 졸업한다. 김나지움 졸업생 중에서 대학에 진학하는 학생은 약 70-80%라고 하니, 전체 인구의 30% 정도가 평균적으로 대학에 진학한다.

게잠트슐레(Gesamtschule)

위의 세 유형의 학교(기본학교, 실업학교, 김나지움)를 하나의 학교로 통합한 학교로서 성적과 학업 성취도에 따라 수평 이동이 가능한 학교 형태이다.

대안학교

몬테소리, 발도르프 학교처럼 대안학교도 있다. 18세까지 이런 대안학교를 다닐 수 있으며, 이 학교도 국가로부터 공인된 학교이기 때문에 대학입학자격을 취득할 수 있다. 이외에도 신체적으로 또는 지적으로 장애가 있는 학생들을 위한 특수학교들도 있다.

3단계 영역: 고등교육(Teritärbereich)

고등교육은 종합대학교, 대학, 직업아카데미, 전문 아카데미, 전문대학에서의 교육을 의미한다. 독일어로 대학교를 지칭할 때는 두 가지 개념이 있다. 첫째는 '우니버지테트'(Universität)이며, 둘째는 혹흐슐레(Hochschule)이다. 두 개념 모두 다 대학을 의미하지만 법적으로는 구분되는 개념이다. 예컨대 박사학위나 교수자격 학위를 수여할 수 있는 교육기관은 우니버지테트 밖에 없다. 아래에서는 우니버지테트는 대학교로, 혹흐슐레는 대학으로 구분하여 사용한다. 독일에는 2018년 현재 426개의 대학교와 대학이 있다. 이 중에 106개가 종합대학교이다. 6개의 교육대학, 16개의 신학대학, 52개의 예술대학, 216개의 전문대학, 30개의 행정전문대학이 있다. 426개의 대학 중에 120개가 사립대학이다. 그러나 규모나 학생

수로 볼 때 국립대학이 차지하는 비율이 90%가 넘기 때문에 고등교육기관은 거의 모두가 국립대학이라고 봐도 무방할 것이다.

　23개의 사립대학교에서 수학하는 학생은 약 19,000명이다. 이 중에 약 70%가 경제학, 법학, 사회학을 공부한다. 2013년의 통계에 따르면 사립대학이 학생 1인당 사용하는 예산이 약 18,000 유로이며, 학생이 1인당 학교에 내는 등록금이 8,000 유로에 이른다고 한다. 사립대학은 정부지원금, 재단 기여금, 학생 등록금 및 기타 지원금으로 운영된다.

전문대학(Fachhochschule)

　우리의 전문대학으로 볼 수 있는 '팍흐혹흐슐레'는 지식의 응용과 실기 중심의 대학교육을 통해 해당 분야의 전문 직업교육을 제공하는 고등교육기관이다. 영어로는 'University of Applied Sciences'로 번역된다. 이 명칭에서 실기와 응용을 강조하는 대학의 방향을 알 수 있다. 수학 기간은 6-8학기 정도이며, 수학 기간에 최소한도 한 학기는 실습 학기를 가져야 한다. 거의 모든 분야의 전공과정이 설치되어 있지만 특히 실기를 중심으로 하는 전공과정이 많다. 보석공예 전공, 맥주를 생산하는 양조학 전공, 디자인 전공, 악기를 만드는 악기 전공 등 매우 흥미로운 분야가 많다.

우리나라에서처럼 전문대학과 종합대학교 간에 상하우월적인 관계는 존재하지 않는다. 다만 배우는 과정과 내용이 서로 다를 뿐이다. 예컨대 음악이나 미술을 실기 차원에서 전공하는 학생들은 전문대학으로 가지만 음악사나 미술사 또는 예술사를 전공하는 학생들은 종합대학교에서 공부를 한다. 왜냐하면 이 부분은 실기가 아니라 '역사'에 속하기 때문이다. 전문대학에 진학하기 위해서는 전문적인 재능이나 지식을 요구하기 때문에 일반 종합대학교에 입학하기보다 더 어려운 경우도 있다.

종합대학교(Universität)

학술적 교육과 연구를 중심으로 하는 일반 종합대학교이다. 독일 대학에서 규모가 가장 큰 대학교는 뮌헨대학으로서 학생 수는 약 7만 명에 이른다. 오늘날의 독일 지역 내에 소재한 대학으로 가장 오래된 대학은 1379년에 설립된 에어푸르트 대학교(Erfurt)이며, 둘째로 오래된 대학은 1386년에 설립된 하이델베르크 대학, 그다음이 쾰른 대학(1389)이다. 독일어를 사용하는 대학으로서 가장 오래된 대학은 오늘날 체코의 수도 프라하에 있는 칼 대학이다. 당시 신성로마제국의 황제였던 칼 4세가 1348년에 설립한 대학으로서 15세기까지는 거의 1만 명의 등록된 학생들이 수학했다고 한다.

1882년에 이 대학은 독일계와 체코계 대학으로 분리되었다.

대부분의 독일의 종합대학교는 국립대학이다. 대학 간의 서열이나 우월관계가 없으며, 모든 대학이 상향 평준화되었다. 학생들은 베를린 대학에 입학한 후 쾰른 대학에서 중간 과정을 마치고 뮌헨대학에서 졸업을 할 수 있다. 등록금이 없을 뿐만 아니라 졸업할 때까지 국가장학금을 받는다. 이 장학금은 순수장학금이거나 나중에 갚아야 하는 무이자 장학금이다. 대학에 진학하기 위해 입학시험을 별도로 치르지 않는다. 김나지움을 졸업한 졸업장(아비투어)만 있으면 입학이 가능하다. 그러나 졸업을 하기 위해서는 혹독한 수학 과정을 거쳐야 한다. 독일의 교육의 특징을 말할 때 '들어가기는 쉬워도 나오기는 어렵다'라는 말은 여기서 유래한 것이다.

OECD 회원국 중에서 독일의 대학 진학률은 전문대학을 포함하여 약 30%라고 한다. 참고로 우리나라는 70%가 대학 졸업생이다.

등록금(Studiengebühren)

독일교육의 특징 중의 하나는 모든 학교에서 등록금이 없다는 것이다. 초중등 과정은 물론이고 대학에서도 등록금이 없다. 물론 박사과정도 무상이다. 대부분의 대학이 국립대학이기 때문이다. 독일 대학에서 공부하는 외국인 학생을 두고 '국가 장학생'이라고 부르는 이유가 여기에 있다. 독일 대학에서 등록금이 폐지된 데는 계기가 있었다. 1946년에 프랑크푸르트 대학의 법학생이었던 코흐(Karl Heinz Koch)가 당시 헤센(Hessen) 주 법원에 제기한 소송에서 승소하면서 등록금 제도가 폐지되기 시작하였다.

독일의 경제 상황이 어려웠던 20세기 후반에는 대학생들이 등록금을 내야 하는지가 정치-사회적으로 논란이 많았던 이슈였다. 독일의 경제 상황이 나빠지고 대학생들이 그들에게 주어지는 혜택에 의존하여 지나치게 오래 동안 대학생으로 지내는 경우가 많아지면서 2000년도 초반에 등록금 제도가 도입되었다. 그러나 이 제도도 2010년 중반 경에 다시 폐지되었다. 2006년에 바이에른, 바덴뷔르템베르그 주를 필두로 등록금 제도를 도입하였다. 그러나 대학생들의 저항과 사회적 문제로 등장하면서 2014년에 바이에른 주가 마지막으로 등록금 제도를 폐지하였다.

오늘날 일부 주에서는 평균 수학 기간을 초과하는 학생들과 추가전공(Zweitesstudim)을 하는 학생들에게는 소정의 등록금을 받기도 한다. 그러나 2019년 현재 등록금을 받는 주는 없다. 유럽연합에 속하지 않는 나라에서 온 외국인 학생들에게 등록금을 받는 주는 바덴-뷔르템베르그(Baden-Württemberg) 주가 유일하다. 이 주에서는 학기당 1,500유로의 등록금을 받으며, 중국 유학생의 비율이 전체 학생의 13% 정도라고 한다.

2013년에 정부가 대학생 1인에게 지원한 평균 예산은 의 대생에 31,690유로, 인문학을 전공하는 학생들에게는 6,700 유로라고 한다. 전공에 관계없이 지원한 평균 예산은 11,000 유로이다. 2020년 기준 독일의 대학생 숫자는 2,897,336명이다.

대학의 규정 수학 기간(Regelstudienzeit)

규정 수학 기간은 학생들의 학습권과 수업권을 보장해 주 기 위해 만들어진 개념이다. 각 전공별로 차이가 있지만 대 체로 학사 학위에 해당하는 Bachelor의 수학 기간은 평균 3 년이며, 우리의 석사학위에 해당하는 Master의 수학 기간은 1-2년이다. 박사학위 기간은 규정된 기간이 없다.

그러나 규정 수학 기간과 학생들이 실제로 공부하는 평균 수학 기간은 차이가 크게 난다. 예컨대 쾰른대학에서 정한 경제학의 규정 수학 기간은 9학기, 즉 4년 반이지만 실제로 학업을 마치는 평균 수업 기간은 15.8학기, 즉 거의 6년이라 고 한다. 이렇게 차이가 나는 이유는 규정 수학 기간은 이상 적인 조건에서 출발하지만 실제 평균 수학 기간에서는 콩나 물시루와 같은 세미나와 강의, 필수교과목이 동시에 제공되 면서 중복해서 들을 수 없는 상황, 휴강, 수학 기간 동안의 아르바이트, 학생 개인의 노력과 능력과 같은 요소들이 추가로 고려되어야 하기 때문이다.

독일 대학에는 10년 이상씩 대학을 다니는 학생들을 종종 볼 수 있다. 이유는 두 가지이다. 학생은 등록금을 내지 않기 때문에 계속해서 학생으로 남아 학생들에게 부여되는 혜택을 누릴 수 있으며, 둘째는 '들어가기는 쉬워도 나오기는 어렵다'라고 알려진 독일의 엄격한 학사관리 때문이다. 아무리 오래 되어도 필요한 수준의 학업성적을 제시하지 못할 경우에는 졸업을 할 수 없다. 이런 학생들은 이른바 '학생 낭인'이 되어 대학을 떠돌고 있다.

연방교육진흥법과 장학금(BAföG: Bundesausbildungsförderungsgesetz)

연방교육진흥법에 따른 장학금은 연방정부가 대학생과 고등학생들에게 지급하는 생활형 장학금이다. 이 장학금의 목적은 모든 학생들에게 교육을 받을 수 있는 균등한 기회를 제공하는 것이며, 저소득층 자녀들의 교육 잠재성을 증진하기 위한 것이다. 통계에 따르면 대학생들의 67%가 대학 공부와 이에 필요한 생활비용을 충당하기 위하여 아르바이트를 한다고 한다.

이 생활형 장학금 제도가 시행된 것은 독일 사회민주당의 브란트(Brandt)가 수상으로 있던 1971년 9월이었다. 이때의 장학금은 상환할 필요가 없는 순수 장학지원금이었다. 이후

이 장학제도는 79년의 오일 쇼크 이후 독일의 경제 사정과 사회의 인식 변화에 따라 많은 변화를 하였다. 여러 차례의 변화가 있었고 1990년 이후부터는 50%는 순수장학지원금이고 나머지 50%는 무이자 장학금으로서 학생이 대학 졸업 후 상환해야 한다. 장학금을 신청하는 숫자도 경제 사정에 따라 변화가 많았다. 13%까지 내려간 신청비율이 2003년에 와서는 25%로 상승하기도 하였다.

장학금으로 받을 수 있는 최고금액은 2019년 현재 월 735유로이며, 장학금을 지원받을 수 있는 기간은 규정 수학 기간에 준한다. 이때 임신, 장애 또는 육아로 인한 기간은 수학 기간산정에서 제외된다.

4단계 영역: 평생교육(Quartärberiech)

4단계 영역의 교육은 모든 형태의 성인교육, 평생교육을 의미한다. 이런 형태의 교육을 제공할 수 있는 기관은 연방 및 지방의 정부 기관, 교회 기관, 노조, 회사, 정당, 직업단체 및 직능조합, 공인받은 민간기관 등으로서 매우 다양하다.

아래에서는 독일 평생교육의 대표적인 기관인 시민대학(Volkshochschule)을 중심으로 살펴보자. 독일의 시민대학은 덴마크의 국부로 존경받는 그룬드비히(Grundtvig, 1783-1872)가 설립한 '포크하이스쿨'(Folk high school)에서 유래하며, 독일에서는 1879년에 프로이센의 훔볼트 아카데미(Humboldt-Akademie)가 학문적 연구결과를 일반 대중들에게 전달하는 연속강의 형태로 시작되었다. 이후 성인들을 위한 평생 교육기관으로 발전하며 오늘에 이르렀다.

현재 독일 전역에는 894개의 시민대학이 있으며, 전체 2,000개 이상의 프로그램이 제공되고 있다. 시민대학이 제공하는 프로그램에 참여하는 인원은 연간 약 600만 명이라고 한다. 프로그램은 정치, 사회, 환경, 노동, 직업, 외국어, 멀티미디어, 건강, 문화-예술, 학력취득 등의 다양한 분야를 포함하고 있다. 유럽연합이나 난민 문제와 같은 매우 민감한 정치 분야에서부터 외국어 공부 및 취미 생활에 이르기까지 매우 다양한 분야의 코스가 제공된다. 재정은 중앙정부, 지방정부, 지자체 단체, 유럽연합의 지원금 및 참가자들이 납부하는 수강료로 운영된다. 16세 이상의 사람들이면 누구나 수강할 수 있다. 독일인들은 남녀노소, 교육의 정도를 불문하고 자신이 원하고 관심을 가진 분야에서 평생 공부를 하며 자신을 발전시킬 수 있으며, 다양한 인간관계를 형성하기도 한다. 시민대학은 독일 이외에도 북유럽 국가들, 오스트리아, 스위스에도 있다.

유럽연합 내에서의 고등교육: 볼로냐 교육과정(Bologna-Prozess)

볼로냐 프로세스(Bologna Process)는 1999년 6월 이탈리아의 볼로냐에서 유럽연합 국가들이 체결한 협약으로서 유럽연합 내에서 일치된 교육과정을 추구하는 과정을 말한다. 회원국 내에서 비교 가능한 고등교육 시스템(학사과정, 학위, 교육과정, 회원국 간의 학생교류)을 구축하여 교육 및 학술교류를 확대하고 유럽국가들의 고등교육의 경쟁력을 제고하기 위하여 도입한 것이다. 독일의 대학교육은 독일적 장점을 유지한 채 유럽을 향하여 열려있다. 볼로냐에는 유럽 최초의 대학으로서 볼로냐 대학이 1088년에 세워졌다.

나가는 말

독일의 잘 짜인 교육체계도 중요하지만 더 중요한 것은 이러한 교육체계를 받쳐주는 독일인들의 교육철학과 정부의 교육정책이다. 이 철학과 정책은 교육에 대한 국가의 책임, 교육의 민주화, 교육의 평등화, 교육의 수월성으로 요약될 수 있다.

현대사회에서 개인이 신분 상승을 하거나 자신을 구현하기 위한 방법은 몇 가지 있겠지만 가장 중요한 것은 교육을 통한 신분 상승과 자기구현이다. 제대로 된 교육을 받기 위해서 가장 중요한 것은 질 높은 교육을 제공할 수 있는 교육

기관과 교수 및 교사 그리고 이런 교육을 향유할 수 있는 경제적 뒷받침이다.

독일의 교육제도를 보며 우리는 다음의 질문을 할 수 있다. 우리나라의 대학등록금은 높은 편이다. 그런데도 한국교육개발원이 발표한 자료에 따르면 2008년도의 고등학교 졸업생 중에 80% 이상이 대학에 진학했다고 한다. 그러나 독일은 모든 교육과정이 무료임에도 불구하고 왜 대학 진학률이 전문대학까지 포함하여 약 30% 밖에 되지 않는가 라고 반문할 수 있다. 배경을 설명하기 전에 에피소드 하나를 소개하자. 필자가 유학 생활을 할 때의 일이다. 학교의 복도를 지나가고 있는데 학과의 교수님이 복도를 청소하는 아주머니로부터 '야단'을 맞고 있었다. 이유는 복도 바닥을 이제 막 물걸레로 밀고 바닥이 아직 마르지 않았는데 교수가 걸어가서 복도에 발자국이 생겼다는 이유 때문이었다. 물론 그 교수는 정중히 사과를 했다. 우리나라의 대학에서는 불가능한 일이다. 사소한 일이지만 일상의 생활에서 나타나는 이런 일을 어떻게 이해할 수 있을까? 두 가지 배경에서 이해할 수 있다. 첫째는 '직업에는 귀천이 없다'라는 말을 실감할 수 있는 나라가 독일이다. 대학의 교수이든 미용실의 미용사이든 나름대로 '전문가'로서의 자존감을 가질 정도로 체계적인 교육과 수련과정을 거쳐 직업인이 배출된다는 것이다. 둘째는 내가 어떤 직업을 가지든지에 관계없이 인간으로서 누려야 할 자존감과 위엄을 유지할 수 있을 정도의 경제적 생활과 직업보장이 가능하다는 것이다. 자기 직업에 대한 자긍심이 강한 사람이라도 그 직업과 직장이 경제적으로 그리고 법적으로 보장되지 않는다면 자존감을 가지기는 힘들 것이다. 그러나 독일은 노동법과 사회보장제도를 통하여 이런 것이 가능하게 되어있는 나라이다. 이런 것이 보장될 때 내가 굳이 머리 싸매고 대학을 갈 필요를 느끼지 못할 수도 있다. 공부를 정말 하고 싶은 사람은 대학으로 가고, 다른 재능이 있거나 인생의 다른 목표를 가지고 있는 사람은 얼마든지 다른 길을 선택할 수 있다. 이런 과정을 통하여 인간으로서의 존엄을 지키며 행복하게 살 수 있기 때문이다.

독일 정부가 유치원에서부터 대학과정까지의 교육을 무상으로 실시하는 이유는 국민에 대한 교육은 국가가 책임진다는 철학에서 비롯된 것이다. 막대한 예산을 투입하여 대학교육과정까지 무상교육을 실시하는 그 배경에는 자기를 구현하는 가장 중요한 과정인 교육이 개인의 경제적인 사정에 의해 저해되어서는 안 되며, 교육은 나라가 책임져야 한다는 교육철학과 사회적 공감대에서 나온 것이다. 국가가 제공한 기회를 선용하든지 안 하든지는 개인의 미래계획과 자유의지에 달려있다.

19 통일, 화해와 경제력으로 이루다

냉전과 유럽화의 핵심인 독일의 분단(1945-1989)

2차 대전 이후 유럽에서 일어난 국제정치적 사건들은 크게 두 가지 배경에서 이해될 수 있다. 그 하나는 미국과 소련이라는 초강대국의 지배로 표현되는 냉전이며, 다른 하나는 유럽의 동서국가들이 유럽의 통합의지를 경제, 정치, 문화영역에서 구체화하는 것이었다. 냉전과 유럽화라는 상반되는 국제정세의 중심에는 늘 독일이 있었으며, 따라서 독일의 문제는 국제정치적으로도 초미의 관심사였다. 독일은 지리적으로 유럽의 중앙에 위치하고 군사-정치-경제적으로 중요한 나라였기 때문이다. 1871년에 이루어진 독일제국의 통일 이후 독일은 막강한 경제력, 군사력 및 정치력으로 유럽의 이웃 국가들에 늘 위협적인 존재가 되어왔기 때문이며, 두 번에 걸쳐 세계대전을 일으킨 나라이기 때문이었다.

프로이센의 체제, 관헌 당국을 신봉하는 독일인들의 생활 태도, 지리적으로 '적대적인' 세력들에 둘러싸여 있다는 생각은 독일인들을 쉽게 대외적으로 공격적이 되게 하였으며, 대내적으로도 쉽게 전체주의에 빠지게 만들었다. 이런 위험을 제거하기 위해 미국, 영국, 프랑스, 소련의 4대 전승국들은 테헤란 회담(1943), 얄타회담(1945년 2월)을 통하여 독일을 4개 점령지구로 나누어 통치하기에 이른다.

서방 연합국과 소련의 독일 정책이 팽팽한 긴장과 평행선을 달리는 가운데 독일은 동독과 서독으로 분단되어 냉전의 시대로 돌입하였다. 경제(미국은 마셜 플랜), 군사(나토 대 바르샤바 조약) 및 체제(자본주의 대 사회주의) 면에서 두 진영은 서로 대치하였다. 서방 3대 전승국이 3개 점령지구를 하나로 통합하고, 공동화폐인 마르크를 도입하자 소련은 베를린 봉쇄로 응수했다. 1949년에 독일연방공화국(서독)이 탄생하였으며, 10월에는 독일민주공화국(동독)이 탄생했다. 하나였던 독일에서 두 개의 독일이 태어난 것이다.

1945년 후에 전승국들이 취한 독일 정책은 전범 국가인 독일의 힘을 약화하여 유럽 및 세계의 안정된 평화 질서를 유지하는 데 방향이 맞춰져 있었다고 볼 수 있다. 그러나 1950년에 '6.25 전쟁'이 발발하면서 서독은 냉전과 한국전쟁의 배경 아래 재무장을 결정하였으며, 1955년 5월에는 15번째 나토회원국이 된다. 이로써 서방측은 독일을 더 이상 적으로 간주하지 않게 된다. 그건 독일을 냉전 체제에서 동유럽의 사회주의를 견제할 수 있는 정치적 동반자로 생각했기 때문이다. 구소련도 1955년 5월에 동구권 8개 국을 모아 '바르샤바 군사동맹 협정'을 탄생시켰다. 이로써 유럽에는 두 개의 거대한 군사동맹이 대립하게 된다.

1953년 6월 17일에는 동베를린에서 시민 저항운동이 일어나고 통일에 관한 요구가 있었지만 이 저항은 소련 군대에 의해 무력으로 진압되었다. 이후 동독을 탈출하는 동독 국민이 걷잡을 수 없이 늘어나자 동독은 1961년 8월 13일에 전체 길이 134km의 베를린 장벽을 세우게 된다. 동서독은 1972년 12월에 '기본조약'을 체결하고, 73년에는 서독과 동독이 동시에 유엔에 가입함으로써 독일의 분단은 영구히 고착되는 것처럼 보였다.

통일을 위한 내외부적 노력과 과정들

정치적 노력

1949년에 독일연방공화국으로 새롭게 태어난 서독의 관심사는 두 가지였다. 첫째는 나치 독일의 역사를 청산하고 정치적 민주화를 이루는 것이며, 둘째는 폐허의 잿더미에서 경제를 재건하는 것이었다. 서독인들은 어제의 적이었던 미국의 원조로 경제를 부흥시켰으며, 탈나치화를 통하여 국가를 민주적으로 재건해야 했다. 서방 3개국이 입안한 서독에 대한 정책은 4D-정책(탈군사화, 탈나치스화, 민주화, 정치와 경제의 분권화이다. 이 네 가지 요소는 영어로 표현할 때 모두 D로 시작한다)으로 요약될 수 있다. 새로운 독일 사회를 건설하기 위한 정치적 민주화는 특히 두 가지를 실천했다: 첫째는 국가와 사회의 제도를 민주적으로 개혁하였으며, 둘째는 어느 작은 기관이든지 기관장은 민주적이며 진보적인 인사로 교체하는 것이다. 물론 하루아침에 모든 기관장들을 참신하고 진보적인 인사로 교체하지는 못했다. 나치 독일에서 고위관료로 있었거나 부역했던 인사들도 '68 학생운동' 때까지 각계각층에서 활동하고 있었다. 그러나 모든 인사는 위의 원칙에서 진행하려고 의식적으로 노력했던 것은 사실이었다. 서독은 패전 후 통일이 성취되는 45년 동안 한편으론 내부적 갈등과 변화를 겪으면서 민주사회로 발전하였으며, 다른 한편으론 경제를 가장 성공적으로 이끌면서 서독의 정치와 경제를 안정화시켰다. 서독인들에게 제2차 세계대전의 종식은 새로운 전환점이었다.

서독 사회의 발전과 변화과정을 두 명의 수상을 중심으로 살펴보자.

아데나워 수상(1949-1963)

아데나워는 서독의 초대 수상으로 14년간 수상으로 재임하면서 새로운 서독의 초석을 놓았다. 아데나워 수상은 국가로서 서독의 주권회복을 위해 정치적 역량을 집중했다. 그는 친 서방, 반 소련 정책을 펼쳤으며, 서독이 서유럽의 국가들과 화해하는 데 노력하였다. 서방 전승국들의 동의를 얻어 국가로서의 자유와 권리를 획득하고자 하였다. 프랑스 외무장관 쉬망(Robert Schuman)이 제안한 '유럽석탄철강공동체'에 가입함으로써 서독이 유럽화와 서방화로 나가는 길을 닦았다. 쉬망은 원래 아데나워와 같은 독일 라인란트 출신이었다. 1차 대전 때는 독일군으로 참전하였으나 그 후 프랑스로 귀화한 인물이었다.

전후 독일 사회의 안정화와 함께 시급했던 것은 경제의 재건이었다. 아데나워 정부의 초기 경제정책은 의식주와 생필품을 생산하는 소비재 공업에 중점을 두었으나 50년 이후에는 중화학공업으로 전환하였다. 이때 미국에서 제공한 마셜 플랜이 결정적 역할을 하였다. 미국은 이 플랜을 통하여 도탄에 빠진 서유럽의 경제를 재건하기 위해 서방 국가들에 차관을 제공하고, 자원의 지원, 식료품 및 일상 생활필수품을 제공하였다. 1952년까지 4년 간 130억 달러가 제공되었다. 전후의 서독이 '라인강의 기적'을 이루고 경제 대국으로 발전하는 데도 큰 역할을 하였다.

서독의 산업생산량은 1960년까지 지속해서 확대되었고, 이때 평균 경제성장률은 9%를 기록하였다. 60년대까지 국민총생산(GDP)은 지속해서 성장하였고, 물가 상승률은 70년대까지 평균 2% 이하로 통제될 수 있었다. 1957년에는 완전고용이라는 기록을 세웠다. 서독은 '사회적 시장경제 체제'를 일관되게 유지하면서 '라인강의 기적'을 이루었다. '사회적 시장경제'라 함은 경제는 시장의 원칙에 따라 운영되지만 그 시장에서 생산된 재화는 사회적 균형을 잃지 않도록 국가가 조정함으로써 경제, 사회 및 국가가 서로 협력적인 관계에서 공존하는 것이다. 이 개념은 특히 아데나워 수상의 내각에서 장수 경제 장관을 지냈고, 나중에 제2대 서독 수상이 된 에르하르트(Ludwig Erhard, 1897-1977)에 의해 강조된 경제정책이었다.

브란트 수상(1969-1974)

아데나워 수상은 친 서방, 반 소련 정책을 펼쳤다. 그는 '할슈타인 독트린'에 따라 동독을 국제법상 국가로 인정하지 않았으며, 서독만이 모든 독일인들을 대표한다고 천명하였다. 서독의 기본법에 따라 동독 주민은 독일국민으로 간주하며, 이에 따라 동독의 국민이 서독에 오면 서독인과 동일한 대우를 받았다. 이들은 서독에서 여권을 요구할 수 있었고, 이 여권으로 제3국을 여행할 수도 있었다. 반면에 동독은 자신들을 국가로서 패망한 나치 독일의 계승자라고 생각하지 않고 새롭게 탄생한 사회주의 노동자의 국가로 이해하였다. 이에 따라 동독은 나치 독일이 범한 모든 전쟁 범죄의 책임에서 벗어난다고 생각했다.

반 소련 및 반 동구권에 대한 정책은 서베를린 시장을 지냈던 브란트가 연방 수상으로 취임하면서 획기적 변화를 맞이하기 시작한다. 브란트는 베를린 시장(1957-1966) 재임 시이미 동서 베를린에 거주하는 가족 및 친척의 방문을 가능하게 하는 이른바 '통과증' 협약을 이룬 바 있었다. 이 협약을 통해 서베를린의 시민들이 동독의 가족과 친지들을 방문할 수 있게 되었다. 서 베를린의 시장 이후 서독의 제4대 수상이 된 브란트는 '새로운 동방정책'(Neue Ostpolitik)을 선언하였고, 그 핵심을 '접근을 통한 변화'(Wandel durch Annäherung)로 집약하였다. 이 말은 무수히 많은 작은 걸음과 단계를 통하여 양 독일 간의 변화를 추구하는 것을 의미한다. 브란트의 정책은 동독의 관점에서도 필요한 것이었다. 동독은 동등한 국가로서의 인정이 필요했고, 동시에 서독으로부터의 경제적 지원도 필요했기 때문이다. 브란트의 신동방정책은 대립과 고립 대신에 신뢰, 화해, 평화, 공존의 정책이었다. 그는 현실을 극복하려면 현실은 인정하는 데서 출발해야 한다고 생각했다. 브란트 수상은 개방적인 동방정책을 통하여 동유럽의 국가들과 화해를 모색하였다. 특히 그는 폴란드와 소련과의 화해를 위하여 노력하였다. 1970년 12월 7일에 폴란드를 국빈방문하였을 때 수상인 브란트는 폴란드 유대인 위령탑 앞에서 무릎을 꿇고 나치 독일이 저지른 죄를 사죄하였다. 이 장면은 세계를 움직인 감동적인 장면 중의 하나이다. 이 사건이 그의 진정성과 서독의 참회와 화해 노력을 상징적으로 보여주었기 때문이다. 이 사건을 사람들은 "한 사람이 무릎을 꿇었지만 독일국민이 일어섰다"라고 기록했다. 이로써 서독과 폴란드가 화해할 수 있는 길이 열렸다. 일본의 천황이나 수상이 우리나라의 현충원이나 효창공원에 안치된 임정의 요인들의 묘지 앞에서 무릎을 꿇고 사죄를 하는 것과 비슷한 사건일 것이다.

서독의 초대 수상인 아데나워와 제2대 수상인 에르하르트(Ludwig Erhard)의 친서방 정책과 경제 재건 그리고 브란트 수상의 동방정책을 통하여 독일은 유럽의 이웃 국가들과 화해할 수 있었고, 이것은 독일의 통일 그리고 유럽의 통합으로 나아갈 수 있는 밑거름이 되었다.

양 독일 간의 교류와 협력

서독은 경제의 재건, 정치의 민주화, 서방 및 동구권 국가들과의 화해를 도모하면서도 동시에 양 독일 간의 교류에도 힘을 쏟았다. 분단이 된 바로 다음 날부터 시작된 교류는 동서독 교회 간의 인도적인 교류와 동서독 노조 단체 간에 있었던 연대적 교류협력이었다. 서독은 동독에 고속도로 건설 등을 지원하며 교통 인프라 구축에 도움을 주었고, 이산가족 상봉을 추진했으며, 심지어는 동독의 정치범을 몸값을 지불하고 서독으로 데려오기도 하였다. 이외에도 양 독일의 도시 간의 자매결연, 1972년에 맺어진 '동서독 기본조약' 이후 활발해진 양 독일 간의 교류 등이 중요하였다. 브란트는 1972년 12월에는 동서독 기본조약을 체결하여 서로를 인정하며, 무력사용의 포기를 천명하였다. 1972년 이후 동서독 간에 인적 및 물적 교류가 확대되면서 서독 정부와 민간기관이 동독에 지불한 자금은 매년 40억 마르크에 이른다고 한다. 그야말로 조건 없는 '퍼주기'였다.

동독인들은 서독의 텔레비전을 시청할 수 있었으며, 이로써 서독의 실상을 보고 느낄 수 있었다. 양 독일 관계는, 서독은 명분을, 동독은 경제적인 실리를 취하면서 발전하였다.

고르바초프의 개방정책과 동독의 민주화 운동

자본주의 대 사회주의, 민주주의 대 일당-사회주의 체제로 발전하던 서독과 동독 그리고 서유럽과 동유럽에서 변화가 나타나기 시작하였다. 시작은 1985년 3월에 60살 미만의 나이로 소련공산당 서기장에 선출된 고르바초프였다. 그는 "페레스토로이카"(개혁), "글라스노스트"(개방)로 사회주의의 갱신을 모색했다. 또한 그는 동구권의 모든 국가는 자국의 문제를 자국이 해결해야 한다는 자결권을 선언하였고 무력불개입을 천명함으로써 소련의 무력진압이나 군사적 개입이 없을 것임을 시사하였다.

서유럽은 이런 정책에 한편으론 갈채를 보내면서 다른 한편으론 경계심을 늦추지 않고 있었다. 고르바초프의 개방정책에 대해 동유럽 지도자들이 느낀 것은 체제 안정에 대한 불안이었다. 그리고 이 불안은 기우가 아니고 현실이 되었다. 마침내 동구권 내에서는 균열이 일어나기 시작했다. 이 개방정책의 물결은 삽시간에 소련의 위성국가로 있던 동유럽 국가로 확산하였고, 민주화 운동으로 번져나갔다. 1989년 초에 평화적인 방법으로 공산당을 축출한 폴란드와 헝가리의 뒤를 이어 89년 가을에는 체코슬로바키아, 불가리아, 루마니아가 독재자를 쫓아내거나 사회주의 체제에서 해방되기 시작했다.

바르샤바 조약의 동맹국이었던 동구권 국가들의 정세 변화는 동독에도 영향을 미쳤다. 예컨대 1989년에는 헝가리가 오스트리아로 넘어가는 국경을 동독 시민들에게 개방하였고, 이로써 베를린 장벽 이후 최대의 동독 시민이 서독으로 탈출할 수 있었다. 동독의 시민들이 동구권의 나라에 소재한 서독 대사관으로 도피하거나 서독으로 탈출할 가능성이 열린 것이었다. 1989년 5월에 거행된 동독 지방선거의 부정에 대하여 동독 시민들이 저항하였고, 라이프치히에서는 매주 월요일마다 '월요일 데모'가 일어나 들불처럼 전국으로 퍼져나갔다. 이때 동독의 교회가 저항운동을 지원하는 중요한 구심점 역할을 하였다. 1989년 10월 7일의 동독 수립기념일에는 대규모 시위가 열렸다. '우리가 국민이다'(Wir sind das Volk), '우리는 하나의 국민이다'(Wir sind ein Volk.)라는, 통일의 염원을 담은 팻말이 등장하기 시작했다.

성공적인 국제외교

독일이 완전한 주권국가로서 통일을 이루기 위해서는 4대 전승국들의 동의가 꼭 필요했다. 그러나 4대 전승국의 입장은 각각 다르며 조심스러울 수밖에 없었다. 유럽 중심부에서 강대국으로 등장하게 될 독일을 생각할 때 그들의 두려움과 우려는 매우 현실적인 것이었다. 독일을 분할한 이유도 독일의 힘을 약화하여 다시는 전쟁을 수행하지 못하게 하고, 동서독을 동서 유럽 간의 균형을 유지하는 완충지대로 활용하는 것이었다. 독일 통일과 관련해서 볼 때 독일의 국익과 동맹국들이 가는 길은 다를 수 있음이 여실히 드러

낳다. 이런 역사적 배경을 고려하면서 1989/90년 사이에 독일 통일을 앞두고 일어난 주변 4대국들의 입장과 이에 대처하는 독일의 외교정책의 방향을 살펴보자.

미국(부시 대통령)은 통일된 독일이 북대서양 조약기구(NATO)에 남는다면 반대하지 않겠다는 입장이었다. 그러나 통일된 독일의 나토 잔류는 '잠재적 적대국'인 소련의 동의를 받아야만 하는 것이었다. 프랑스와 영국은 독일이 군사적으로는 나토에 묶여있지만 경제적으로 너무 강해지는 데 두려움을 가지고 있었다.

영국(대처 총리)은 초기에는 통일에 대하여 거부감을 나타냈다. 통일된 독일을 통하여 유럽의 동서균형이 무너져 안정이 깨어지고, 유럽통합을 통하여 영국의 역할이 축소될 것을 염려하였기 때문이다. 당시의 영국 총리이었던 대처는 "독일은 예측할 수 없는 방법으로 공격성과 자기 의심 사이에서 진자운동을 한다"라고 말하면서 독일은 그 본질에서 유럽을 불안하게 하는 요소라고 평가하였다. 그러나 2+4 협상(서독과 동독+미국-소련-프랑스-영국)이 진행되면서 독일에 대한 안정보장 대책이 어느 정도 이루어진 다음에야 통일을 찬성하게 되었다.

프랑스(미테랑 대통령)도 초기에는 비판적인 생각을 하고 있었다. 미테랑은 유럽의 통합 후 독일의 통일을 선호하였다. 그러나 유럽의 통합을 강화함으로써 독일의 힘을 억제한다는 '결속을 통한 통제'라는 전략으로 선회하였다. 강력해진 독일을 나토에 머무르게 하면서 독일의 경제력과 정치력을 유럽통합에 기여하도록 한다는 것이었다. 독일의 경제력에 대한 우려가 컸으며, 독일 마르크의 포기와 유로의 도입을 요구하면서 통일을 지지하였다. 1989년 당시 유럽연합 총생산의 25%를 독일이 차지하고 있었다.

소련(고르바초프 서기장)은 처음에는 독일의 나토 탈퇴와 중립화를 요구하였다. 고르바초프 서기장은 위성국가인 동독을 잃음으로써 국내 정치에서 받게 될 정치적 위협을 염려하였지만 나중에는 입장을 바꾸었다. 이미 동독의 붕괴가 돌이킬 수 없는 상황으로 진행된 이상 경제적으로 월등한 서독과 적대관계를 가지는 것보다는 협력 관계로 나아가는 것이 장기적으로 유리하다고 판단하였다.

서독이 소련의 경제적 어려움과 물자난을 대폭 지원하겠다는 약속을 한 것도 소련을 설득하는 데 주효하였다. 또한 소련은 통일된 독일과 우호 관계를 유지함으로써 유럽에서의 미국의 영향력을 견제할 수 있다고 생각하였다. 서독은 소련에 대한 150억 마르크 차관, 소련군의 철수 및 정착을 위한 165억 마르크의 지원을 약속하였다. 또한 서독은 독일이 2차 대전을 통하여 잃은 영토를 영구히 포기하는 약속으로 오데르-나이센 강을 경계로 하는 폴란드와의 국경을 인정하였다. 2차 대전에 패한 독일은 자국 영토의 1/4을 폴란드와 소련에 넘겨주었다. 이 중에 2/3는 폴란드에, 1/3은 소련에 넘겨주었다.

통일의 대업을 이룬 요소는?

1989년 11월 9일 "치욕의 장벽"이 동독 정부에 의해 무너지게 되었다. 동독 정부 스스로가 개방한 장벽은 냉전의 최종적 종식과 함께 동유럽의 붕괴를 상징적으로 보여주는 것이었다. 독일은 마침내 1990년 10월 3일에 통일되었다.

독일의 통일은 1989-90년 사이에 일어난 동독 시민들의 평화적 시위를 통해 촉발되었고, 1990년 10월 3일에 동독이 독일연방공화국(서독)의 '기본법' 제23조에 따라 서독에 가입함으로써 완성되었다. 물론 통일이 되기 위해서는 동서독 전체에 관해서는 국제법상 권한을 행사하는 2차 대전의 전승국(미국, 영국, 프랑스, 러시아)의 동의가 필요했다. '투 플러스 포'(서독과 동독+미국, 영국, 프랑스, 러시아) 협정을 통해서 독일은 통일이 되었고 이로써 완전한 주권을 행사하게 되었다.

독일이 통일을 이룩한 성공 요인은 크게 보아 일곱 가지로 종합할 수 있을 것이다. 첫째는 정치적 민주주의(4D 정책, 제도와 기관장의 교체), 둘째는 성공한 자본주의와 시장

경제(마셜 플랜, 라인강의 기적, 독일인의 근면성 등), 셋째는 아데나워 수상의 서방정책과 브란트 수상의 동방정책을 통한 유럽인들, 특히 프랑스, 소련 및 폴란드 등의 동유럽 국가들과의 화해, 넷째는 양 독일 간의 신뢰구축, 다섯째는 소련의 개방정책, 여섯째는 성공적인 국제 외교(2＋4), 마지막으로는 동독 국민에 의해 촉발된 무혈의 혁명이 서독과 동독을 통일시켰다. 위의 여러 요소 중에서도 가장 중요했던 것은 아마도 서독의 경제 재건과 이웃 나라들과의 화해일 것이다. 경제력이 뒷받침되지 못했다면 실천력 있는 정책의 추진이 어려웠을 것이고, 역사의 만행에 대한 사죄와 한때는 적대적이었던 이웃 나라들(폴란드, 구소련, 프랑스, 영국, 미국)과의 화해가 없었다면 전승국들과 이웃 나라들의 동의는 얻기 어려웠을 것이기 때문이다.

통일 후 독일이 2014년까지 쓴 통일비용은 2조 유로라고 한다. 우리 돈으로 환산할 때 연평균 108조 원의 재정이 투입되었다. 그런데도 독일 사회는 동요가 없고, 경제는 발전하고 있으며, 나라의 경쟁력은 더욱 높아지고 있다.

독일의 통일은 독일의 역사만이 아니라 20세기 유럽의 역사이며, 미래의 유럽과 세계사의 한 부분이 될 것이다.

제2차 세계대전 후 분단되었던 나라는 우리나라와 독일이다. 그러나 분단의 원인과 책임은 확연히 다르다. 독일은 전범 국가로서의 책임을 지고 분단이 되었지만 우리나라는 일제의 피해자로 있다가 주변 국가들에 의해 분단이 되었다. 그러나 가해자였고 패전국가였던 독일은 45년 만에 통일을 이루었지만 우리나라는 아직도 분단된 상태에 있다. 독일이 통일의 대업을 완성하고 분단을 극복하는 과정은 분단국가인 우리에게 많은 시사점을 제공한다.

필자는 베를린 장벽의 무너짐과 독일의 통일을 독일에서 보았다. 독일 친구들을 함께 부둥켜안고 환호했다. 그 뜨거웠던 현장에서의 기쁨과 함께 억누르기 힘든 부러움이 있었다. 동시에 가슴 속에서 솟구쳐 오르는 이름 모를 슬픔과 뜨거운 그 무엇을 느낀 사람은 비단 분단국가에서 온 나만은 아니었을 것이다.

20 독일의 유럽화, 유럽의 독일화?
새로운 역사를 향하여

1945년 5월 8일에 나치 독일은 조건 없이 항복하였다. 나치 독일의 "지도자"였던 히틀러는 항복 열흘 전인 4월 30일에 그 전날 약식 결혼식을 치른 부인과 함께 자살했다. 전쟁의 포성은 멈췄지만 매캐한 포탄과 비릿한 피 냄새는 곳곳에 남아있었고, 독일 전역은 돌 위에 돌 하나가 남아있지 않을 정도로 폐허가 되었다.

2차 대전 중에 전쟁의 직접적 원인으로 사망한 숫자는 6천~6천5백만에 이르며, 전쟁 중의 범죄와 전쟁의 후유증으로 인해 사망한 숫자를 포함하면 전체 희생자는 8천만 명에 이른다. 전쟁이 끝난 지 75년이 지난 오늘날의 독일은 통일의 대업을 이루었고, 세계 경제 대국이 되었다. 유럽에서 가장 민주화된 나라 중의 하나이며, 유럽연합을 이끄는 주요

지도국가가 되었다. 독일을 떠났던 유대인들이 놀랍게도 다시 독일로 돌아왔고, 독일의 곳곳에 유대교회당이 다시 세워졌다. 1990년 당시 콜 총리의 친 유대인 정책에 따라 20만 명의 유대인이 독일로 돌아왔다고 한다. 유럽연합의 많은 나라들은 한때는 자신들의 존재 자체를 위협했던 독일인들에게 존립에 관한 주요 결정을 위임하고 있다.

인류사에서 가장 잔악하고 파괴적이었던 전쟁, 기적적인 경제의 부흥, 정치적 민주화, 통일을 통해 부활한 독일은 이제 어디로 가는가? 혹자는 독일이 당면한 과제는 정치, 경제, 문화의 영역에서 통일의 후유증을 극복하고 풀어가는 일이라고 말한다. 물론 중요한 문제이다. 그러나 이 문제는 어느 정도의 시간은 걸리겠지만 해결될 것이다. 좋든 싫든 이젠 강대국이 되어버린 독일인에게는 두 가지 문제가 그들의 미래 앞에 놓여 있다고 생각된다. 첫째는 내부적 문제이며, 둘째는 독일이 유럽연합 내에서, 국제사회에서 맡아야할 대외적 역할일 것이다.

내부적 과제

새로운 가치관의 정립

오늘날의 독일인은 서유럽의 어느 나라 국민처럼 일하고, 돈을 벌며, 평화롭게 자신의 삶을 즐기는 평범한 서유럽인들이다. 물론 독일인들은 유연하지 못하며, 진지하고, 깊이 있는 생각을 좋아한다는 것을 부인하지는 못한다. 하지만 독일인들이 훨씬 부드럽고 유연해진 건 분명해 보인다. 우리가 알고 있던 독일인들의 모습과 가치관의 변화가 곳곳에서 일어남을 목도할 수 있다. 우리가 이 책의 '전형적 특징'에서 보았던 독일인들의 모습은 점차 사라지고 있다. 현재 독일의 많은 곳에선 독일인들의 전형적 요소 대신에 반대 현상이 나타난다. '시간 엄수' 대신에 기차 시간이나 약속 시각은 잘 지켜지지 않으며, '책임감과 성실함' 대신에 세계적 자동차 회사들이 배출가스 유출량을 속이고 있고, 근면한 독일인 대신에 세계에서 일을 가장 적게 하고 가장 많이 노는 사람으로 알려졌다.

사회적 관계는 더 복잡해졌다. 전체적으로 볼 때 전통적 가치관, 새로운 생활 양태 등이 뒤섞여 혼재된 모습으로 나타남을 볼 수 있다. '68 학생운동' 이후 독일 사회 곳곳으로 퍼져나간 변화는 독일인들의 생각과 행동 양식에 많은 변화를 가져왔다. 독일인들이 말하는 가치전환(Wertewandel)은 특히 80년대에 뚜렷하게 나타났다. 2차 대전 이후 황폐화한 나라를 재건했던 세대와 물질적 풍요를 경험하는 새로운 세대 간에는 가치관의 차이가 있다. 프로이센에서 시작하여 1차 및 2차 대전을 거쳤고, 오늘의 독일을 가능하게 만들었던 가치들, 부지런함, 질서, 책임의식, 검소, 시간 엄수, 치밀함 등은 변하고 있다. 프로이센이 내걸었던 부국강병의 가치, 제2차 세계대전 후 황폐한 나라를 재건하는 데 필요했던 가치들은 물질적 풍요와 민주화된 나라에서 젊은 세대들에게는 더 이상 필수적인 가치가 아니다. 많은 가치들은 재해석되거나 수정되어야 할 것이다.

이제 통일 독일의 새로운 세대들이 전형적 특징, 기본 감정, 일차 및 이차 덕목의 바탕 위에서 어떤 새로운 가치관(민주주의, 인본주의적 가치의 복구, 다원주의 등)을 지향하며 실천해 나갈지, 두려움과 불안을 기쁨과 자신감으로 바꾸고, 막연한 것에 대한 동경을 유럽연합(칸트의 '국가연합')이나 세계 평화와 같은 구체적 그리움으로 바꿀지 주목되는 부분이다.

과거의 극복과 미래를 향한 역사의 교훈

맑고 밝은 독일의 하늘이 갑자기 먹구름으로 덮이고, 금방이라도 소나기가 퍼부을 듯이 흐려지는 경우가 가끔 있다. 이것은 비단 독일의 날씨만이 아니라 독일의 정치와 감정 기상도를 상징적으로 표현한 것이다. 맑은 하늘에 먹구름을 몰고 오는 것은 다름 아닌 나치 독일의 문제이며, 6백만 유대인 학살의 문제이다. 극복되지 못한 죄의식은 독일인들의 무의식 속에 깊이 억제되어 있다가 기회가 있으면

언제라도 외부로 나타나는 어둡고 아픈 부분이다. 독일인들에게는 유대인 학살에 대한 죄의식이 내면화되어 독일민족의 정체성의 일부가 된 것처럼 보인다. 나치 독일의 끔찍한 범죄에 대한 죄의식과 윤리적 부담감이 독일의 민족 정서에 깊이 뿌리를 내렸고, 정권의 악행 때문에 독일민족이 도덕적으로 더럽혀졌다는 자기 비판적 인식이 현재 독일 정책의 독특한 특징을 형성하고 있다. 독일인들은 이것을 부끄러워한다.

전쟁 직후에는 독일인들이 자신의 잘못에 대하여 참회하는 분위기가 조성되지 않았으며, 오히려 이럴 경우 반독일적인 것으로 간주되었다. 독일인들은 1960년대까지만 하여도 나라를 재건하는 일 이외에는 신경 쓸 여유가 없었기 때문에 양심의 가책 없이 과거를 잊을 수 있었다. 우선 살아남는 일이 급했다. 마셜 플랜과 실수 없는 경제정책 덕분으로 독일의 경제는 날로 부흥하였고, 사람들은 현대적 이념과 이상에 관해 토론하였다. 독일인들은 음악을 감상하고 예술관을 방문하면서 문화적 생활과 함께 물질적 풍요를 누리게 되었다. 사람들은 정치에 '신물'이 난 상태였으며, 많은 사람들은 개인적인 영역에서 대체 행복을 찾으려고 하였다. 오늘날 독일 사람들이 집, 자동차, 휴가 등에 매우 높은 관심을 가지거나 전쟁 세대일수록 정치에 무관심한 것은 이런 역사적 배경에서 이해될 수 있다. 그러나 60년대 이후 아우슈비츠 재판, 홀로코스트 및 쇼야(Shoaj) 다큐멘터리, 안네 프랑크의 일기, '쉰들러 리스트', '68 학생운동' 등과 함께 과거 극복의 새 물결이 일어났으며, 그때까지 숨어 지내던 피의자들이 드러나기 시작했다. 독일은 나치 독일의 역사를 직시하고 참회하며 반성하였다. 독일의 심리학자 미첼리히(Mitscherlich)는 나치 독일에 대한 독일인들의 방어기제를 "슬퍼할 줄 모르는 무능력"(Unfähigkeit zu trauern, 1967)이라고 설명하였다. 독일인들은 그동안 애써 외면해 왔던 과거의 역사를 직시하게 되었고 극복과 참회 그리고 슬픔의 작업을 시작하였다. 그리고 오늘날까지 역사의 교훈을 행동으로 실천하고 있다. 오늘날의 독일은 역사에서 교훈을 얻은 가장 모범적인 국가가 되었으며, 유럽에서도 가장 민주화된 나라가 되었다.

2006년에 나타난 상징적 사건이 있다. 검정 빨강 노랑의 삼색으로 구성된 독일 국기를 몸에 걸치고 환호한 독일 젊은이들의 모습은 처음 보는 모습이었다. 우리가 태극기로 몸을 감싸고 '대한민국'을 외쳐도 이웃 나라들이 국수주의라고 비판하거나 두려워하지 않는다. 그러나 독일인들에게 그들의 국기를 흔들고 국가를 부르는 것은 나치 독일의 국수주의를 연상시키는 것 때문에 일상에서는 거의 금기시된 일이었다. 독일의 젊은 세대들은 새로운 독일인들의 모습을 보여주었다. 나치 독일로부터 해방된, 역사의 부채의식을 느끼지 않는 새로운 세대의 모습이었다.

그러나 오늘날의 독일에서 우려할 점이 전혀 없는 건 아니다. '독일을 위한 대안'(AfD)이라는 극우 정당의 등장, 진보적 정치인에 대한 테러, 유대인 회당에 대한 공격, 외국계 출신의 독일인들에 대한 테러 등이다. 대부분의 사회는 그들의 인구 중에서 약 13-15%는 반외국인 경향을 띤다고 한다. 다른 서유럽 국가에서도 상황은 비슷할 것이며, 이것은 다원주의적 민주주의가 기능하는 한 크게 문제 되진 않는다. 성숙한 민주주의는 극우적 요소까지도 흡수할 수 있을 정도로 탄력적이고 건강하기 때문이다. 그러나 이런 상황이 다른 나라가 아닌 독일에서 발생한다는 데 문제가 심각하며, 우려되는 부분이다.

독일은 과거의 역사를 다시는 반복해서는 안 된다는 것을 충분히 알고 있다. 충분하다 못해 뼛속까지 알고 있다. 지난 75년 간의 행동을 통하여 그리고 역사 속에서 충분히 보여주었다. 독일의 수도 한복판에 조성된 '유럽에서 학살된 유대인을 위한 추모공원'이 그런 인식을 웅변하고 있다. 역사에서 배운 교훈과 민주화된 시민의식이 독일인의 내면을 어둡고 아프게 하는 과거의 역사를 극복하는 열쇠가 될 것이다. 오늘날의 독일인들이 나치 역사를 대하는 태도는 다음의 표어로 집약되어 나타난다.

"잊지 말자, 그러나 용서해 다오!"(Nicht Vergessen, aber Verzeihen!)

외부적 과제

유럽연합과 국제사회에서의 역할

독일은 지정학적으로 볼 때 유럽의 중심에 있다. 통일된 독일은 이제 중간지대의 권력으로서 서유럽과 슬라브 민족의 사이에 놓였다. 균형추로서의 중재자의 역할은 역사, 정치, 경제, 문화 및 민족적 부분까지 포함하는 전 영역에 해당하는 것이다.

독일은 역사에 대한 반성과 참회를 통해 서유럽의 국가, 특히 프랑스와의 화해를 이루었고, 서방세계의 일원으로 받아들여졌다. 독일은 또한 동구권의 국가, 특히 폴란드와 러시아와의 화해를 통해 적대관계를 청산하고 유럽 내에서의 평화를 정착시키는 데 기여하였다. 독일은 이제 슬라브 민족이나 러시아로부터의 위협을 느끼지 않는다. 유럽연합이 동유럽으로 확장되면서 독일의 중간자적 위치와 역할이 더욱 중요하게 되었다. 유럽연합 내에서 수시로 등장하는 분산적 힘을 억제하고, 상반되는 이해관계를 조절하는 역할, '중도자'와 결속자 그리고 '리더'로서의 역할이 주어졌다고 보아야 할 것이다.

28개국으로 구성되었던 유럽연합은 영국이 탈퇴함으로써

27개 회원국의 연합이 되었다.

유럽연합을 현대판 '신성로마제국'으로 비유하는 경우도 있다. 종교적이 아니라 경제적-세속적 국가연합이며, 로마식 제국이 아니라 범유럽적 공동체이다. 영국이 이런 생각을 받아들이지 못하는 이유는 역사가 다른 것도 하나의 이유가 될 수 있다. 영국은 지정학적으로는 유럽에 속하지만 어쨌거나 바다 건너에 있다. 칼 대제와 같은 공동의 역사가 없으며, 미국의 '종주국'이라는 자부심이 있고, 헨리 8세 때처럼 당시의 중세 가톨릭교회에서 성공적으로 탈퇴한 경험이 있기 때문일 것이다. 이때 만들어진 교회가 바로 영국의 교회 성공회이지 않은가. 비유럽 연합적 국가는 영국만이 아니다. 개별 국가로서의 의식이 유럽인으로서의 정체성보다 훨씬 더 강하다는 것을 프랑스와 네덜란드는 2005년에 유럽국가의 헌법을 국민투표에서 부결시킴으로써 여실히 보여주었다. 유럽으로 유입되는 난민을 분배하는 과정에서 드러난 유럽회원국들의 문제는 자국의 이해관계가 유럽적 이해보다 훨씬 더 강하다는 것을 여실히 보여주었다. 2020년의 '코로나 사태'를 통한 유럽국가들의 국경봉쇄도 국가적 방역이 더 효과적일 수 있다는 사실을 보여주었다.

독일은 유럽의 결속을 다지고, 발전을 견인해야 하는 처지에 놓였다. 그러나 유럽연합의 회원국들은 한편으론 독일의 역할과 리더십을 요구하면서도 다른 한편으론 비대해지는 독일의 리더십을 경계하며 비판하고 있다. 이런 딜레마는 경제 분야에서도 잘 나타난다. 독일은 막강한 경제력으로 유럽연합의 재정의 상당 부분을 담당하며, 경제정책에 영향력을 행사하고 있다. 이런 경제정책은 부채가 많은 회원국들로부터 거센 저항을 받고 있다. 독일은 리더십을 요구받으면서도 사랑 받지 못하는 리더의 역할을 하는 상황에 있다.

분산과 결속의 딜레마 속에서의 독일은 어떤 역할을 할 것인가? 독일은 2017년의 난민분배과정에서 유럽의 국가들이 몇천에서 몇만 명 정도를 찔끔찔끔 난민을 수용할 때 독일의 메르켈 수상은 117만 명의 난민을 받아들였다. 미래 지향적인 독일의 국제적 역할을 잘 보여준 사례이다. 2018년 현재 독일이 부담하는 유럽연합의 분담금은 292억 유로로 전체 예산의 21%에 해당한다. 분담금은 영국의 탈퇴 후 더 높아질 것으로 예상되며, 이로써 영향력도 더 강해질 것으로 예상된다. 2020년 7월에 유럽연합의 집행위원회는 코로나 사태로 인해 어려움을 겪고 있는 회원국들의 경제회복과 의료분야의 개선을 위하여 무려 1조 8천억 유로가 넘는 천문학적 재정을 투입하는 경기부양책을 27개 회원국 전원의 만장일치로 결정하였다. 유럽연합이 탄생한 이래 최대의 재정이라고 한다. 이 재정의 상당 부분을 독일이 제공하기로 약속하면서 가능해진 것이다. 코로나로 드러난 유럽연합의 위기가 전화위복하는 계기가 될 수 있을지 지켜볼 일이다.

경제 분야와는 다른 부분이 또 하나 있다. 그건 독일이 그동안 국제무대에서 보여주었던 역할이다. 독일은 국제정치에서 그동안 '하이 폴리틱스'(high politics, 정치, 군사, 안보, 외교)를 추구하지 않았다. 그 대신에 '로 폴리틱스'(low politics, 경제, 사회, 문화, 지식, 정보 등)를 통해 실리를 추구하고 국가 정체성을 세워갔다. 국제정치 및 외교 분야에서 독일을 흔히 '정치적 난쟁이'라고 불렀던 것은 바로 이런 이유에서이다. 영국이나 프랑스와 비교해 볼 때 독일의 경제력이 훨씬 더 부강함에도 불구하고 독일의 국제정치력은 이들 두 나라에 비하여 뒤떨어지는 편이다. 이제 독일은 더 넓은 유럽으로, 국제사회의 리더로 나아가는 길목에 서 있다. 왜냐하면 세계인의 관점에서 볼 때 독일은 이제 본인이 원하든 원하지 않든 간에 세계의 지도국가로 부상했기 때문이다. 이런 역할은 동구와 서유럽을 연결하는 중재자와 결속자, 현재 유럽연합 내에서 하는 독일의 역할 및 세계적 균형추의 역할에서 가장 중요하며 또한 잘 드러난다.

이제 독일은 나치 독일의 그늘에서 벗어나 유엔 평화유지군으로 독일 군인을 분쟁지역으로 파견하고 있으며, 유엔 안전보장이사회의 상임이사국으로 진출하려고까지 한다. 독일이 유엔에 납부하는 분담금은 세계 네 번째로 많고 유엔 예산의 약 6.3%를 차지한다. 독일의 국제적 위상과 외교력을 보여주는 사건으로서는 2020년 1월에 리비아 사태를 중재하기 위한 독일 정부의 노력과 외교적 성과를 들 수 있다, 메르켈 총리는 러시아의 푸틴, 터키의 에르도안 등 관련 10개국 정상들을 베를린에 불러 모아 분쟁을 해결하는 데 첫걸음을 내디뎠기 때문이다. 통일된 독일이 유럽연합과 국제사회에서 앞으로 어떤 모습을 보여줄지 지켜볼 일이다.

이제 독일과 유럽은 반세기의 분단과 냉전의 체제가 타파된 세계에서 새로운 유럽의 질서와 세계 질서를 평화적으로 구축해야 하는 과제를 안고 있다. 통일된 독일은 내외부적으로 이 새로운 도전의 정점과 변화의 한가운데에 있다.

에
필
로
그

책을 마치기에 앞서 마지막 질문을 해보자. 우리는 한국인으로서 왜 독일에 관심을 가지는가 아니면 가져야 하는가?

물론 독일은 유럽연합을 리드하는 경제 대국이다. 그리고 학문과 문화의 강국이다. 국제사회의 리더로서의 미국의 퇴조와 함께 독일은 국제사회를 이끌어갈 주요 국가로 부상하고 있다. 독일은 우리나라와도 인연이 깊은 나라이다. 독일은 17세기 중반부터 우리나라에 관심을 가졌다. 우리나라가 독일과 공식적인 국교 관계를 맺은 지도 140년이 가까워져 온다. 1882년에 '한독 통상수호조약'을 체결할 당시의 독일은 빌헬름 1세 황제의 시대였고, 수상은 '철혈재상'인 비스마르크였다. 1898년에 관립 독일어학교가 세워질 때는 고종이 개교식에 참석하였다고 한다. 외국어 학교를 설립한 목적은 조선이 외교 및 통상을 하기 위해 필요한 인력을 배출하기 위해서였다. 그러나 독일어학교의 설립목적은 좀 남다른 부분이 있었다. 그건 당시 뛰어난 군사제도로 정평이 나 있던 독일제국의 군사제도를 배워 백척간두에 선 나라를 지키려는 간절한 목적이 있었다. 지금 생각해도 가슴이 먹먹

해 온다. 지금까지 우리는 학문, 과학과 기술, 문화, 경제, 문학, 예술 등 다양한 분야에서 독일로부터 많은 것을 배웠다. 우리가 70년대에 근대화를 이룰 때도 많은 경제-기술적 도움을 받았다.

독일은 알면 알수록 흥미로운 나라이고 배울 것이 많은 나라이다. 독일이 짧은 시간 안에 폐허의 잿더미에서 경제대국으로 발전한 과정, 독일의 우수한 학문과 과학의 발전 상황에서 우리가 참고하며 배울 것은 많다. 또한 독일을 안다는 것은 반면교사로서의 역할도 크다. 독일이 통일되는 과정에서 잘한 일은 수용하고, 실수한 일은 반복할 필요가 없을 것이다. 독일은 그들의 역사에서 실수를 가장 많이 한 나라 중의 하나이지만 그 실수를 통하여 역사적 교훈을 얻었고 우직하고 성실하게 실천하는 나라이다. 중요한 것은 가장 성공한 국가라는 것이다. 우리의 발전을 위해서라도 슈퍼파워가 아닌 독일을 알아야 할 필요가 있을 것이다.

독일이 우리에게 시사하는 것은 무엇인가? '전형적 특징'과 '기본 감정'에서 살펴본 그들의 의식구조와 가치관, 사회의 민주화, 경제적 성공과 사회적 복지, 이웃 국가들과의 화해 및 협력적 외교 관계, 알찬 교육과 성숙한 시민의식, 평화로운 방법을 통한 분단의 극복과 통일 후의 노력, 유럽연합과 국제사회의 주요 일원으로 활동하는 그들과의 관계일 것이다.

타산지석의 배움도 클 것이다.

역사를 배우는 목적은 과거를 알아 현재를 이해하고 미래를 계획하는 것이다. 독일을 알아 우리를 이해하고 우리의 갈 방향을 세울 때 도움을 받을 수 있을 것이다. "외국어를 모르는 사람은 자신의 언어를 알지 못한다"라는 괴테의 잠언을 '다른 나라를 모르는 사람은 자신의 나라를 알지 못한다'로 바꾸어도 무방할 것이다.

이 책에서는 20개의 주제가 다루어진다. 이런 주제를 우리의 주제나 문제의식과 단순 비교하는 것은 무리이다. 그런데도 매 주제마다 주어를 독일이 아니라 '우리나라'로 바꾸어 생각해 볼 수 있다. 우리의 '전형적 특징'은 무엇이며, 왜 그런 '특징'을 가지게 되었는가, 우리의 저력은 어디서 나오는가, 우리가 지향하는 새 시대의 가치관은 무엇인지, 우리는 정치-사회적 민주화를 어떻게 만들어 가고 있는지, 우리의 가장 '한국적인' 인물과 장소는 누구 또는 무엇인지, 우리는 어떤 '메이드 인 코리아'를 어떻게 만들어 가는지, 우리는 어떤 욕을 하며, 왜 그런 욕을 하는지, 우리는 교육과 통일을 위하여 어떤 노력을 하고 있는지, 아시아에서의 우리나라의 위상을 어떻게 정립해 갈 것인지 등등의 문제를 성찰해 볼 수 있을 것이다.

12세기의 프랑스 철학자 버나도 폰 사르트르(Bernhard von Chartres)를 인용해 보자.

"우리는 작은 난쟁이다. 그러나 거인보다 더 많이 보고 더 멀리 본다. 거인의 어깨 위에 서 있기 때문이다."

나는 이 말을 이렇게 이해하고 싶다. 오늘의 우리는 난쟁이다. 그러나 역사를 알 때, 우리와 다른 나라를 알 때, 그래서 역사와 지식이 축적된 거인의 어깨 위에 설 때 우리를 더 잘 이해하며 더 멀리 볼 수 있을 것이다.

이 책이 독일을 내부에서부터 이해하는 데 도움이 되고, 우리를 성찰하는 데 자극이 되고, 우리의 갈 길을 제시하는 데 조금이라도 보탬이 된다면 그 이상의 기쁨은 없을 것이다.

참고문헌

박성숙: 꼴찌도 행복한 독일교육 이야기 1, 2권. 서울(21세기 북스), 2010, 2015.
백경학: 유럽 맥주 여행. 맥주에 취한 세계사. 서울(글항아리), 2018.
양돈선: 기본에 충실한 나라. 독일에서 배우다. 서울(미래의 창), 2018.
이성만: 독일의 재발견. 역사를 품은 독일문화 산책. 서울(신아사), 2019.
이인석: 독일은 어떻게 통일되고, 한국은 왜 분단이 지속되는가. 길(서울), 2019.
이지은: 왜곡된 한국, 외로운 한국. 서울(책 세상), 2007.
임종대 외: 독일 이야기. 1, 2권. 거름(서울), 2000.
장미영/최명원: 독일, 내면의 여백이 아름다운 나라. 도서출판 리수(서울), 2008.
한독경제인회(편): 독일을 이야기하다. 1~3권, 서울(새녘), 2016~2020.

맥그리거, 닐(역: 김희주): 독일사 산책. 서울(옥당), 2014.
엘리아스, 노르베르트(역: 박미애): 문명화 과정, I 권, 서울(한길사), 1999.

Bausinger, Hermann: Typisch deutsch. Wie deutsch sind die Deutschen?.
    Boecksche Reihe, 2009.
Bayerlein, Oliver: Landeskunde, aktiv. München, 2013.
Borchmeyer, Dieter: Was ist deutsch? Die Suche einer Nation nach sich
    Selbst. Berlin, 2017.
Dorn, Thea/Wagner, Richard: Die deutsche Seele. München, 2011.
François, Etienne/Schulze, Hagen(hg.): Deutsche Erinnerungsorte. Bde. I, II,
    III. München, 2001.
Gelfert, Hans-Dieter: Was ist deutsch? Wie die Deutschen wurden, was sie
    sind. München, 2005.
Grauel, Ralf/Schwochow, Jan/Klanten, Robert(hg.): Deutschland verstehen:
    Ein Lese-, Lerm- und Anschaubuch. Berlin, 2012.
Paletschek, Sylvia: Kinder-Küche-Kirche. In: Etienne François/Hagen Schulze(hg.):
    Deutsche Erinnerungsorte II. München, 2001, S. 419-433.
Plessner, Helmuth: Die verspätete Nation. Suhrkamp Taschenbücher Wissenschaft,
    Nr. 66, 2001.

Rudolph, Hermann: Der Schrebergarten. In: Etienne François/Hagen Schulze(hg.): Deutsche Erinnerungsorte III. München, 2001, S. 363-379.

Schwedt, Herbert: Karneval. In: Etienne François/Hagen Schulze(hg.): Deutsche Erinerungsorte. Bde. III, 2001, S. 436-450.

Sommer, Theo(hg.): Leben in Deutschland. Anatomie einer Nation. Köln, 2004.

Umbach, Maiken: Made in Germany. In: Etienne François/Hagen Schulze(hg.): Deutsche Erinnerungsorte II. München, 2001, S. 405-418.

이지은 ―――――

이지은은 독일 보훔대에서 독어독문학과 역사학을 공부했다. 1991년에는 같은 대학에서 서술이론으로 박사 학위를 취득했다. 독일에서 딸 둘을 낳고 초등학교 1학년과 4학년까지 키웠다. 귀국 후 성균관대, 연세대, 이화여대 등에서 강의했고, 1994년부터 인천대 독문과 교수로 재직하다가 2018년에 정년하였다. 재직 중에는 학회 및 다양한 사회활동과 함께 인문대학 학장, 문화대학원 원장을 역임했다. 현재는 인천대학교 독어독문학과의 명예교수이며, '한국 알렉산더 폰 훔볼트 연구회'의 회장을 맡고 있다.

주요 관심 분야는 서술 이론과 담론 이론, 근현대 소설에 나타난 식민주의 담론이다. 다수의 논문과 역서 및 저서가 있다. 저서 중에서≪왜곡된 한국 외로운 한국≫(문광부 '교양도서')은 17세기 중기부터 1910년까지 유럽인들이 '발명한 한국'에 대한 최초의 담론 분석 연구서이며, ≪소설의 분석과 이해≫는 소설을 분석하고 이해할 수 있는 체계적인 입문서이다.

알고도 몰랐던
독일 사람과 독일 이야기

초판인쇄　2021년 1월 22일
초판발행　2021년 1월 22일

지은이　이지은
펴낸이　채종준
펴낸곳　한국학술정보㈜
주소　경기도 파주시 회동길 230(문발동)
전화　031) 908-3181(대표)
팩스　031) 908-3189
홈페이지　http://ebook.kstudy.com
전자우편　출판사업부　publish@kstudy.com
등록　제일산-115호(2000. 6. 19)

ISBN　979-11-6603-295-0　03920